从百万到千万

21座标杆油站非油飙升之道

初福君　主编

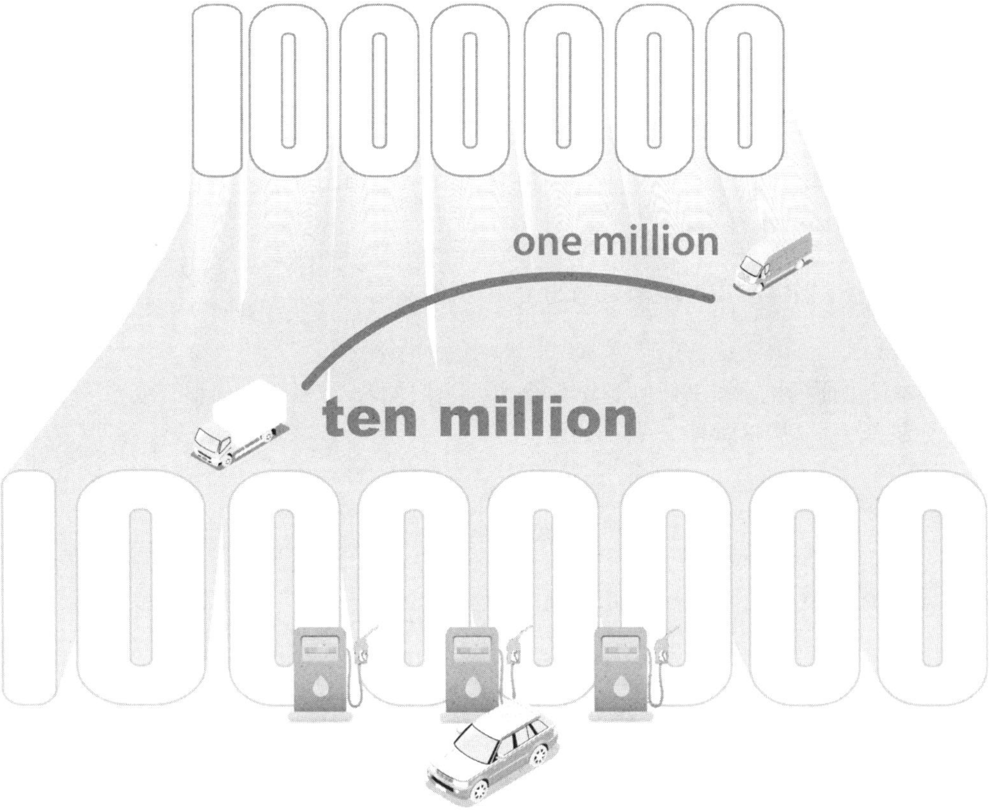

1000000

one million

ten million

10000000

内容提要

《从百万到千万——21 座标杆油站非油飙升之道》从包括国有、民营、外资等 12 万座加油站中精心筛选出年非油品营业额超过 1000 万元的 21 座标杆加油站，采用多种形式全方位分析其非油业务从百万元到千万元的经营、管理之道，从中找寻可以复制的经验，并邀请业内专家帮助其寻找可以提升的空间及其未来发展方向。

本书主要面向加油站经营、管理、服务人员，以及关注加油站业务发展的研究机构和相关院校的专家、学者。

图书在版编目（CIP）数据

从百万到千万：21 座标杆油站非油飙升之道 / 初福君主编. —北京：中国石化出版社，2020.6

ISBN 978-7-5114-5834-6

Ⅰ. ①从… Ⅱ. ①初… Ⅲ. ①加油站—经营管理—研究 Ⅳ. ① U491.8

中国版本图书馆 CIP 数据核字 (2020) 第 079778 号

中国石化出版社出版发行

地址：北京市东城区安定门外大街58号

邮编：100011　电话：（010）57512500

发行部电话：（010）57512575

http：//www. sinopec-press. com

E-mail：press@ sinopec. com

北京柏力行彩印有限公司印刷

全国各地新华书店经销

*

710 × 1000 毫米 16 开本 21 印张 349 千字

2020 年 6 月第 1 版　2020 年 6 月第 1 次印刷

定价：68.00 元

《从百万到千万——21座标杆油站非油飙升之道》

编　委　会

化危为机，迎接非油发展新浪潮

2020年春季，我们见证了历史。围绕石油行业所发生的一切是我们在历史上很难见到的。正如习近平总书记几年前指出的那样，世界正处在“百年未有之大变局”。全球陆续暴发并持续发展的新冠疫情，真正让我们见到了新世纪第一场影响人类的百年不遇的大变局。

疫情改变了世界，改变了历史，改变了人们的观念认知和行为方式，冲击了全球石油和能源化工行业，使之价格出现断崖式下跌。我国也不例外。一季度，我国石油和化工全行业利润总额只有391.9亿元，同比降幅达74.1%，全行业亏损面为35.8%。其中，成品油销售企业经营也出现困难。在疫情严重的地区，2月加油站油品销量下降多达80%～90%；疫情期间，加油站汽油日销量仅是正常销量的30%；3月，加油站销量出现回升，但回升至50%以上的加油站不足5%。

疫情尚未结束，低油价还将持续，加之电能、氢能等新能源的冲击，许多人对石油尤其是加油站的未来感到悲观。

作为传统化石能源，只要还有车辆在公路上行驶，作为重要的路上经济载体的加油站就存在商机，当然那时候的“加油站”不再是狭隘的加“油”站，而是更具象征意义的“加油”站。它不仅能够补充交通工具在路上行驶所需要的各种能源，而且是集便利店、汽服、快餐、广告、旅游等多功能于一体的实体服务平台；是集品牌宣传、营销、加油充值、微商城、大数据建设等于一体的线上服务平台；是围绕与高关联度的汽车、生活、自主品牌等产业以资本为纽带的产业孵化平台；是为实体服务平台、线上服务平台、产业孵化平台服务结合消费的金融业务平台。

要达成这样的目标，目前行业还面临很多压力。

一是市场竞争更加激烈。一方面，国内成品油市场竞争加剧，替代能源发展迅速，柴油负增长、汽油增速回落，氢能、LNG及电动新能源车保有量快速增长，进站、进店顾客数量明显减少。民营及外资加油站占比已达50%，未来多元的油品竞争主体也将加剧非油业务竞争。另一方面，便利店行业竞争日益激烈，2019年我国人均GDP达到一万美元，按照国际经验，便利店行业将由发展期进入竞争期，跨界竞争进入新阶段，尤其是电商的到家模式挑战到店模式，线上零售的快速发展分流了实体零售业的部分消费。

二是新零售推动便利店经营模式不断迭代创新。新零售时代，各种业态加速融合，顾客的消费行为和需求更加多元，我们大多数便利店仍然停留在快消品销售阶段，遭受的冲击将越来越大。同时，由于电商迅速发展，社区便利店在24小时经营等方面的改进以及更多零售模式的出现，使消费者对加油站便利店的依赖度降低。

三是安全环保等相关政策要求更加严格。有的省出于安全考虑已经不允许便利店摆放商品堆头；有的省不断加大环保整治力度，对尾气净化液装置和汽服的投资力度提出更高要求；有的省利益相关者加快资源争夺步伐，开始陆续收回高速公路加油站和有关经营权。

四是加油站便利店本身还存在能力不足。许多店存在商品与顾客关联度不高，营销手段和方式老化，服务及支付手段不能满足顾客需要，经营资质不全等问题。

不利因素虽然很多，但是机遇同样存在——国内经济长期向好的基本面没有改变，消费将持续成为经济增长的第一驱动力。为适应消费升级趋势，国家先后多次发力推进便利店发展，无论是覆盖面，还是推进力度都远超以往。可以说，相对良好的经济环境和行业环境都为零售业发展提供了更多机会，加油站要做的就是把更多客户吸引到油站消费。

如何吸引客户来油站呢?

以前加油站与客户没有联系，不知道客户为何而来，为何而走，何时再来。现在互联网特别是移动互联网提供了条件，数字化改造、大数据应用使我们知道了客户在哪里，我们要做的是把他们培养成“常客户”。

培养“常客户”，仅仅占有更多网络是不够的。我们的竞争方式要转变，要由网络占有变成客户占有。销售的本质是创造客户、占有客户，而不是占有网点。至于怎么做，对我们来说是个挑战，中国石油正在摸索。高度重视非油业务发展就是其中重要一项内容。

中国石油非油业务经过十多年的发展，已经具备了较大的市场规模和较强的品牌影响力，尤其是2017年昆仑好客公司组建之后，经过近三年的专业化运营，形成了以便利店为核心、多元化发展的综合经营模式，建立了较为完善的业务管理标准体系，创建了先进的精益零售运营体系，业务规模和竞争实力大幅提升，形成了稳定的顾客群。昆仑好客现在正在通过贯通线上线下，探索创新商业模式和经营机制，持续做大店销收入和毛利总额。

为此，我们转变思想，不单单卖产品，而是给客户创造价值——要么提供更便宜的商品，要么提供更好的服务。鉴于此，中国石油提出了优品、优质、优享的三优理念，目的是为顾客提供优质的商品、优质的服务，与顾客共享发展成果，构建加油站人、车、生活生态圈，实现真正的顾客消费目的地。目前，借助中国石油的金字招牌，我们正在打造公共平台服务，引入第三方资源提供服务，如和油站客户群高度重合的保险、ETC等一起为客户创造价值。这就是产品组合营销、交叉营销，让顾客的消费体验更好。

在这方面，本书涉及的中国石油9座加油站便利店真正做到了以需求为导向、以顾客为中心，实现了昆仑好客为顾客提供“优中选优，轻松一站购”的全新车行生活消费体验设想，经验值得推广。与此同时，通过阅读此书，我们可以了解中国石化、外资、民营等同业者发展非油业务的管理思路和经营之道，以及非油的未来发展和规划。可以说，这21家便利店恰如21面多棱镜，不仅反映了我国加油站便利店自身的发展之路，也折射出中国非油行业的跌宕起伏、转型升级。

千万元是一个节点，但也仅仅是一个节点，分析内外部发展环境和加油站便利店的发展规律，中国加油站的非油业务开始进入发展的重要战略机遇期。随着刺激消费具体政策的出台和落实，便利店行业将迎来蓬勃发展的大好机会。在全渠道零售变革、便利店品牌由分散走向集中、加油站品牌化与规范化不断提升的行业大环境下，我们的非油业务未来发展充满畅想空间。

为美好生活加油

2020年是2014年油价暴跌以来最艰难的一年，油价下跌、需求萎缩，传导到石油和化工行业已经造成了穿透性影响。特别是2月份，国内新冠肺炎疫情暴发和隔离防控措施导致行业生产、销售、进出口等大幅下滑。进入3月以后，随着国家采取“稳经济、促生产”的各项有力举措和国内疫情整体形势的日趋好转，加油站开始快速复苏，但尚未完全回到疫情前的水平。

作为从业者的我们很早以前就对成品油市场的发展趋势有所预料，只是疫情让这种危机提前到来。2016年起我国成品油消费增速开始明显放缓，柴油在某些月份甚至出现负增长，这预示着后石油时代即将来临。在能源行业大变革来临之际，如果不顺应时代的潮流，不未雨绸缪，危机到来就很难从容应对。

幸运的是，早在2008年，在油品业务顺风顺水的时候，我们已经预见了如果加油站只销售油品这样过于单薄的产品线，且没有纵深的服务链，会在油品销量下降时坐困愁城，所以在战略上开始提早布局，多方面转型应对。其中，大力发展非油业务就是非常重要的方向之一。

2008年，我们战略性地开始成体系、成建制、有规划地全面启动非油品业务，经过12年的发展，易捷便利店总数增至2.7万家，成为国内便利店门店数量最多的便利店品牌。2014年3月中石化易捷销售有限公司（以下简称“易捷公司”）挂牌成立，非油品业务开始向专业化、市场化方向发展。加油站大力发展多元化业态，为顾客提供便利店购物、洗车、汽车美容、快餐、电话充值、自助缴费、保险咨询、ETC、ATM机、彩票、旅游服务、快递收发等多业态的服务项目。在疫情期间，为解决“百姓买菜难、农户卖菜难”的问题，易捷迅速推出蔬菜生鲜销售业务，通过“无接触一站购齐”的销售服务方式，保障米面粮油民生刚需以及口罩、消毒剂等防疫用品。

在拓展非油业务范围的同时，易捷公司也在试水新零售模式，积极打造线上线下“人•车•生活”全场景营销。以加油卡网厅、微信公众号、App、小程序等为线上平台的流量入口，为客户提供加油、充值、会员服务、线上商城、汽车服务、生活服务等多样化的增值服务，积极推行“一键到车”“一键到家”等服务方式。

突如其来的新冠肺炎疫情证明，提早布局非油业务是一项重要的战略规划。目前疫情还在进一步发展，何时以何种方式结束、对世界经济有多大影响，尚不能做出判断，但加油站是汽车生活背景下最有地利的服务终端地位不会改变，加油站将会成为以能源加注为载体的一体化服务终端，加油站依然是刚需、便利的代名词。我们要依靠这个终端继续创新发展非油品业务。

目前全国有超过10万座加油站，绝大部分设有非油业务。便利店数量远超任何连锁零售企业，但单店营业额不高，多数年营业额低于百万元，上千万元的实属凤毛麟角。

在加油站高黏性、高价值、高互动的消费场景下，如何充分挖掘单店活力和单店销售潜力，更好地服务加油客户？加油站经营者都在迫切地寻找方法和路径。本书提到的21座加油站，其非油年销售额均已超过千万元，是非油品经营的佼佼者。他们的经验和模式有些是可以复制和推广的，所以本书对加油站经营者有很大参考价值。

当然，千万元不是加油站非油业务的天花板，我国便利店尚未迎来消费转型升级的红利期。中国老百姓是近10年才迎来汽车生活，和近百年坐在车轮上的欧美国家不可同日而语。然而，百川归海。欧美加油站便利店火爆的现在，就是中国加油站行业的未来。随着经济发展和顾客消费习惯逐步养成，我们将会迎来更多的千万级门店。

目录 CONTENTS

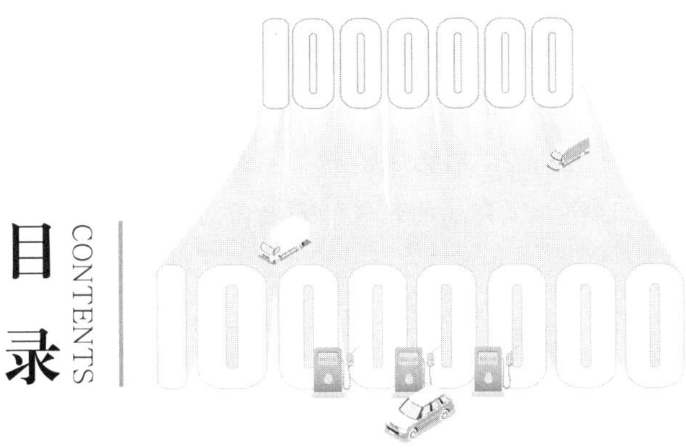

01

湖西街：颠覆你对加油站的认知

积极进行业态转型，店中店模式让湖西街加油站实现非油营业额近3000万元。在其成功的背后，离不开建站之初的独到设计、新品质商品打造以及过硬的员工队伍。未来，江苏石油将围绕车生活、家生活，将非油品占比达到总利润的30%，以实现非油品争一流的目标。

营销现场

店中店打造家生活

围绕着高端客户群体，店中店在湖西街加油站经营得有声有色。

文／周志霞

古都金陵看老城，现代化新南京看河西！

与江苏南京河西新区同步发展的中国石化江苏南京分公司湖西街加油站，被河西CBD商圈、数座精品住宅小区簇拥着，客户群体自然而然被贴上了“高端”的标签。

面对高端，湖西街加油站首家“易捷—好的”特许店、首家鲜花店、首家充电站纷纷登场，店中店在这里遍地开花。

加完油，用充值赠送的洗车券享受一次自动洗车，有时间还可以逛逛超市、花店或者蛋糕店。一站式服务让客户生活质量大幅提高。

抓住了高端客户需求，店中店登场一个，客户认可一个。从2016年开始，湖西街加油站非油品发展进入飞速发展阶段，当年非油品营业额突破1000万元，2017年突破2000万元，2018年变成了2981万元。

➢ 易捷—好的：双品牌合作

湖西街加油站便利店，200多平方米的面积，商品可谓应有尽有。进门左侧货架上摆放新鲜的牛奶、面包及右侧货架摆放的大面积功能性饮料格外吸引顾客眼球。

一位顾客正在收银台旁准备结账。“你看到她购物篮里的商品了吗？牛奶、面包是‘苏果—好的’提供的，而鸥露纸和卓玛泉水正是中国石化的商品。”江苏石油总经理助理王剑小声地对记者说。

“便利店还能卖新鲜的牛奶、面包，这在以前是做不到的，因为当时我们流程配送还达不到那样的要求。”王剑说。

2016年，江苏南京分公司与“苏果—好的”超市强强联手，率先成立了“易捷—好的”中国石化首家特许店。

湖西街便利店与“苏果—好的”联手，缘于满足客户的需求。位于南京河西CBD商圈和河西精品住宅小区交互中心的湖西街加油站，与高端客户群体紧密相连。“对面的小区叫华润乐府，房价是南京最高的，已经卖到了7万元/平方米，是南京的楼王。”王剑指着对面高楼林立的小区说。除了对面的楼王，周围还有数个精品小区，以及三所学校和一个大型健身房。

“除了车主，一些居民和学生喜欢步行来我们便利店买东西，比如买些早点，包括鲜奶和面包。对于一些健身者，不同的功能性饮料是他们的最爱。”加油站站长张林芳说。

苏果做了几十年的超市，专业性十足，对鲜奶、面包、熟食等商品的物流配送要求较高——中国石化目前配送一般可以满足一周两配，而苏果可以达到一天两配。

由此，2016年以来，湖西街便利店除保留自有粮、油、卓玛泉、枸杞、红酒等商品外，增加了包括熟食、鲜食、牛奶、面包、功能型饮料在内的“苏果一好的”千余种商品。

与苏果联手，双方商品可以混搭销售。例如，苏果一些功能性饮料做得比较好，便利店在此基础之上，新增了红牛、卡拉宝这样的功能性饮料，从而满足顾客更多选择。除了可以丰富商品种类来满足顾客的需求，与苏果合作还可以在管理上更加专业。

“在与苏果合作之前，货架可不是这样的，那时摆放1000多种商品就已经显得很拥挤了，而现在商品达到2000多种，陈列特别规范，丝毫不显拥挤。”张林芳说，“不仅如此，现在货架上还装上了不同色调的灯光，便利店的整体氛围大不一样。”

更为重要的是，苏果可以根据内部销售数据，再结合便利店的销售情况，及时对商品进行更新，做到适销对路。

一半中国石化易捷的商品，一半“苏果一好的”的商品，两大品牌强强联手，带来效益非常明显。从2015年开始合作，2016~2018年湖西街便利店的年均销售额均提升50%。

➢ 办卡区遇到了咖啡、蛋糕和鲜花

“加油站里竟开起了花店，加油还送康乃馨，听着都新鲜！”2018年母亲节，湖西街加油站开展办卡、充值送鲜花活动。当日，200多位顾客收到了康乃馨。这些康乃馨均来自湖西街加油站花店，这也是中国石化江苏石油第一家花店。

2019年3月中旬，记者来到了这家便利店花店。一进门，一股浓郁的花香扑鼻而来。进门左侧大约20平方米的地方，一位正在插花的小姑娘，被从棚顶吊着的、柜架上摆着的、地下放着的各种鲜花簇拥着。“我们的鲜花都会隔几天从云南空运过来，丝毫不比市面卖得鲜花差。”云南同创花语的这名员工说。

记者费力地将视线从花海里移开，注意到这是一间100多平方米的房间，主人将其一分为三。最左边是鲜花区；中间一排排典雅的桌椅，是喝咖啡的区域；最右边是充值办卡区。

说起加油站便利店开展咖啡业务还算寻常，鲜花店则显得另类了许多。当时怎么想到开鲜花店呢?

这完全是一种偶然。2016年，王剑去云南出差，看到当地的花特别好，想引到便利店里来。但放在哪个区域?能发挥怎样的作用呢?思虑再三，王剑想到了便利店办理充值业务的卡点。

“当时便利店办卡和卡充值业务的人非常多，动不动就排队，顾客等的时间长了，就变得很焦躁。”王剑说，“当时想了很多办法，比如在卡点放一些舒缓的音乐、电影什么的，但效果都不是特别好。”

2016年，便利店与云南同创花语合作，将鲜花引进了便利店，设在了办卡区的左侧。为了效果更加明显，在办卡和鲜花区域中间又加了一些优雅的桌椅，让顾客闻着花香，喝着咖啡，心情舒畅地等待办理的业务，极大地提高了客户的满意度。

“近两年，越来越多的顾客选择在网上充值办卡，柜台业务办理一般不用排队，但鲜花已然成为便利店一个必不可少的业务模式。”张林芳说。

比如，在母亲节、情人节、七夕节，加油站客户都会到这买一些鲜花，非常方便。不仅如此，内部员工有需要也会从这里买花送亲人、朋友。

近两年，便利店业务进一步优化，又与“可蒂烘焙”开展合作，于是百余种蛋糕出现在顾客的眼前。

2019年是猪年，在便利店的一角，“可蒂烘焙”的员工现场制作的小猪蛋糕真是萌到了极点。“无论是来到便利店购买商品的还是办卡相关业务的客户，只要看到各种蛋糕都会凑过来，有的买来直接打开就吃，有的带给孩子和家人。”“可蒂烘焙”员工告诉记者。

结合顾客的需求，鲜花、咖啡再加上蛋糕，只这三样销售额每天可以达到7000元左右。更为重要的是，有了鲜花、咖啡和蛋糕，加油站办卡业务也有不同比例的增长。

➢ 顾客刚需：洗车保养同上阵

离开了便利店的鲜花区和卡点区，向后走，一条长长的足有50米的隧道式洗车房映入记者的眼帘，几台私家车正在排着队等待。

“洗车排队几乎是常态，一天要洗300多辆车，一个月进账15万元左右。”张林芳说。

“洗车业务在加油站是刚需，因为无论政策怎么变，即便客户开上新能源汽车，也要洗车维护，所以有条件的加油站都要开展汽服业务。”江苏石油非油品中心经理封昌建说。

2016年4月，基于湖西街加油站周边高端的客户群体，加油站与江苏长荣汽车服务有限公司合作，在加油站开展洗车、保养和维修等业务。

走过隧道式的洗车房，在一片至少300平方米的区域内，分设着汽车美容、维护几个区域。美容师小张正在为一辆汽车打蜡。“南方梅雨天气比较多，汽车容易被氧化，过两月真正进入梅雨时节，这项业务会更加忙碌。”小张说。小张向记者介绍，现在汽车市场和过去几年相比是下行的，但由于周边都是高端客户，需求比较大，再加上长荣与中国石化两大品牌联手，双方合作没有受到什么影响。“当然也离不开加油站员工在引流方面的出色表现。”小张补充说。小张口中的引流，是指加油站员工给顾客加油的时候，有意识地观察顾客的车辆内室是否干净，外观是否有小的划痕、氧化等情况，然后再有针对性地向顾客介绍本店的汽服业务。

“顾客只要到本店做汽服业务，我们店里都配有一定资质的维修师、美容师，维修质量有保证。即便当下顾客没有时间进行保养，我们也会推荐其有时间到就近的网点进行维修。”小张说。所以对于近两年的双方合作，顾客满意度还是比较高的，不敢说能达到5分，至少也可以达到4.9分。

当然，能够让顾客有如此高的满意度，也离不开湖西街加油站为满足客户需求而打造的良好环境。顺着封昌建手指的地方，记者看到在汽服维修保养的二层有一个足够大的露天平台。可以想象，顾客从侧梯上去，坐在遮阳伞下，喝着咖啡、吃着点心，看着临街风景有多么惬意。汽车维修、美容业务有时需要等半个小时或者一个小时，有了这个露天平台，顾客消费体验立即提升。

封经理告诉记者，刚开展汽服业务时，并没有这个露天平台，这是后来逐步优化而增设的。因为越高端的客户越讲究消费体验，我们需要做的，就是逐渐发现他们的痛点并想办法解决，要把以“客户为中心”做到极致，千万不能让他们与枯燥、乏味沾上边。

以客户需求为中心，消费体验提升了。近两年湖西街加油站汽服业务越来越好，目前每个月销售额达到50万元左右。

“看到对面的那条河了吗？那叫幸福河，旁边的河道都进行了绿化，环境非常好。但被加油站的围墙挡住了，有点可惜。”王剑向记者介绍，“建站的时候，出于安全考虑，政府要求打造围墙。近些年，政府、居民的观念都在变化，未来我们将拆掉这个围墙，让顾客看到更远的风景也不是没有可能。”

➢ 充电业务也来了

蛋糕店、鲜花店、汽服业务，记者绕着湖西街加油站转了一圈，最终来到了加油站正前方的一片绿地上。正如其新业态模式一样，这项业务成立的虽然晚，但完全可以称得上是加油站一项压轴的非油业务——充电桩。

刚刚站定，一位打扮时尚的小伙子将其电动汽车停在其中一个充电桩位置上，娴熟地拿出手机扫描充电桩二维码进行解锁，取下充电枪并与车辆充电座连接，最后按下启动键盘，开始充电。

“30多分钟就可以充满了。然后他可以点开手机里的智能充电App用微信或者支付宝完成支付，再拔下充电枪，就可以驶离，非常方便。”封昌建指着充电座上的充电枪说。

2018年下半年，江苏石油与星星充电签署战略合作协议，成立了湖西街首座充电站。如果说湖西街加油站其他非油品业务是迎合顾客需求的话，那么充电桩业务除了满足顾客的需求之外，更多地结合了当下的市场趋势。

目前，中国成为全球最大的电动汽车市场，市场份额占全球的70%以上，燃油车电动化势不可当。江苏电动汽车发展更是走在全国前列。

虽然前景不错，但一方面由于成本较高，另一方面由于电池技术存在瓶颈，未来电动汽车能否替代传统燃油车还存在诸多不确定性。正是因为这些情况，江苏石油和星星充电开展合作，在加油站建立了一个实体店，进行尝试探索。

对于星星充电而言，由于巨大的成本投入，短期还无法实现盈利，但其更加看重的是未来市场的无限潜力，抢占市场尤为重要。“对于湖西街加油站来说，也没什么不好。由于对方承担了全部成本，目前充电站业务可以实现微利。”封昌建说。

目前，充电站配有四台120kW直流双枪智能充电桩及相关配套设施，可同时满足8台电动汽车的充电作业。如物流、网约、私家车等各类推广领域的电动汽车都可以在此享受充电服务。

“一天可以充电2000~2500kW·h，最高峰可以达到2700kW·h。”张林芳说，月销售额在14万元左右。

目前，充电业务对于顾客实行的是全流程自助式体验，结合手机智能App，不仅可以实行快速支付，还可以实现充电站导航、充电预约、故障报修等多功能用户体验。

“随着和星星充电的合作更加顺畅，我们以后还会在新能源汽车充电基础设施及场地建设运营、汽车销售、保险、二手车、共享汽车服务等方面展开深度合作。”封昌建说，“随着我们的初步探索，未来技术一旦突破，市场走向成熟，我们也不排除自己做这项业务。”

眼前的湖西街加油站，客户的体验十分惬意。爱车在充着电，客户可以到易捷便利店选购商品，在蛋糕房吃点心喝奶茶，顺便再选束鲜花装扮生活，还可以将充值缴费等琐事顺手解决，充电后再把爱车整体清洁。一站式服务，让客户生活质量大幅提高。

不一样的店结出3000万的果

湖西街加油站非油表现不凡，离不开建站之初的独到设计、新品质商品打造、过硬的员工队伍和全员营销。

文／周志霞

小两口装修新房准备结婚，这在人生当中可是排得上数的喜事。房子如何装修，可要思量再思量，防止装修完不如预期而留有遗憾。

湖西街加油站建站之初同理，正是因为有建站之初独到设计，再加上新品质商品打造、过硬的员工队伍、全员营销，才成就了今天的湖西街加油站。

➢ 油站在里　便利店在外

“这个加油站真奇怪——加油站在里，便利店却在外面。”对加油站比较熟悉的人，来到湖西街加油站都会发现这一特点。也难怪，按照传统的加油站设计，99%的加油站罩棚都在外面，便利店在里面，湖西街加油站却恰恰相反。

原来，2013年计划打造的湖西街加油站位于四岔路口边上。建站之初，南京分公司做了充分的调研，了解到加油站周边要建一个在南京数一数二的高档小区。围绕着高档小区，政府还有一些高档设施的规划，包括一些商业门面房。由此，南京市政府找到南京分公司协商，要求即将建造的加油站一方面要保证与周边配套设施衔接好，另一方面要把空间充分利用起来。受南京市政府的启发，2013年江苏石油花重金打造的加油站，将加油区域建在里面，便利店站棚临街打造。

这样建造的好处，一方面周围居民可以减少内心的压力。“让居民知道加油站也可以不用临街打造，进一步说明加油站具有高度的安全性。”王剑解释说。另一方面，便利店站棚在外，前后两道门都可以售卖商品：加油的顾客从里面的门可以购买商品；临街的门打开，变成了一个门面房，不加油的顾客也可以直接进来购买商品。

多了一道门，可给便利店带来不小的销量提升。“这个站以第三方合作为主打，但便利店销量能占到整体非油品销量的一半以上。”张林芳说。

特殊时期，优势更加明显。2018年，湖西街加油站在南京分公司统一的号召下，进行防渗改造。加油站整体停业，但便利店因为有了临街的那道门，可以正常营业，非油品销量丝毫没有减少。

湖西街加油站，不仅在设计上做出创新，在具体区域规划方面也想方设法将空间充分利用。“一般的便利店站棚都是一栋楼，而我们当年规划的就是两栋楼。”王剑说，“随着近两年的逐渐优化，我们将两栋楼连起来，又将三层楼的整体空间充分利用起来，面积达到2848平方米。”在王剑看来，或许当年并不知道开展什么业务，但一定要有足够的空间，否则想增加什么项目，硬件设施达不到也是纸上谈兵。“比如之前那里只是一片绿地，用于停放车辆。后来考虑要建充电站，立即将其打造成一个8个充电桩的充电站。”王剑指着充电站的位置说。现在回想起来，有点庆幸。“如果没有建站之初对周围环境的足够调研，后期加油站可以优化的空间是有限的，根本做不到陆续的有的放矢，更谈不上与第三方深入合作，那么近3000万元的销量也是空中楼阁。”王剑说，“当时设计规划有政府的引导，如今看来，对于整个江苏石油来讲，湖西街加油站的整体设想规划都具有借鉴意义。”

➤ 好生活从这里开始

“蓝牙钥匙扣和反向伞，我们站每样得订20个。”

2019年3月，来自南京溧水县公司的相关人员组团来到湖西街加油站的二楼非油品展示中心，经过一番淘宝后，完成了蓝牙钥匙扣、走马灯、车载充电器等商品的订购。

“每年都会有几十拨客户前往我们这里采购。我们这儿商品品类丰富，客户大多都能选到他们心仪的商品。”封昌建说。

客户能选到心仪的商品，缘于非油品商品展示中心2016年成立的初心。“一方面要从客户角度出发，但定位上我们提出一定是新品质商品；另一方面尽可能让员工参与进来，让其挑选自己所卖的商品，这样做起来更有动力。”封昌建进一步解释说，“我们每天都说，要满足客户美好生活的需要。如今消费者对商品质量、客户体验要求越来越高，所以我们让员工参与进来，也是实现新品质商品品类的基础。”

由此，2016年以来，在南京分公司的带领下，湖西街加油站每年都分批组织员工前往义乌考察，寻购适销商品，引入非油品中心。近两年除了员工优选出来新、奇、特商品，非油品展示中心还引入了各种地域特色的商品，比如南京的云锦、特别畅销的云南普洱茶。随着逐渐优化，2019年，非油品展示中心还与诸多大型供应商合作，引入可以控制温度的加热壶、温度可以调节的饮水机等一系列创新独特的商品，以实现双赢。

“与供应商合作，他们很多商品可以和我们的油品进行捆绑。顾客加油加到一定数量，我们可以送给顾客由合作商提供的水或者饮水机等商品。”封昌建说。

为全面促进商品提档升级，2018年5月，非油品展示中心还引进进口商品进易捷。“公司严格审查与其合作的跨境电商出口平台型企业，确保产品渠道和一手货源，从而在质量上保证货真价实，同时在价格上又极具市场竞争优势。”王剑说。

“为了更加贴近客户需求，我们在引进商品之前，还给年轻员工充分的话语权。让他们从颜色、气味、品牌、价格、口碑、网红指数方面，面对面咨询商家，再经过对比评选才最终敲定。”封昌建说。

为弥补电商无法提供便捷客户体验的短板，非油品展示中心全面突出实体门店的优势，为客户提供实物展示、现场体验等优质服务。

目前，非油品商品展示中心的商品达到1000余件，吸引着不同层次的顾客前来选购。“看样子以后再也不用找代购或者出国扫货了，喜欢的网红洋货这里都有，价格也超低，真是太方便了。”老客户林女士最喜欢来湖西街非油品中心挑选商品。

不仅吸引着不同层次的顾客前来，非油品展示中心还成为南京分公司乃至其他兄弟公司挖掘新、奇、趣商品的体验中心。油站员工可以在现场体验后选择合适的商品，通过要货系统预订，启动物流调拨、运输流程，完成自主采购。

“内部员工的全面参与让其价值感大大提升，实现了‘要我卖’到‘我要卖’的转变。”封昌建说。

而湖西街加油站站长张林芳还有一项重要的任务，就是通过销售系统平台，不断整合线上和线下数据，进行对比分析从而制定销售策略，以求更好地满足人们美好生活的需求。

➢ 每位员工都是后备站长

“我们站从站长到员工都是大师傅，业务方面非常过硬。”张林芳说。

随着张林芳指引，记者来到了非油品便利店的三楼——零售管理学校。

零售管理学校，又叫加油站站长培训站，简称站长站，也是江苏省首个站长站，主要针对的是南京分公司的站长培训。

站长站虽然针对的是整个南京分公司，但作为自家门前的培训站点，湖西街加油站正所谓是“近水楼台先得月”。

“站长站从培训内容上涵盖了早期江苏石油遴选的157位由基层员工名字命名的大师傅工作法，内容包括加满油营销推介、加油卡推介、燃油宝销售、非油品陈列与销售等最佳实施。”张林芳说。

经过这些通俗易懂的培训内容，湖西街加油站卡点领班长、便利店领班长都有一套自己的绝活。除此之外，站长站还培养了一批燃油宝销售高手。

庞待弟，作为一个农村娃，7年前来到南京分公司加油站工作，前几年业绩虽好但还不算特别突出。调到湖西街加油站后，通过站长站的系统培训，近两年他成了燃油宝销售大师傅。

“包括加油卡领班长，对大中型客户都了然于心。例如这家单位业务量有多大，未来潜在的用量是多少，他都有掌握。”张林芳说。不仅自身业务过硬，这些业务骨干带出的员工个个都是能手。张新光，2016年10月，从农村站来到湖西街加油站。作为农村站的骨干成员，张新光虽然初来乍到，但对于销售燃油宝却是信心满满。然而，出乎意料的是，一个星期过去了，张新光愣是一瓶也没卖出去。离开，是其失去信心以后最想做的事情。“你来的时间不长，可能对咱们站客户的类型还掌握得不够透，销售燃油宝给什么样客户，话术方面都有很大的区别。”庞待弟经常与其沟通，并现场进行示范。受此启发，张新光销售燃油宝一发不可收，10瓶、20瓶、50瓶……如今，张新光月销售燃油宝有时可以达到1000多瓶，已然成为燃油宝销售能手。

便利店领班长同样不寻常，他的兵对便利店商品性能娴熟于心。包括对销售火爆的鸥露纸、卓玛泉水、燃油宝、多种品牌的功能性饮料等商品的性能，个个都能说出个所以然来。“更厉害的，现在平衡车卖得比较好，我们站80%的员工都会骑。只有这样对客户介绍商品的时候，才能深入打动客户使其购买。”张林芳说。说话间，张林芳指了指已经从加油区排到马路上的车辆说：“今天是28日，每个月月底的顾客都特别多，因为大多数顾客会在这个时间来兑换手中即将过期的优惠券。”“不仅是集中兑换优惠券的时候，包括节假日促销人多的时候，我们站里员工业务处理能力都非常强，哪个岗位缺人都可以随时调整。”张林芳说，“大家配合好，高峰时门店销量达到3万元丝毫不是问题。”

综合素质过硬，如今在湖西街加油站的员工都有到其他站当站长的能力。事实也是如此。近两年，湖西街加油站向外输出的站长近10名，其中还有一位被直接提拔为区域经理。

➢ 任务就是收入

湖西街加油站从2016年开始陆续与第三方开展合作，当年实现千万元营业额，2017实现2000万元营业额，2018年实现近3000万元，可谓是一年上一个台阶。

“现在看来业绩是挺激动人心的，但说实话，每年年初向省公司领任务的时候，压力还是挺大的。”张林芳说，“每年省公司的任务都会适当上调，但相对比较好的是，省公司近两年调整了员工收入管理办法。”

据了解，江苏石油新出台调整的员工收入管理办法，其中最为重要的是：只要完成基础销量部分，超出部分全部按照比例兑现到员工收入，包括提枪量、非油品销量、加油卡充值超出部分。

政策调整是为了激励员工，但如何将员工的积极性全面激发出来，张林芳带领所有员工开展了全员营销。张林芳将全年任务逐月分解，再将每个月的任务按照实际情况分解到各个区域，各个区域的领班长再逐个分配到每个人。

“分配到每个人不能一刀切，都需按照个人能力进行分配，平时业务能力强的多分一点，业务稍弱的少分一点。”张林芳说，“但每个人领到的任务，要比实际分到的任务多20%，也是为了适当地加压。”

将任务分配到个人，并不算了事，或许刚刚开始。“我们再帮助员工将任务分解到每天，让他们知道每天要完成多少才能完成一个月的任务。”张林芳说，“同时要让员工知道他所负责的区域，哪些商品毛利比较高，什么时候适当推销哪些商品，有助于完成每天的任务。”

任务分解了，只要每天按时完成，每个月完成任务也就不是什么难事。庞待弟就是按照这个节奏一直在努力，近两年越做越顺。2018年的时候，他为顾客加油之余月销售燃油宝1500瓶，2019年以来几乎每个月能卖到2000瓶。

“站里只有一两名营销能手肯定不行，我每天都要告诉员工我们是标杆站是示范站，时刻不能忘了，要扛红旗、保第一。”张林芳说。

这样的意识在每位员工的心里扎根。思想认知上去了，行动也要跟上。张林芳每天组织员工召开班前会，告知大家每天便利店销量完成情况。对于没有完成的，分析问题出在哪，全员参与解决。

“任务实行分解，在操作时又解决实际问题，近两年各个区域都能如期完成任务，有时还能超额完成。”张林芳说。

完成营销任务，带来的必然是员工收入的增长。据统计，湖西街加油站2016年员工收入比2015年增长80%，2017年在2016年的基础上又增长了50%。“目前，庞待弟是工资最高的，每个月差不多可以领到2万元；其他能领到1万多元的也有四五位员工；最少的也可以领到七八千元。”张林芳说。

“收入涨了，现在员工根本不把任务当任务，都当成是自己的收入。”王剑说，“观念上发生转变，大家就会主动互相帮助，都知道不能由于任何情况影响销量。”

“非油品业务高峰的时候，便利店营业额一天能达到5万元，相当于每10分钟就要接待5个客户。手脚特别麻利、技能非常娴熟的员工，一天一个人也就能卖到3万元。”张林芳说。

如今，便利店高峰时期已然成为全员上阵的一道风景。在此带动下，便利店基础门店销售量大大提高，2018年的非油品销量近3000万元，其中基础门店部分达到了1680万元。

未来非油品要占总利润三成

——专访中国石化江苏石油董事长、党委书记张有根

江苏石油计划将非油品占比达到总利润的30%，以此实现非油争一流的目标。

文／周志霞

湖西街加油站作为示范站，只是中国石化江苏石油诸多加油站非油品业务发展的一个缩影。据了解，江苏石油2018年在非油品业务突破100亿元营业额的同时，全口径千万元便利店已然达到27座。

在油品行业进入高质量发展的今天，100亿元只是一个新的起点。为实现4.5%到30%的非油品占比，江苏石油非油品发展的具体战略是什么？又将做出哪些调整？针对这些问题，记者专访了中国石化江苏石油董事长、党委书记张有根。

➢ 千万元便利店　潜力巨大

Q 记　者：张董事长您好！就整个江苏石油2500座加油站、2250座便利店来讲，已经达到千万元或者未来具有千万元营业额潜力的便利店有多少？

A 张有根：湖西街加油站的营业额是目前最高的，除此之外，已经达到千万元营业额的便利店有12座，这主要是指门店零售的营业额。如果加上团购方面的，现在江苏石油全口径的千万元便利店已经达到27座。目前能达到850万元以上的营业额的便利店还有24座，所以2019年计划千万元便利店达到40座。

Q 记　者：就像湖西街加油站这样以第三方合作为主打，能否代表江苏石油发展千万元便利店的一个趋势？

A 张有根：还是要结合各个站的硬件设施以及客户的需求来说。第三方合作的模式有其优势，可以让我们将一些原本并不专业的业务做得更加专业，以更好地满足客户的需求。由此，近两年，只要加油站具备条件，我们都积极发展各种新业态。目前，江苏石油各种综合服务站达到204座，店中店有504家。未来，只要具备条件，我们还是要尝试打造综合服务商这样的平台，让我们的客户、供应商都可以在这个平台上发展。

Q 记　者：您觉得与第三方合作开展店中店要注意什么问题？

A 张有根：在加油站硬件设施允许的情况下，首先要调查加油站周边的客户群体，然后选择合适的业务项目。当然在选择具体合作伙伴的时候，我们也有门槛，至少遵循三个原则：一是品牌；二是质量；三是确保能够带来一定的客源。其次，在店中店管理方面，因为与第三方合作，具体员工都是第三方的人，我们要定期对他们培训，包括加油站安全、如何服务客户等。最后，双方要进行细致协商，做好相关合同的签署，以便更好地履行利益分配。

➢ 车生活　家生活

Q 记　者：江苏石油进一步发展非油品业务的具体战略是什么？

A 张有根：发展非油品整体战略是围绕“车生活”和“家生活”来展开的。“车生活”主要是指开展“后备厢行动”，就是顾客开车进来，日常生活需要的米和油不用再到超市购买，经过站里的推荐，所需商品往后备厢一放，顾客就可以直接带回家。另一方面就是“家生活”。每座站都要确保将居民需要的日常用品全面供应，尽量不要让他们到别的地方购买。当然，要做好“车生活”和“家生活”，需要我们更加深入地对商圈进行调查，当然以前也一直在做，但我认为做得还不够细。只有把周围商圈研究透，做到满足人民群众对美好生活向往的需要，才能做到商品适销对路，客户才能购买。除了做好这些，我们还要围绕“车生活”和“家生活”，不断增加增值服务，比如便利店不仅卖商品，有条件的都要开展卖保险、汽车，同时提供旅游、快餐、汽服等业务，进一步做好业态转型。

Q 记　者：为了更好地做好“车生活、家生活”，哪些方面需要提升？

A 张有根：围绕着“车生活”和“家生活”，我们首先要将门店销售占比提升上来。近两年非油品营业额突破100亿元，每年也都能提升30%左右，但非油品发展存在隐性虚胖的问题，比如团购方面做得不是特别规范、香烟方面利润非常少。

由此，江苏石油一方面需要调整商品结构，非油品发展要以效益为中心，就要处理好重点商品与基础商品的关系，以重点商品创造毛利，以基础商品维护客户。同时，要做好商品营销，深入学习营销，适应市场变化。除此之外，要进一步实现线上、线下的深度融合。

另一方面，江苏石油2019年提出进一步打造样板站计划。打造样板站就需要各项工作更加细化，公司计划从四个方面来实施：便利店内部改造做标配、汽服做标配、厕所革命做标配、灯光做标配。也就是从形象到服务，再到客户体验，将加油站进行全面的革新。通过几方面措施，我们计划将门店销售占比提高到60%。

➢ 争一流　非油品占比30%

Q 记　者：围绕“车生活”和“家生活”这样的战略实施，公司非油品未来几年要达到一个怎样的目标？

A 张有根：虽然非油品发展每年都有所增长，但因为区域市场的整体特点，在江苏石油总利润的38亿元中，非油品利润占比只有4.5%。未来两年，我们计划非油品占比达到10%，到2025年非油品占比要达到总利润的30%。与此同时，要打造100个年营业额千万元门店，打造500个年营业额600万～1000万元门店，打造800个年营业额300万～600万元的门店。从而实现江苏石油整体“1133”目标中的非油品争一流的目标。

Q 记　者：这个目标还是挺大的，贵公司的底气是什么？

A 张有根：一方面我们拥有2000多个网点，另一方面我们具有中国石化过硬的“易捷”品牌。这些都是非油品发展的动力。从市场趋势来讲，目前油品的市场需求已经开始缓慢下降，或者已经进入拐点，未来下降的趋势还会更大。趁着目前这样的缓冲期，我们必须加快步伐在油品不降的情况下，加大非油品的占比。无论是油品还是非油品，除了有过硬的质量外，都要靠网点和客户。在客户方面，我们提出“客户大增法”，就是围绕着成品油销售的客户，再加上非油品大客户，统计出成规模客户大约有3万家。我们再分别从现有客户和潜在客户几个方面，把工作做细。

Q 记　者：相对来讲，农村站的非油品发展一般都存在瓶颈问题。江苏石油在围绕大的目标实现的同时，针对农村站要做出哪些改变？

A 张有根：江苏石油在2500座加油站中，按照油品来划分成三类：一是核心城区站占1/5；乡镇站占一半；剩下就是农村站，算下来大概有800座。未来农村站计划实施三个转变。第一实现从城市向农村发展转变，就是以农村包围城市，因为城市有很多商家，做大比较难，我们必须加大农村发展的力度；第二实现有车一族到服务全民方向发展的转变，就是不能只服务有车一族，我们也要将没有车的也拉到便利来消费；第三实现从经营油品到经营多元商品服务的转变，就是不光只经营油品，我们还要实现包括以非油品为主的多元服务。

➢ 坚持市场化方向

Q 记　者：江苏石油非油品发展走做大、做强、做精的路子，员工激励方面永远都是一个重点，以后有什么计划？

A 张有根：2018年的形势和前几年都不一样，2018年是市场较为混乱的一年。即便这样，我们整体上完成的业绩还不错，实现了30%非油品业务的增长，这些都是各个层面员工拼出来的，所以员工激励非常重要。2019年我们计划实施用市场化手段管理非油品业务，包括实现管理体制、经营机制、薪酬考核、用工考核等市场化。因为市场化的商品一定要采取市场化的手段，所以经营绩效也要实行市场化。比如，以前非油品方面都是无偿使用加油站店面的，市场化以后我们就要有成本的概念，以后要单独核算租金、人工、水电、物流、营销费用等非油品成本，在这基础之上再计算非油品利润，进一步挖掘员工的潜力。

实行市场化以后，未来我们要建立大会员体系，就是将油品和非油品会员体系打通，将所有员工纳入会员本系。在一般情况下，通过油品带动非油品，比如加满200元的油品可以送洗车券或者其他非油品商品。实施市场化以后，我们要更多地通过非油品销售带动油品销售。

扫码看专家点评

02

山海关服务区——最走心的旅游攻略

山海关服务区抓住节假日旅游者这一最大客户群体，利用邻里商业理念，丰富经营业态，将五项功能为一体的大型综合服务区优势全面发挥，给司乘人员以实用、便捷的消费体验。多年来，服务区非油品营业额持续提升，突破4000万元。未来，河北销售将进一步突破，靠跨界业态与线上、线下的深度融合，做强店销，不断提升非油品业绩。

营销现场

因为它，轻松走遍山海关

加油、餐饮、购物、住宿、汽修……游客的问题，山海关服务区都能解决。

文 / 周志霞

世界那么大，谁都想去看看。不过不管去哪里，出发之前搜一份靠谱的旅游攻略必不可少，毕竟携家带口去一个陌生的地方，衣、食、住、行都是大问题。如果一个环节不慎，都可能让旅行散心变成了花钱闹心。然而，天下第一关——山海关的旅行却不需要任何攻略。

驱车到闻名天下的山海关旅游，有个必经之地——中国石油河北销售秦皇岛分公司山海关服务区。这座服务区位于G1京哈高速公路上。像是与你约好了似的，你前行的路上，北服务区等着你；归来的途中，南服务区等着你。

因其独特的地理位置，这对“双胞胎”服务区抓住顾客需求，为顾客打造了集加油、餐饮、购物、住宿、汽修为一体的“一站式”消费体验。2014~2018年，该站非油品营业额直线上升，2017年突破4000万元。

有了这样的业绩，它被中国石油销售系统评为“十大标杆加油站”。

➢ 便利店、超市，这里都有

老龙头、孟姜女庙、燕塞湖、角山长城……山海关吸引着太多游客的目光。

5月1日一大早，爸爸就将7岁的宝贝女儿佳佳从睡梦中拉了起来。女儿想起来今天要出去游玩也相当配合，快速起床。7点不到，一家三口就告别了北京这个喧闹的城市。

从事IT工作的佳佳爸和在国企单位从事公关工作的佳佳妈，平日里都特别忙，很长时间没有带着女儿出去玩。经不起女儿的再三恳求，趁着这个五·一小长假，佳佳爸选择到离北京较近的山海关游玩。

一路前行，到了京哈高速公路，车还真不少，看来大多数的车辆都是出来游玩的。

“开了三四个小时了，应该快到了，前面是不是就有服务区了？油应该也不多了。”佳佳妈妈一边提醒丈夫一边浏览着手机上各种各样的山海关旅游攻略。

就在此时，“山海关服务区”几个大字映入了一家三口的眼帘。不用任何提示，佳佳爸随着前面的部分车辆从入口向服务区驶进。

虽然车辆非常多，但是因为有加油员的疏导，佳佳爸随着车流很快进入加油站并按照加油员的提示将车停在加油机旁。

“这里有一个便利店，我领女儿买瓶水。”由于出来得匆忙，佳佳妈没带什么喝的东西，便和老公打了一声招呼。

走进便利店，佳佳妈发现，这个便利店虽然面积不大，但除了简单的饮料和司机需要的日常用品外，汽车所需的各种润滑油、尿素、机油、玻璃水一应俱全。“有的顾客赶时间，加了油就要走，所以我们将汽车保养用品放在这个便利店里，更方便顾客购买。”望着一脸惊讶的佳佳妈，便利店服务员小张一边介绍一边给另一位顾客递了一瓶玻璃水。

“这简直太方便了。”佳佳妈听到那位买玻璃水顾客赞叹着，“没有想到一个加油站也可以将汽车保养品卖得这么全。”

“妈妈，我有点饿了。”对于妈妈和服务员小张的对话，小佳佳丝毫提不起兴趣，一个劲儿地要妈妈快点离开。

“我们那边还有超市，东西更全，您可以带着女儿去转一转。”服务员小张说。

一进超市，足有三四百平方米的面积。佳佳喊起来：“太大了！”

“这是徐氏香肠，这是海鲜酱，都是咱本地特产。这边是石磨辣酱，还有各种小菜、方便面。这边还有干海鲜……”随着超市员工岳苗苗的介绍，佳佳妈发现每一种商品都摆满了一货架。

“这么多，需求很大吗？”佳佳妈随口问道。

“嘿嘿！这些都是我们司机喜欢吃的食品，我基本每天都离不了。”一位很显然是开大货车的司机在旁边接过话岔。

“是的，光是海鲜酱一个月就能销售30多箱呢。”岳苗苗笑着说。

看着佳佳妈挺感兴趣，岳苗苗多说了几句：“我们围绕着司机和旅游朋友的需求，设置了军工食品专区、无糖食品专区、工艺品专区、特产专区、海产品专区、旅游纪念品专区等，商品有几千种呢。”

随着服务员的介绍，佳佳妈看到，特色专区货架上摆满了沟帮子熏鸡、秦皇梦酒、烟台干海鲜、北京的花生酥糖、唐山的麻糖、锦州的小菜……

“帮我拿两袋沟帮子熏鸡，再拿两袋干海鲜，回头我可以送给亲戚朋友。”佳佳妈对岳苗苗说。

“没有问题，如果还有需求，回来时你们还会经过南区服务区加油站。那里和这里一样，你想买的东西那里也都有。”对岳苗苗的提醒，佳佳妈非常满意。

“妈妈，妈妈，爸爸给我买烤肠了！”小佳佳一边跑过来一边向妈妈喊着。

“哪有烤肠？”“就在那边！”顺着女儿手指的地方，佳佳妈看到在收银台一角摆满了新鲜食品，包括包子、玉米、茶鸡蛋、蒸饺，还有各种烤肠。

“这些是我们服务区和‘好客正大’合作的，所备的食材、配料都很考究，都可以放心食用。”服务员介绍。

“妈妈，我还要吃茶鸡蛋，这个蒸饺应该也挺好吃。”望着这些冒着热气的食品，小佳佳一副贪吃的样子。

“你一会儿吃饱了，要不要吃饭了？”爸爸问道。

“刚才进来的时候，我看到旁边就是餐厅，我们可以一起吃完再赶路。”听到爱人的建议，佳佳爸看了看表，已经快到中午12点了。

➢ 想吃什么有什么

正是饭点，走进服务区的餐厅，看到各个窗口都是排队取餐的顾客，佳佳爸心里默默地想着，爱人的主意是相当不错的。

“这个餐厅真够大的，应该可以容纳100多张桌子，吃的肯定也特别全。”佳佳妈小声地对老公说，看来她也有同感。

稍好的位置已经坐满了，佳佳妈找了一个相对靠近门的位置，把随身物品放在椅子上。餐厅服务员微笑着向她们走过来。

“几位想吃点什么？我们这分为两个区域。那边是面馆，各种拉面、刀削面和地方特色的面食都有；这边是炒菜，如果赶时间，你们可以吃套餐；如果时间充足，你们可以单点。”服务员细致地介绍。

“我吃套餐，你爱吃面，就来碗面吧！佳佳也吃套餐吧！”佳佳爸对爱人和孩子说。

“我都不喜欢，我要吃宫保鸡丁。”小佳佳嘟着嘴表示抗议。

“套餐和面食可以直接到窗口取，单点直接扫描就可以。”服务员指着餐桌一角的二维码说。

佳佳妈道：“这里餐厅点菜也可以扫二维码了，真是挺方便呢。”

“也是为了节省时间，特别忙的时候，服务员忙不过来，扫码效率高，顾客体验也好。”服务员说。

拿着餐票，夫妻俩分头取餐。佳佳妈来到面馆，为自己选择一碗刀削面，不一会儿就端了上来。佳佳爸来到快餐区才发现，这里配合着炒菜，主食也相当齐全，不仅有馒头、米饭，还有各种烙饼，如糖饼、油盐饼、豆沙饼。经过短暂的排队，佳佳爸为自己选择了几样常吃的炒菜，又点了几张烙饼。

又等了几分钟，女儿的宫保鸡丁也好了。一家三口愉快地开始用餐。你吃点我的，我吃点你的，再加上免费的香醇豆浆，别提吃得多舒服了。

“这里不仅品种全，味道也不错。”佳佳妈听到邻座的顾客七嘴八舌地说。

“这一餐还真值！总共加起来还不到100元钱。”佳佳爸经爱人一提示，立即细算起来，“刀削面20元、餐套25元、宫保鸡丁……果然不到100元。”

“吃着还满意吧？”看到一家三口将要离开，服务员随口问道。

“满意！”佳佳爸说，“回去的时候，我们去南区继续吃。”

“那你们一定要尝试一下我们的锅仔，还有东北大炖菜，这些都是去年（2018年）冬天我们新加的品类！”

➢ 如果需要，可以住在这里

吃饱喝足了，这回可以赶路了。

“妈妈，你看这里还有客房部，难道还可以住在这里吗？我们进去看看吧！”顺着女儿手指的地方，小两口也感觉到很意外。

“要不我们进去看看吧，反正也是出来玩，让女儿多看看也好。”佳佳妈和丈夫商量。

走进山海关服务区的客房区，一名服务人员微笑着迎过来，带着一家三口来到客房部。

进入一房间，佳佳妈看到，屋子虽然与华丽沾不上边，但房间电视、空调、热水器一应俱全，无论是设备设施和整洁程度，丝毫不比外面便捷式的酒店差。

“我们像这样的客房有24间，都是标间。”服务人员说。

说话间，小佳佳也许是吃饱了不太想动了，一咕噜躺在洁白的床上。佳佳妈略有不好意思地示意孩子不要太顽皮。

“还有什么样的人会选择住在这里？”佳佳妈又按捺不住自己的好奇心了。

“一些出差的顾客，路过这里天色较晚就会住在这里。”服务人员说，“到了暑期和十一期间，我们也会接待一些旅行团。”

旅游人员会选择住在山海关服务区，与服务区制定的既经济又实惠的价格有直接关系。“在正常情况下，一个标间住一晚是120元。这个价位和外面的宾馆比相对优惠很多。”服务人员说，“大型的旅游团订三间以上，价格还可以优惠。”

价格便宜，今天又是5月1日，住宿的顾客还是不少的。南区的22间都住满了，北区13间也住满了。

节假日顾客多，这也是客房服务人员最忙的时候。“每拨人走后，我们都要更换床单、被罩。”服务人员说，“山海关相对离海边比较近，我们会定期给房间除湿，天气好的时候被褥也要晒晒。”

听到有这么周到细致的服务，佳佳妈小声对佳佳爸说：“早知道我们就不用在山海关订酒店了，也可以住在这里。”

“没关系，对面我们还有南区服务区加油站的客房，回来时你们可以玩得晚一些，在那里住一夜体验一下，第二天再开车回北京。”服务人员笑着建议。

可以加油、购物、用餐、住宿，这回轮到佳佳爸好奇了:“你们还有什么项目？”

“还可以修车！”

前几天同事开佳佳爸车，送回来时就提到车的刹车片好像有点问题。佳佳爸一时忙工作，忘了关注这件事。“如果顺便能把车检查一下，真是一个意外的收获。”佳佳爸想。

➤ 修车是个惊喜

远远地，佳佳爸看到在加油站的一角有一个较大的修车厂，两名穿着工作服的维修人员正在为一辆小车做保养。

“看着挺专业，我去把车开过来。”佳佳爸对爱人说。

车一停稳，维修人员上前询问。佳佳爸说明来意，维修人员开始娴熟地检查车辆。

“你们修车厂都可以承接什么样的业务？”这回轮到佳佳爸发问了。因为对于他来说，服务区加油站有修车业务的真是不多。

维修人员向佳佳爸介绍，一般的小车在当地都有固定的4S店进行定期保养维修，所以这里的维修业务主要是针对小车在高速公路上出现的突发状况，像汽车刹车片的问题、轮胎爆胎等。当然也有大型货车的修理业务。对于大货车，汽修业务就显得专业得多，除了要对大车进行应急情况的处理外，还要进行整车的修理、维护。

除了维修业务外，汽车修理厂还可以为顾客提供救援服务。“比如，小车出现开不动的情况，汽修厂也可以将车拖过来，进行维修。”维修人员说。

“这里怎么还有这么多的新车呢？加油站还卖车吗？”看到汽修厂的空地上排着一辆辆大型拖车，每个拖车上面都有七八辆新车，佳佳爸非常纳闷。

“这是我们修理厂近两年与秦皇岛高管局进行合作扩展的拖车业务。”维修人员向佳佳爸解释。早期客户购买车辆，厂家可直接将车送到客户手中。近些年，国家出台新规，要求汽车出厂卖到客户手中的新车必须是零公路行驶记录。由此，汽修厂承接拖车业务，将出厂的汽车送到指定的汽车销售点。

说话间，佳佳爸的刹车片已经换好了。“应该没有问题吧？”佳佳爸随口问道。

“放心开吧，一点问题都没有。说实话，咱们修理厂最大的客户群体都是过路车。这样一来，我们修车厂很难制定顾客档案。也是由于这个原因，我们一定要保证维修质量，让顾客记住我们。”维修人员耐心地和佳佳爸说。

不仅记住这个维修厂，佳佳爸知道，整个服务区让他们有太多惊喜了，让他们不记住都难。

时间不早了，三人重新钻进车里，和维修厂的师傅们告别，重新开车上了京哈高速路，消失在车流中。风中隐隐传来佳佳妈妈的声音：“有了这样的加油站，我还搜什么旅游攻略啊！”

这一家三口只是千万个旅游朋友的一个缩影。

集加油、餐饮、购物、住宿、汽修为一体的山海关大型服务区，能够带给顾客“一站式”消费体验，让所到的顾客都有一种流连忘返的感觉。

你若盛开，清风自来。

游客的需求被满足了，山海关服务区的油品、非油品销量自然节节高。尤其是非油品，2014年营业额达到3562万元；2015年达到3744万元；2016年达到3928万元；2017年达到4090万元；2018年因双层罐改造略有下滑，也有3882万元。其中，便利店、超市几乎占到整个非油品营业额的一半，餐厅营业额可达到1500万元左右。

节假日，这里就是“战场”

节假日和暑期是非油品提量的关键时期，山海关服务区进行统筹管理，发挥一条龙优势，并在服务、帮扶上下功夫。

文 / 周志霞

靠山吃山，靠水吃水；靠着山海关，自然要挖掘旅游金矿，山海关服务区加油站自然也不例外。

不过，躺赢绝对只是空想，因为挖掘山海关旅游金矿的实在太多了。

山海关服务区加油站缘何一枝独秀？

如果说前些年，山海关服务区加油站在油品持续增长的带动下，取得非油品营业额是一种惯性，那么近两年受成品油市场竞争激烈，油品需求放缓等一系列因素的影响，依旧能保持非油品营业额的持续增长，是因为山海关服务区加油站不断抢抓节假日旅游旺季非油品上量的最佳时机，进行统筹管理，发挥一条龙优势，并在服务、帮扶上下功夫的结果。

➢ 统筹管理

1999年成立的山海关服务区，并不属于中国石油。2010年中国石油接手后，5年时间累计销售成品油纯枪量34.9万余吨，几乎每年销量都可突破7万吨，成为河北销售单站年销售量最高的站。

无疑，2011～2015年，是山海关服务区加油站油品业绩最为突出的时候。7万吨的年油品销量不仅在河北销售，而且在整个中国石油系统也是令人艳羡的。

“那几年，汽油和柴油销量几乎各占一半。近几年，汽油虽然略有增长但也不多。相比之下，柴油平日销量只有130吨左右，和过去相比至少减少二三十吨。”秦皇岛分公司副经理张建斌说。

这样的销量下滑和市场大环境不无关系。一方面，近两年成品油市场增速放缓，新能源汽车爆发式增长，替代能源接踵而至。另一方面，随着高铁、动车快速发展，旅客出行更加多样化，进一步减少了私家车数量。“虽然汽油销量目前来看是有所增长，但从近几年旅游市场需求来看，汽油销量增长远不止目前这个量。”张建斌告诉记者。

在油品销量因不可抗拒因素有所下滑的时候，非油品营业额能够持续增长，与近些年来山海关抢抓节假日旅游旺季的时机，千方百计进行非油品提量不无关系。

“山海关服务区加油站最大的优势在于独特的地理优势，旅游顾客是我们面对的第一大客户群体。这些顾客群体不太在意花钱，最在乎的是消费体验。我们还是要在这些顾客上下功夫。”

“每个节假日和暑期，这里的旅客是平时的几倍，车流量可以达到上万，我们完全可以围绕节假日来进行挖潜。”

2017年年初，在一次非油品协调会上大家畅所欲言。“要想把节假日非油品营业额提上去，我们要先把服务区管理人员统筹起来，把大家拧在一股绳上。这样才能把五项功能为一体的服务区特点全面发挥出来。”张建斌告诉记者。

由此，2017年5月，山海关服务区从机构设置上进行了革新。原来无论是南区还是北区的加油站、超市、住宿、餐饮，都有单独的管理人员。改革了以后，南北区只设置一个服务区经理。服务区经理下面分设两个服务区副经理，分别兼职加油站经理和非油品经理。

山海关服务区经理兼加油站经理杨骏说，统筹管理意味着大家在一个盘子里吃，各个区域全部统一核算。

“以前我们是分开管理，针对顾客需求，大家分别从各个区域的角度来考虑。现在统筹管理，我们要站在整个服务区的角度来想顾客需求，这样才能抓住黄金期大部分消费群体。”张建斌说。

由此，山海关服务区把加油站便利店和超市的商品进行了调整。“便利店挨着加油站，因此我们主要在便利店放一些汽车保养的商品，比如润滑油、玻璃水等，这样更便于司机们购买。我们把一些小食品全部转移到了超市。”山海关服务区副经理兼加油站经理刘大伟说道。

为了进一步从顾客的需求出发，2017年年底，山海关服务区在广场搭建了地方特色食品外卖厅，以经营包括长城汽水、烤肠、玉米、蛋卷肠等系列食品。“节假日人流量大，但很大一部分顾客由于赶时间，来不及逗留，可能去一下卫生间就走了。有了这个外卖厅，顾客可以不进超市，不进餐厅，随手购买。”杨骏说。

➢ 一条龙发挥

“小张，你知道吗？这不快到五一了，服务区餐厅那边又添新菜了，咱们赶紧把海报贴出来。”超市服务员岳苗苗对服务员小张说。

为了抓住节假日非油品提量，山海关服务区加油站还从宣传上下功夫。

无论是超市、加油站、餐饮，还是汽修，只要出台新的信息，或者要举办相关的活动，员工都在各个区域贴满海报。不仅进行静态宣传，加油站员工在加油时也会对客户推荐餐厅新推出的菜色，以及客房的优惠政策。与此同时，餐厅也会为加油站、客户的优惠政策进行宣传。

“我们是五项为一体的大型综合服务区，光在宣传上实行一条龙还不够，还要在消费上实现一条龙，这样才能让顾客的体验感更强。”杨骏说。

因此，山海关服务区在优惠券上进行了最大限度的调整。以前，服务区针对加一定量的油品送的优惠券只能购买一些商品；现在，山海关服务区的管理人员思路打开了，加一定量油品送一张15元钱的代金券，积累一定量以后，可以任意消费。

“初到此地，可能一两张代金券还买不了什么东西，但可以增加顾客的黏度——他们回来的时候会有意识地经过南区。在南区消费后，我们再赠给他们几张代金券，积少成多。除了购买商品，代金券还可以在吃饭、住宿时使用。”杨骏说。

除了一些旅游的顾客，山海关服务区平日里或者暑期，也会有大量的货车司机经过。这些客户群体消费相对不高，代金券对于他们更实惠，积到一定量不仅可以用来吃饭、住宿，还可以修车或者更换轮胎。

山海关服务区各个层面加大了节假日针对旅游顾客非油品提量的挖潜工作，引得各区域的员工也开始关注节假日非油品营业额的提量情况。一旦哪个区域业绩出现下滑，大家纷纷找原因、想办法。“超市员工小张在会上听说今年（2019年）春节期间超市业绩同比有一点点下滑，马上告诉我，还建议我和加油站员工协调，让他们更有针对性地宣传超市这边新进的特色商品。”杨骏告诉记者。

就这样，大家心往一处想，劲往一处使。即使市场大环境下行，2018年节假日、暑假黄金期，服务区非油品营业额同比都有所增长。全年下来，超市、餐饮分别在以往1700万元和1500万元的基础上略有上升。不仅如此，2018年双层罐改造完成后的三四个月，山海关服务区营业额连续保持同比增长，不同程度地减少了山海关服务区关站一个月所造成的损失。

➢ 卖的就是服务

经常旅游的顾客都知道，一般的服务区消费都比普通地方的消费要贵一些，山海关服务区也不例外，特别是超市和用餐相比外面要贵上几元钱。当然，来到这里消费的顾客也不太在意，相对更加在意的是消费体验。

那么，怎样让顾客的消费体验更好？

“我们是服务区，卖的就是服务，就要在服务上下功夫。”杨骏说，“旅游旺季更是我们提升服务的关键期，可以让更多的顾客记住我们。”

早在2015年左右，山海关服务区加油站便提出“打造强大现场、服务创造价值”的口号。特别在节假日和旅游旺季时，在加油站层面，员工都要注意将引导车辆作为重点。

现在，山海关服务区加油站要求，在旅游旺季，不仅加油站员工这样做，超市服务员、用餐服务员以及客房服务员，都要注意适当引导顾客。用餐高峰会出现排队、座位不够用的情况，更要及时引导。

谁都知道，节假日所有的服务区人都特别多，一堆一堆的人流涌进来，各有各的要求，各有各的表达。处在这样嘈杂的环境中，服务区员工经常手忙脚乱，都不知道自己要干什么。这就要求加油站提高服务员的整体素质。“以前我们可能只要求员工对自身区域商品特征了解，现在我们要求餐饮服务员要对超市的商品性能了解，超市服务员也要对客房的情况掌握。这样可以进一步了解顾客的需求，给顾客最好的建议，顾客体验才会更好。”

为了让顾客的消费体验更好，山海关服务区餐厅还与美团合作，实现了扫二维码直接点菜。“人多的时候，用点菜单点菜根本忙不过来，顾客就会不耐烦。”张建斌说。

餐厅的卫生更是服务好顾客的前提。山海关服务区每周开展一次对区站快餐的全面巡检，每月开展一次对新进快餐的系统培训，每季度开展一次对快餐从业人员的基础考核。

服务区还想方设法地为顾客提供更多的增值服务。到了炎热的暑期，为刚刚进门的顾客送上一杯杯凉凉的酸梅汁，会让他们立即感觉神清气爽，人也不那么烦躁了。

不仅有酸梅汁，为了让顾客喝到免费、新鲜的豆浆，山海关服务区还专门购买了一套设备，开了一间豆腐坊。“顾客能喝到豆浆，我们的食堂也能用到新鲜的豆腐食材，顾客也很满意，这可以说是一举多得的事。”杨骏说。

为了最大限度地让顾客满意，山海关服务区在服务上可真是下了功夫。大货车司机晚上赶路的情况比较多。细心的服务员发现，这些司机有的半夜来到服务区，还在洗衣服。为此，山海关服务区专门设置了一间洗衣房。“我们给他们提供免费清洗服务，有时他们来不及取就走了。客房服务人员就做好记录，等衣服干了送到对面的服务区，并打电话通知司机，司机师傅驱车回来时就可以直接取走了。”杨骏说。

➤ 备战节假日

2018年10月1日零时，这个时间正是人们进入梦乡的时候，山海关服务区却是另一番景象：加油站车水马龙，超市里灯火通明，服务员陈列补货、开口营销忙个不停，副食品、包装饮料开启扫荡购买模式，库存商品被抢购一空……

仅仅6小时，山海关服务区超市便创造了近4万元的销售业绩，为国庆节期间的非油品销售战役打响了第一枪。

春节、五一、十一比平时客流量增加了几倍，特别是私家车有时达到上万辆。车辆一多，加油现场很容易拥堵。

“不仅加油现场车辆多，餐厅、超市的顾客也是平时的几倍，能达到几千人。为了不影响非油品销量，我们应对每个节假日都像是上战场一样。”张建斌说，“特别近两年，节假日高速公路实行免费通行，这种情况更成为服务区常态。”

2018年10月6日晚上6点，京秦高速公路在堵车近5小时之后终于畅通，山海关服务区在晚霞中迎来了返城高峰。面对餐厅用餐人数的直线上升，点餐、撤台工作面临极大挑战。按照公司在节前的销售动员会部署，山海关服务区开启了《2018年国庆假日销售应急预案》，客房不当班人员立即补充至餐厅协助撤台。

“以前我们只要求各个区域之间员工在节假日期间停止休息，全力以赴。现在的员工技能增强了，加油站员工可以到超市帮扶，超市员工可以到餐厅帮扶，各个领域的员工可以随意调配。”张建斌说。

不仅服务区各个区域间进行帮扶，近两年，服务区还要求管理人员和机关人员全部要下站帮扶。

2018年正月初六清晨6点40分，服务区的保安人员和广场保洁员已经开始忙碌。与此同时，秦皇岛分公司6名机关人员也赶到服务区增援。8点左右，车辆陆续抵达山海关服务区。女机关人员按照前期部署冲向销售一线进行商品营销，男机关人员冲向服务区南北区广场，协助服务区保安人员进行交通疏导，工作开展得紧张有序。

“管理人员和机关人员这样与一线员工共同战斗，不仅提升了现场服务质量，还鼓舞了员工们的销售士气。”张建斌说。

“您好，先生，请您将车辆停放于指定停车区。”加油站的员工疏导车辆尽职尽责。

“烤肠、玉米、茶鸡蛋，新到的沟帮子熏鸡55元一只……”管理人员吆喝起来有模有样。

“7号台、8号台的客人等了有一会儿了，催一下后厨，尽量把他们的菜先上来。”机关人员在餐厅服务方面也丝毫不逊色。

节假日期间，山海关服务区加大了帮扶力度。应对每个高峰时期，服务区各个区域井然有序，非油品销量大幅提升。据了解，2018年春节期间，仅两天的返程高峰，山海关服务区加油站超市销量达到53万元，同比增长43%；餐厅销售额一天就卖到12.6万元，比上年同日增长35.5%。

非油品突破靠深度融合

——专访中国石油河北销售党委委员、副总经理谢伟

未来，河北销售如何进一步拓展非油品业务、打造店销优势？主要靠跨界业态融合与线上线下的深度融合。

文 / 周志霞

山海关服务区加油站只是河北销售诸多非油品营业额达到千万元加油站的一个缩影。目前，在河北销售非油品营业额达到10亿元的同时，非油品营业额达到千万元的加油站有12座。

未来，河北销售非油品业务新的增长点在哪？在困难面前，非油品业务又将如何突破？记者专访了中国石油河北销售党委委员、副总经理谢伟。

➢ 非油品排第一

Q 记　者：据我了解，河北销售目前千万元便利店有12座，高速公路的服务区加油站可以称得上是主流吗？

A 谢　伟：目前，河北销售的服务区加油站都集中在秦皇岛分公司，分为两类。一类是高速路服务区加油站，这样的站有5对。另一类就是沿海服务区加油站，有4对。由于经营属性不同，非油品营业额也不相同。9对站中有包括山海关服务区加油站在内的5对站，是由中国石油整体租赁，具有整体经营权。而在这5对站中，能达到千万元非油营业额的有3对，山海关服务区加油站以绝对的地理优势，非油品营业额排在第一位。除了服务区加油站，其余七八座便利店的千万元非油品营业额大多数是由于引入新业态而实现的。

Q 记　者：高速公路上的加油站，特别像山海关服务区这样针对旅游消费群体的加油站，您觉得还需要从哪些方面进行提升呢？

A 谢　伟：近些年，高速路服务区加油站与过去相比，客户需求发生了转变。原来大家说得最多的就是，产品、服务要能够满足顾客的基本需求。随着近两年人们消费逐渐升级，满足顾客就不仅是购物、能吃饱的问题，还需要品牌化的产品。所以，未来高速路服务也需要引进类似麦当劳、肯德基这样的品牌快餐，从而满足顾客的消费需求。

➤ 非油品增长30%

Q 记　者：据了解，2017年，河北销售整体非油营业收入为7亿元左右，2018年达到了10亿元，30%的增长率来自哪些方面？

A 谢　伟：最大的增长点，来自便利店内部销售，也就是店销。一直以来，由于客户对便利店业态的认知度比较弱，店销也是河北销售的弱项。但近两年，由于整个大环境的影响，客户对便利店业态的认知略有提升，顾客消费方式逐渐发生改变。普遍来讲，便利店是近两年所有业态增长点最高的。

除了店销带动一部分非油品营业额外，河北销售近两年引入新业态，在跨界营销方面亮点颇多。结合加油站周边的客户需求，再根据加油站便利店的实际情况，河北销售去年（2018年）与肯德基进行合作，在唐山分公司友谊加油站加盟了肯德基快餐，效果很好。今年（2019年）我们计划再推出6座与肯德基快餐合作的加油站。除此之外，河北销售目前还有几家加油站引入整车销售，去年一年销售了42辆，营业额达到722万元。与此同时，去年我们开展了租车业务，这方面收入达到361万元。下一步，河北销售还要开展汽服业务。由于汽服业务对环保的要求比较高，这方面我们是弱项。但毕竟汽服业务是刚需，我们要下大力度，综合实际情况逐渐开展。

Q 记　者：您觉得跨界融合需要注意什么样的问题？

A 谢　伟：一方面，双方想进行合作，需要具备开放的心态，以及长远的眼光，这样才能达成共识。另一方面，合作是为了互惠共赢。在这个前提下，双方要将自身优势拿出来，这样才能促成共赢的结果。此外，跨界融合要有防范法律风险的意识。基于此，我们很多跨界项目要请律师团队的法务人员全程参与。因为作为一个国企，如果出现问题可能就是大问题，有些合作宁可不做也要防范风险。

➢ 线上、线下深度融合

Q 记　者：对于河北销售来讲，非油品业务目前面临的最大困难是什么？

A 谢　伟：最大困难是，河北销售便利店的店销普遍还比较弱。虽然近两年由于顾客认知略有提升，再加上河北销售也在加大店销方面做得了一些工作，但店销能力还是较弱。除了像上海这样大型城市的便利店店销能力较强外，中国石油整体店销都不强。店销能力不强还有一个重要原因，就是作为中国石油区外公司，河北销售的加油站普遍地理位置不理想。例如，在河北销售1000多座加油站中，四五百座为农村站，市区站屈指可数，其余就是大量在国省道上的加油站。国省道上大多数都是大卡车司机，大车对油品的价格非常在意，所以油品销售很难有大的提升。由此，非油品业绩想做好也要付出相当大的努力。

Q 记　者：难度不小，未来非油品方面计划如何突破？

A 谢　伟：早在2015年，河北销售就在做线上与线下融合，以此提升加油站油品和非油品业绩。但由于那时市场大环境不好，我们经验也不足，所以做得不太成功。但目前市场已经成熟，最重要的是，我们也积累了200多万的粉丝。因为具备了这样的基础，河北销售目前的专业团队正在做网站升级——打造一个微商城，同时建立一个微会员的系统。下一步，河北销售还将与京东、美团合作，实现线上、线下的全贯通。有了这样的线上平台，河北销售可以实现和其他平台深度融合。不仅与其他平台深度融合，我们的很多供应商也可以作为第三方入驻到我们的平台上。所以，未来河北销售可以拓展的空间更大，真正能够实现线上、线下的深度融合。

03

购物在“瑶台”

南岭之南，南海之滨，是广东。它是中国第一经济大省，2018年的GDP达到9.7万亿元，近30年来连续位居全国第一。它是世界级制造业基地，也是亚太重要交通中心。优越的数据已将“领先”二字镌刻到广东的基因之中，也影响着这里大大小小的企业，广东石油正在其中。

顺势者昌，革新者强，唯坚韧实干者赢。2018年，广东石油非油品全年营业额同比增长50%，再度刷新历史纪录。不容易！看到这个数字，深知广东竞争态势的业内人士都会默默地吐出一口气。

作为广州分公司首批精品店之一的瑶台加油站，既要面对壳牌、BP等老牌国际石油公司，又要面对海湾石油这样异军突起的新秀，还要面对一批社会加油站，唯有四个字应对——拼出极致。

营销现场

一个不够，给你五个“买买买”的理由

顾客的购买欲，可以通过全方位、细节化的打造而来。

文／赵玥

广州市越秀区广元西路，中国石化广东石油广州分公司瑶台加油站。

地产商最常挂在嘴边的地段，在这里表现得淋漓尽致。黄金地段，预示着丰富的客流和车流，但也意味着是各大品牌加油站的必争之地。

瑶台加油站站长兼店长袁艳尔站在便利店外的地图前，指着异常显眼的红点说："开车1分钟，是东方加油站；开车3分钟，是海湾石油；不远处还有冠德力生……你知道吗，我们周边一共有7座系统外加油站。"

竞争可想而知。

"没有任何借口。"这是袁艳尔和同事们常挂在嘴边的一句话。2018年，瑶台加油站油品销量为2万吨，同比增长13.8%；非油品营业额为1440万元，成为广州分公司通过竞争打造成功的一座万吨站及千万元便利店。

➢"摆"出购买欲

走进瑶台加油站的便利店，你会发现这是一家非典型加油站便利店。

约30平方米的店面，明亮干净。白底格子的亚麻桌布，手工编织的小筐，随意散落在高档红酒边的松果、干花……这一切，让人宛如置身于家居画报的样板间。

"以往，我们的陈列和大多数中国石化的便利店一样，统一的货架，不讲究布置。"在袁艳尔的手机相册中可以看到，过去的瑶台店主要是3组堆头及4组中岛货架，虽然商品不少，但分区不明显，整整齐齐的堆头也缺乏个性。

为了打造出一个让人耳目一新的精品店，公司非油品部的人做足功课。根据调研，瑶台加油站的消费群体主要由网约车、出租车及附近居民车主构成，消费水平中等。结合三元里国际化的环境，综合考虑各个因素，公司非油品部最终将瑶台定位为"北欧风"清新简约型便利超市。

说变就变！

边讨论、边琢磨、边试验，整整折腾了一天，陈列思路才确定下来：店内布局以堆头为主，货架"靠边站"；用"三叠台+木箱+竹篮"堆头陈列组合代替以前简单堆箱陈列，商品陈列错落有致，同时使用花盆、线圈等小道具点缀装饰，搭配使用灯光"聚光"，打造层次感和趣味性。

同时，公司非油品部根据商品功能划分陈列主要堆头，如酒类、粮油、日用品、乳制品、纸类用品等，便利店分区一目了然。“这也是为了迎合顾客家庭的消费需求，我们对瑶台便利店的商品动态进行调整优化，不断提升商品‘温度’，保持门店的‘新鲜度’。”袁艳尔告诉记者，“我们现在已经基本不卖价格便宜的大路货了，而是以中高档商品、进口货为主。”

在店内，最吸引眼球的还是时下深受年轻人追捧的网红新品和爆款商品。在靠近窗口的货架上，各种包装精美的零食琳琅满目，常常混迹于抖音的青年人肯定不会陌生。这些网红食品往往“小而精”，为店里增加了时尚气息。

在西方零售业，陈列被视为是一门专业性高的行业。事实证明，便利店换了张“脸”，就焕发出新的活力。袁艳尔直言，自从便利店走“北欧风”后，没花钱做营销，营业额却扶摇直上，从日均三四千元增加到1万多元，近期又猛增到2万多元。“好的陈列才会让顾客有购买欲望。”袁艳尔说道。

短短的10分钟，店里的顾客络绎不绝。现在每天最发愁的是什么事呢？一大早，袁艳尔便扯着嗓门打电话，急得一头汗的她抱歉地一笑，解释道：“东西太好卖了，经常脱销，我每天都在协调把货先运到我们店里。”

➢“算”出购买欲

顾客用什么投票？这是瑶台店的员工最常问的问题。

就在隔壁的竞争对手加油站正在强势打着价格优惠吸引客户时，袁艳尔却另有留住客户的新招。

“您刚加了油会有抵扣券的，加上现在我们五折促销，这个米算下来一袋50块钱不到！”袁艳尔对正在大米堆头选购的男顾客说道。

男士愣了一下：“这样算下来，比超市还划算啊！看来，来你们这里加油才更实惠！”

“是啊！相比一升几毛钱的优惠，比起这里实打实的抵扣券来说，其实我们更优惠啊！”袁艳尔一边顺着顾客的话说，一边开始帮客户搬大米。她深知，客户也是会算账的，员工需要做的就是要将整合的优惠资源打包起来，帮客户算好账。这样的促销，顾客才会开心地买单。

真金白银是最直接的投票器。将便利店做到上千万元，袁艳尔和员工们靠的绝不是忽悠顾客下单、掏钱，而是千方百计地帮他们“算账”，让他们买得更划算。

在便利店里，常常可以听到店员不厌其烦地提醒顾客：加油积分有多少，什么产品正在搞促销，什么套餐最划算。

2018年年底，广东全省开展充值3888元送“金猪能量包”活动。袁艳尔意识到这是一个锁定客户、稳定客户的大好机会。但是，如何“说服”客户购买呢?

“我们采取的是‘30秒迅速切入法’。”袁艳尔告诉记者，“根据观察，客户从产生购买冲动到直接购买的时间仅有30秒钟。因此，我让员工要紧紧抓住这短暂的30秒时间。”

他们先用创新方式营造促销氛围，告诉客户这是“千载难逢大促销”。几个年轻员工自己排舞，自行制作了促销抖音视频，在30多个客户微信群里传播。“视频一发出来，就吸引了8000多人次的点击观看，在娱乐中让客户主动了解活动，参与活动。”

客户有了兴趣，袁艳尔和同事们便及时帮着顾客算账。“其实算下来，现在加油的确很优惠。而对于车主来说，油总是要加的，参加活动能享受更多优惠，不好吗？”

袁艳尔她们把算盘拨得噼啪响，而车主也算清楚自己买得划算，果断下单。通过这些方式，在整个“金猪能量包”活动期间，瑶台站日均销售“金猪”从最初的42个增长到73个，累计销售2700个，锁定汽油销量2300吨。瑶台站在激烈的市场竞争下杀出了一条留住客户、稳住销量的路子。

➢“帮”出购买欲

细节是魔鬼。

黄铁鹰的一本《海底捞你学不会》，让人们见识了一家火锅店细致到极致的服务意识和营销手段。

在加油站便利店，这样的思路还行得通吗?

“这种大米是我们最近推出的新款赠品，非常符合广州人的口味。”一位店员拿着前台陈列的一小袋大米，向顾客介绍着。“你拿回家后，煮之前要先泡上15分钟，这样口感最好。”看到顾客拿起了赠品，她又马上补充道。

瑶台便利店重视服务，将服务涵盖到售后。“我们的商品不是卖出去、送出去就行，一定要让顾客体验到最好。”这是袁艳尔对员工的要求。

“男顾客一般对价格不太敏感，也不太喜欢询问琐事。”袁艳尔“狡黠”地一笑，“虽然车主以男士居多，但家里的菜篮子都是主妇掌握着，所以对他们我们不能掉以轻心。要不买回去主妇觉得不好，下次客户就流失了。”

采访过程中，袁艳尔的手机几乎响个不停，不是电话就是微信消息。

她有10多个微信群，微信群里全是便利店的客户。

由于顾客基本都是附近居民，很多都是熟客，所以只要有人来便利店购物，都会被员工邀请加入微信群。

这些微信群按照客户分类，每个群里都有数百人。客户资源庞大，但也在无形中增加了工作量。有时系统出问题，有时顾客对优惠有疑问，有时顾客想咨询某种商品……群里都会有人提问。而袁艳尔总是第一时间回答，帮助顾客解决难题。她也因此成为24小时在线、24小时工作的店员。

功夫不负有心人，利用“互联网+”思维的创新营销方法，瑶台店有效地将微信群内的顾客变成了铁杆粉。

在瑶台，任何一个帮顾客解决问题的机会，都有可能增加一笔销售额。

比如，过去有些年纪较大的客户不会使用电子发票。对此，便利店进行了员工培训，碰到有需求的客户主动帮忙，保证他们安心购物。

在2018年推广“金猪能量包”活动期间，瑶台店意识到，帮助客户快速付款能更好地推动销售。于是，员工们便利用业余时间自己琢磨不同手机、不同付款方式，帮助操作不够娴熟的客户迅速完成付款，从而促成购买行为。

如今，瑶台店自助支付的比例已经高达近99%。

➢“快”出购买欲

互联网圈子有句流传已久的话：你的竞争对手不是同行，而是不断变化的市场需求。

如果把这句话放在线下实体店，还同样适用吗？2018年，社会加油站竞相压价的新闻时常见诸报端，海湾石油的横空出世更是将价格战推到白热化，直面迎战的瑶台加油站压力巨大。

“我们不讲困难，就找办法。”袁艳尔带着员工，装成客户跑到系统外加油站里“刺探”情报，寻找破解之道。

答案颇为出人意料：价格并不是“撒手锏”。

看到其他加油站排着长龙的车辆，听到司机们吐槽加个油也要半个小时的抱怨后，袁艳尔更加明了：瑶台站要打赢这场硬仗，必须靠效率、靠服务。

瑶台周边分布着多个皮具、服装等商贸市场，人流、车流量大，具有极大的增量潜力。而在“时间就是金钱”的生意型客户心中，节省时间，提升服务，无疑比降价来得更“划算”。

知己知彼后，袁艳尔提出了“三分钟加油法”，通过现场秩序、及时引导、智能服务三管齐下，提高现场效率。

首先，瑶台站实行“四班三倒”制，设立了一个两人机动班组。结合前期加油站峰谷时段的调研结果，机动班组活跃在上午9~12点以及下午16~19点两个时间段，实现“两人一机”的高效服务。

同时，瑶台站还增添了入口和车道引导服务。客户一拐进加油站就能得到引导员清晰的指引，节省了观望、等候的时间。尽管瑶台站站场位置不大，进站车辆多，但总是一部接一部车进站离站，秩序井然。这给瑶台站带来每日70吨稳定的销量，还使得“高效”成了司机口中的良好口碑。

“打铁还需自身硬”。要打造忠诚的客户群体，就要把加油站变成客户“愿来、想来、不得不来”的地方。

除了提升员工效率外，瑶台站还进行了内部优化，根据所处地理位置、商圈环境，从油品优化、场地摆布、支付方式、人员排班等多方面进行优化调整，全面提升加油站的通场效率，增强加油站的市场竞争力。

据广州石油分公司副经理文戈介绍，2018年，根据市场消费趋势以及站场实际情况，他们果断取消了瑶台站的柴油销售，将加油站变为纯汽油站，主抓中高端汽油客户。占比不到8%的柴油客户被细心地逐一转移到附近的兄弟加油站，因此瑶台站可以腾出更多的空间做好汽油客户服务。事实证明，在转移了柴油客户后，瑶台加油站的汽油销量从原来日均55吨增长到70吨，最高峰突破了85吨。

随后，他们通过使用斜线划线的方式，将加油位增加了60%，原来4部车的位置可以让10部车同时加油；通过将6枪机改造成8枪，对员工进行统筹管理，加快了车辆流转效率。加油快了，客户自然就更满意。

“客流很重要，它影响着便利店销量。”文戈说。

便利店与加油站从来都是相辅相成、互相引流的。实现加油站到便利店的闭环，需要增加客流，而绝招就是满足客户需求。

➢“洗”出购买欲

“洗车不能停。”这几天，让袁艳尔最着急上火的事，便是加油站的自助洗车机器又出问题了。“我们的洗车业务4月上线，第一天就来了180多辆车，24小时不停洗都来不及。这状况让大家都惊呆了。”袁艳尔说道。

寸土寸金的都市繁华地，洗车店是不折不扣的奢侈品。瑶台站的自助洗车一推出，便吸引了大批车主，这是机动车保有量高的刚需使然。“加满200元赠送洗车优惠，有些顾客是特意跑到这里来洗车的。”

在加油站的洗车点，记者看到，车主将车开到指定位置，在3分钟内便能完成一次洗车。

在袁艳尔看来，自助洗车占地少，不用人工，方便快捷，用水环保，综合算账，他们应该是“赚”了。“因为客户的留存率高，还能引流一批新的客户。”袁艳尔这样算着账。

正因如此，24小时连轴转而不时出现故障的洗车机器成为他们最大的焦虑点。据说，有的车主大老远跑来，因为机器故障没能洗成车，连赠送给他其他优惠都不满意。“我们准备再换成两台德国进口自动洗车机器，这样效果可能会更好。”

为了在竞争中获得更多优势，瑶台站正在打造综合服务站，为顾客服务升级，满足顾客多样化需求。

在该站便利店，一进门，记者便闻到浓郁的甜品香味。干净整洁的甜品台上，师傅正把刚出炉的蛋挞和甜甜圈放到柜台里。色泽金黄，香味扑鼻，让人食欲大动。

这也是瑶台站吸引顾客的“撒手锏”。由于做得好，甜点赢得口味挑剔的广州人的青睐。作为加油赠品，不少顾客特意远道而来，就为了吃这一口。

“奶茶、水果茶也一应俱全，二楼还提供主食饭菜，连锁品牌，干净卫生。

肚子饿的顾客来这里不仅可以加油洗车，而且可以吃饭。”

据介绍，广东石油通过形象升级、商业化运作、丰富商品种类、拓宽业务品种等方式，发挥线下门店平台效应，创新合作经营模式，做大汽服、餐饮、广告、保险等新业务，持续打造新增量点，以此带动油品以及非油品销量。2018年，快餐、汽服、广告三大业务增量贡献达到了25%，成为拉动非油品业务的三大主打业务。

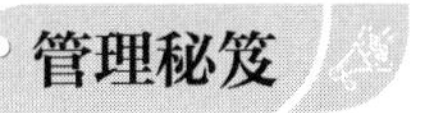

瑶台站的底气

品牌、客户、员工和智慧，这是瑶台站年非油品销售额过千万元的底气，也是广东石油制胜未来的底气。

文／赵玥

瑶台站是广东石油的一个缩影，它既反映了广东加油站竞争激烈的现实态势，又折射出广东石油油品和非油品经营的思路。在残酷而生猛的市场竞争中，这个千万元便利店靠着实干与创新，闯出了一条可供借鉴又无法完全复制的道路。

➢ 塑造品牌

身处我国最繁华城市之一，在各种新零售的洗礼下，广东石油的便利店不应该是呆板冰冷毫无个性的形象。

“广州分公司要出手，就要做得漂亮一点。”广州石油分公司副经理文戈这样解释打造新形象的初衷。于是，她带着分公司非油品部的员工，一下班就到盒马鲜生、永旺等中高端超市调查取经，学习整体风格打造、堆头陈列、灯光摆布等先进做法。

跑了一周，公司最后统一了思想，让非油品部和便利店一起打造新的陈列方式，而这是进一步强化品牌的重要途径。

瑶台站由于战略位置重要，成为精品店改造的起点。

文戈直言，虽然这个过程很辛苦，但也很值得，因为他们带出了一支队伍。

文戈兴致勃勃地翻着手机相册："和瑶台站不同，中山大学站由于位于校区附近，所以走的是复古学院风；位于奥特莱斯影院附近的影城站，则走影院风，打板、海报一应俱全；位于CBD区的，则主打商务风。"

就这样，广州分公司打破了过去的做法，创新地推出20多个精品站，也打破了过去加油站便利店"土"的刻板印象。"精品店的要求是不同门店有不同风格，而其他非精品店，至少要求整齐漂亮，这样才能强化我们的品牌形象。"在采访中，文戈、袁艳尔都在不断地强调"品牌"这个关键词。改造店面，提升形象固然是将品牌直观显示的一个途径，而更能体现品牌的则在于独一无二的商品和服务。

"一开始，我们在推销商品时也会反复问自己，我们和其他商超、便利店相比，优势在哪里？"袁艳尔说。

品牌，是最明显的答案。

"我们便利店的商品往往是中国石化独有的。有中国石化这个大品牌做背书，顾客不用担心'三无'产品、假冒伪劣产品。这一点，本身就对顾客有巨大的吸引力。"厘清这一点，瑶台站在推销商品的过程中，更有底气，也得到了顾客更多的认同感。

而在文戈的心目中，品牌拥有更加广阔的发挥空间。

文戈从瑶台站看到了洗车业务的巨大商机，现在思考的是进一步将洗车业务品牌化，实现规模化的整体营销。

在文戈的设想中，下一步他们甚至可以和银行、保险公司合作："比如他们来购买我们的洗车卡，将其作为礼品赠送给买保险或银行产品的客户，而中国石化的巨大网络，可以让洗车卡在广东全省都能使用，有利于进一步形成品牌优势。"

据介绍，广东石油准备通过一年左右的时间，将洗车网点增至600个。

➤ 认识客户

“7-ELEVEn这样的便利店是先有定位才有店，我们是先有店才有定位。”文戈说。

独特的形态，让广州分公司认识到，他们每个站的客户也许都有所不同，所提供的商品和服务也不尽相同。

在和喜士多等品牌合作的过程中，文戈发现，这些成功的商超品牌商品品类非常丰富。以位于商业中心的喜士多为例，至少有3000个品类，琳琅满目。而在广州分公司门店，即使是瑶台这样的精品店，品类也往往不足1000种。

增加品类固然重要，而优化品类则更为重要。

文戈说，挑选上千种品类，并不是难事，但为什么很多便利店不敢行动呢？主要是怕损耗，担心销售不佳。“试错不要紧，但是我们要做好营销分析，跟踪销售情况，不断优化，这样才能真正挑选出好卖又丰富的商品。”

挑选合适的上架商品的前提是认识客户，或者说重新认识客户。

在广东的加油站，哪个新客户群值得重视？答案是网约车车主。

2019年年初发布的最新数据显示，广东省的网约车车主居全国之首，超过157万人。

袁艳尔介绍说，他们的需求与出租车不同。出租车几乎都有固定路线，司机也只有在交接班时才加油；而网约车流动性则大得多，加油需求更多。如此一来，中国石化的网络优势便显现出来了。“加同样的油，可以享受服务和优惠的网点越多，就越能吸引网约车司机。”

瑶台站于2016年开始关注网约车车主这个群体，针对他们推出活动，一度将网约车业绩做到全公司第一。

另一个让广州分公司骄傲的是，在其他分公司柴油销售量下降的情况下，他们反而增长了近5%。

业态在变，客户也在不断变化。以物流园为例，过去它们只做平台，运输车队往往集中在一个老板旗下，一个老板动辄拥有上百辆车。而现在，车队分散了，开车的人拥有自己的车。

“所以我们新的命题是柴油站该卖什么？”文戈说。为此，他们东奔西跑，进行了比较大规模的客户调研，结果发现司机们提出的很多需求，他们都没有。

“新的模式出现后，司机和家人的吃住基本都在车上，所以针对他们的商品要适应货车的需要。”文戈举例说，“比如车载小家电是司机们最急需的商品；对于米、油等食品，他们会搭配固定的架子，便于司机安放在车上；卖米送腊肠，方便司机做煲仔饭——这么一个简单的搭配，就让大米的销量猛增。”

针对柴油车的站点，主要做成中心超市，产品不用高端，不能昂贵，陈列不讲求精品店那样的个性风格，优惠、促销海报要让人一眼就能看到。

对客户的了解越多，就更利于公司精准地挑选出合适的品类。2019年，瑶台站已经开发了近100个针对柴油车的品种，全省“柴油豆”的兑换活动他们占了总数的30%。

➢ 带动员工

“站长很重要。”面对瑶台站为何增长这么快的问题，所有人都会强调这一点。

认真、负责、有激情，才能带动员工。“今年（2019年）广州开始限行，还有双层罐改造，所以加油站便利店的压力是很大的，这对带动员工提出了更高要求。”文戈说。

另外，由于现在基层有不少90后，如何调动他们的积极性，也成为站长和店长最大的难题。

瑶台站的改变从一次抖音大赛开始。

“过去公司有促销活动，都是发个文件下来，站长宣读，员工签字确认，就算完事。”袁艳尔说，“效果可想而知。”一次偶然的机会，袁艳尔发现站里的90后拍视频、玩抖音很来劲，不仅有创意还有激情，于是开始走“抖音路线”，用各种游戏调动员工们的兴趣。

“我们会琢磨各种线上游戏，不定期地发布。慢慢地大家兴趣越来越浓，有时还没发布游戏规则，就会有心急的员工询问。”广州石油分公司非油品部副主任李娟介绍。这样，公司逐渐成为一个群体，不再有等级森严、枯燥乏味的上传下达，而是大家融合在一起，工作也变成愉快的过程。对于员工来说，哪怕抽奖中个王老吉也能让他高兴一天。

有活泼，自然也有紧张。

广州分公司将很多试点项目放到瑶台站，正是看中了袁艳尔的责任心和带动能力。“在她手里，新项目就能推行下去，能看到成果。”广州石油分公司城区经营管理部经理王东旭说。

为了顺利地推行项目，袁艳尔没少操心。员工有时候开玩笑说，店长随时举着大喇叭，宣传公司最新的优惠活动与政策，确保让每个员工都知晓。遇到员工介绍产品或者活动不到位时，袁艳尔会马上过去帮忙。每天，袁艳尔还会总结经验，进行表扬。“都定了目标，那就必须每天告诉员工，你完成得怎样，现在在哪个阶段，排名第几。只有目标足够清楚、清晰，员工才能有成长。”

有了责任心，好的政策才能执行到位。

据了解，2019年下半年，瑶台站将作为试点开展员工即时绩效，让“按劳分配”具体到人。

“我认为要调动积极性，就要打破‘大锅饭’，就要鼓励多劳多得，不用人盯人，不用讲情面。”王东旭说。

可以预见，技术革新将进一步改善经营管理。

➢ 接近互联网天花板

“知人者为智，知己者为慧。简而言之，智慧加油站就要了解客户，了解自己。”广东石油副总经济师、非油品中心经理敖岸说。

瑶台站在这方面已经尝到了甜头。

“我们一定要用好公司互联网发展的新成果，让客户习惯来我们加油站加油。在移动支付时代，能够提供丰富、便捷的支付方式，也是一种贴心的服务。”

据介绍，瑶台站通过大力推广App充值、微信支付、加油闪付以及电子发票等措施，加上配置了加油卡自助一体机等自助服务机器，使得客户的加油时间从原来的5分钟减少到3分钟。在客户满意的同时，员工的工作量也大大降低了，因此大家能够腾出时间去从事秩序维护、商品推销等工作。

“线下实体店的天花板就在那里。”在敖岸看来，互联网拥有更广袤的想象空间和市场容量，广东石油利用线上实体店将有机会做大业务规模。

目前，广东石油拥有近1000万的App会员，其中绑卡会员超过570万，月均加油次数在两次以上的活跃会员占比超过四分之一。2018年，广东石油出台了会员积分管理办法，搭建会员分级管理体系的同时，推出了会员分级回馈机制。这便为进一步培育忠诚客户创造了条件。

这样的优质客户，让广东石油在与外界合作时充满底气。

从2016年全系统最早试行微信支付，到引入多种支付方式，广东石油自身的优势以及庞大的车主客户群体成为了许多BAT（百度、阿里巴巴、腾讯）企业眼中的优质合作伙伴。支付革命或许就是广东石油互联网转型的一个重要节点。

“支付大有可为。”广东石油下一步即将推出的极简付，将最大限度地简化支付过程，甚至连手机都不用刷，就可以完成支付环节。这样不仅能提高大站的通过率，而且可以进一步绑定忠实客户。

外界反响如何呢？从这些年广东石油马不停蹄地与电信、银行等企业的合作来看，这棵“梧桐树”的价值不言而喻。

在不断的线上线下营销的尝试中，广东石油全然没有传统企业转型的生涩与不适。它推崇点-线-面结合的整体营销，主动“造节”，以保持两周一次高频率的营销活动，从而提升客户的活跃度。

在敖岸的描述中，广东石油下一步的新突破口是2B+2C的新型营销模式。2B+2C既不是传统的门店销售，也不是简单的团购，而是与合作方共同跨界合作、合力打造的一种新的模式。

“比如电信的客户，如果我们推出的产品也能契合电信用户的需求，那将是个巨大的市场。”

广东石油的下一步，正是无限接近这个互联网的天花板。瑶台站将迎来更加值得期待的未来。

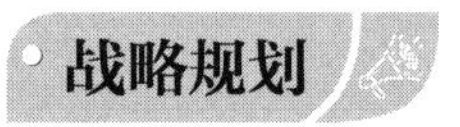

体验价值

——专访中国石化广东石油副总经理张文胜

提升客户的体验是参与市场竞争的制胜关键。未来，增量依然藏在客户之中。

文／赵玥

如果要为广东石油寻找一个关键词，那也许是“客户”。定位、转型、发展、瓶颈、破题，针对的都是客户。

在广东石油副总经理张文胜看来，提升客户的体验是参与市场竞争的制胜关键。未来，广东石油的增量依然藏在客户之中。

➢ 品质升级，培育客户

Q 记　者：张总，您好！广东石油目前非油品的发展再次刷新了纪录，也诞生了一批千万元便利店。您认为这个跨越是怎样实现的？

A 张文胜：近年来，我们按照集团公司的战略部署不断创新发展，打造了一批千万级的门店。按照规划，我们还将打造800多个核心示范店。

过去，我们的便利店给人的印象是商品单一、价格昂贵、产品低端。现在，我们就是要努力改变客户认知。事实上，我们也曾经借鉴了7-ELEVEn等专业便利店的商品陈列、营销模式等，但后来发现我们的路径不一样。

从服务人群上看，7-ELEVEn一般开在写字楼、商业繁华区，针对的消费者是孩子、普通上班族，而我们针对的是车主。精准画像告诉我们，我们的客户以男性为主，是比较高端的消费群体。他们的需求和7-ELEVEn的顾客需求不一样。我们的定位就是围绕“人•车•生活”，打造“后备厢工程”，服务车主以及他们的家庭。

从经营品类上看，过去我们也学7-ELEVEn卖各种小食品，不仅牵扯了大量的人力物力，营业额还上不去。为什么？客单价太低。现在你到我们便利店，看到的都是“堆头”，大包大罐的米油，一箱箱的水果、牛奶，恰恰正是这种大件商品，满足了车主便捷性一站式服务需求，也能快速拉升门店营业额。

Q 记　者：现在实体店被互联网挤压得很厉害，广东石油的便利店发展得如此迅速，是否想过进一步占领市场？

A 张文胜：对于广东石油来说，目前非油业务的主要目标还是培育客户。我们给非油的定位不是无边界的，也不是纯粹追求规模。我们针对的还是油品客户，聚焦的还是如何为我们的车主提供更优质、更丰富、更贴心的服务。

在这个思路上，我们不会急功近利地追求铺得有多大，卖得有多少，而是要培育一批品牌忠诚客户，通过不断创造客户需求，满足客户高品质需求，构建车主生态圈；通过门店陈列、营销模式、打造平台、引入资源等，打造“人·车·生活”零售新模式。

➢ 丰富体验，品牌营销

Q 记　者：广东的竞争非常激烈，很多加油站打价格战。您认为我们的核心优势在哪里?

A 张文胜：中国石化的核心优势是网点，我们要充分利用网络优势提高客户占有率。占有客户，让客户来，留在这里，光靠油品不行，光靠便宜也不行，需要增加客户体验，不断提高用户价值，增加客户黏性，从而培育长期品牌忠诚客户，这在市场竞争中无疑更有优势。

有时候，产品降价和客户感觉到的降价不是一回事。比如，高标号汽油降了5毛，对于开奔驰、宝马等车车主，他们几乎没有感觉。而对于出租车司机，他们则可能觉得降价幅度不够，别的地方更便宜，就去别的地方加油了。

Q 记　者：具体来说，有哪些方式能增加客户的体验度呢?

A 张文胜：广东石油的优势是拥有强大功能的互联网客户服务平台，我们不光靠门店，还有线上、线下结合。目前，“加油广东”App的会员已经达到了1000万，都是精准的车主用户。所以我们采取了线上线下结合、交叉营销、油非互动等方式，培育客户的消费习惯。

从客户的角度来看，他们有一站式服务的要求。在产品引进方面，毛利多少并不是唯一标准。比如，我们引进ETC这样的服务，目的不是在于盈利，而是在于满足车主一站式的需求。我们追求的是整体营销，服务品种越来越多，创造的客户价值就会越来越大。

另外，以前加油站都是工业化设计，无论从设计风格还是环境氛围上给人的感觉都是严肃的、死板的，是一个危化品经营场所。现在，加油站正在从工业化设计向商业化设计转型，从设计、功能配套、人性化设施等方面进行了改变。客户来到我们的加油站，都能感到是安全的、友好的、便捷的、智慧的。

过去，便利店店面很小，影响到商品陈列和客户体验。我们就想方设法通过撤掉站长室、埋设地罐、利用空闲用地等方式扩大商业面积，为丰富经营业态、丰富客户体验提供更好的支撑。

丰富客户体验，还要从人性的角度去琢磨消费者行为，而不是单纯地搞个活动，多个商品。像瑶台加油站，客户加油送现烤蛋挞，这对于客户来说就是一种惊喜，能给客户带来超乎意料的愉悦感。很多时候，好的体验会为客户带来好心情，这份好心情比单纯打折更能让客户满意。

➤ 智慧油站，会员营销

Q 记　者：您认为广东石油下一阶段的最大增长点在哪里？

A 张文胜：广东地区竞争非常激烈。我们认为竞争是好事，因为竞争能推动我们快速转变，更好地适应市场。

现在的竞争已经不单纯是加油站的竞争，而是全产业链的竞争，留住客户需要更多的措施。我们的策略是打造智慧加油站，线上、线下融合，跨界合作，打造会员服务生态圈。

我们要推行商品+服务+体验营销模式，打破传统商品销售的物理界限，开展扫码购。客户来到门店，通过屏幕选购商品，扫码下单就可以坐等收货了。在商品的选择上，我们可以经营更多的品类，包括空调、轻奢品、高级洋酒等。

过去，我们是进什么货就卖什么，product out（商品供给），现在是market in（市场进入）。也就是说，客户需要什么，我们就进什么。这意味着我们加大了跨界合作的步伐，引入了更多的产品、业务和资源，不断满足客户需求，逐步形成我们的核心竞争力。我们还要和很多商家进行合作，通过会员制优惠，让客户买得更划算，服务更有保障，对企业的品牌更有优势，从而增加核心竞争力，真正占有客户。

Q 记　者：瑶台站是一个智慧加油站，这是不是广东石油未来发展的一个目标？

A 张文胜：智慧加油站是什么？简而言之就是读懂客户——客户来了，后台已经识别出他是我们的会员，会按照他的偏好进行商品推荐，实现精准营销。另外，智慧加油站要求去操作化。中国石化的员工成本很高，可目前的大部分劳动是简单重复劳动，因此我们的目的是把操作减掉（比如自助加油、自助支付），通过信息手段大幅降低员工操作，通过流程再造简化流程。

Q 记　者：这对员工将提出什么要求？

A 张文胜：这意味着员工要从操作型转变到沟通型，对他们的要求会更高。但一旦实现，广东石油的营业额还会更上一个台阶。

通过很多次调研，我们了解到有些商品仅仅陈列在货架上是卖不出去的，需要推销，需要员工主动去与客户沟通、介绍。

Q 记　者：如果对员工提出更高的要求，那我们会怎样提高他们的积极性?

A 张文胜：我们在尝试即时绩效。以往对加油站员工的考核很难细化到人，人的积极性和活力不能充分发挥。因此，我们会尝试引入一些技术设施和软件系统，实现对员工由计时工资转变为计件工资。员工每加一次油，每卖一件商品，都能量化到个人，从而调动员工服务和销售的积极性。

事实上，我们应该看到，员工的潜力是巨大的，企业要做的就是搭建起激发员工积极性的平台。员工积极了，服务就好了，客户自然就更满意了。到那个时候，人力资源所呈现出的竞争优势，将会推动企业更上一个新台阶。

04

普庆站，富在闹市

年销油品3万吨、非油品超1000万元。中国石油吉林销售公司普庆站就是这么牛。尤其值得一提的是，普庆加油站非油品利润逐年增长，2018年利润提高38%。未来，吉林销售公司将继续在扩大店销、异业合作、精准管控商品等方面持续发力，实现自己的中国梦、非油品梦。

营销现场

繁华路段高端店

成品油年销量3万吨，非油年销售额过1000万元，普庆加油站身居闹市，客似云来。

文／曲绍楠　张丽丽

“花名长春，柔枝纷披，取以名地。”吉林省长春市，这座以花为名的北国春城，孕育着中国第一汽车集团公司、长春轨道客车股份有限公司、中国石油吉林销售公司等众多知名企业。2017年，当地的规模以上工业总产值突破1万亿元，工业总量居东北第一。

在这样一座工业重镇里，中国石油吉林销售公司作为区内企业，凭借可靠的油品和优质的服务在当地拥有较大的市场占有率。而在这家明星企业中，年销量3万吨、非油品收入超千万元的普庆加油站更是拔得头筹，堪称“旗舰站”。

➢ 双罩棚　改出高端站

2014年，对于普庆加油站来说很关键。这一年，加油站改造后重新开门营业。

提起改造前的拥堵场景，长春分公司副经理刘洋仍记忆犹新：“当时，由于该站占地面积较小，加油站经常出现加油车辆拥堵现象，加油效率十分低下。”

普庆加油站坐落在吉林省长春市的核心区域普庆路，周边是大型企业及政府职能部门。2006年，普庆加油站开业当年就实现了油品销量过万吨。

随着城市发展和公司的精心培育，客户群体持续增长，销量逐年提升，2014年普庆加油站日均销量达到了近50吨。而此时，普庆加油站也遇到了发展瓶颈，现有的场地、设备设施、服务项目已无法支撑普庆站更好的发展。

时不我待

要提升加油站运营效率，就要从顾客角度来看问题，使加油更加方便快捷。吉林销售公司领导班子认真分析普庆加油站升级改造的必要性，几经调研、反复论证，基本确定总体改造思路：合理布局空间资源，丰富完善油站功能，以油卡非润立体营销模式打造强大现场、打造全方位消费新体验，全面提升创效能力和品牌形象。

为科学规划布局，实现加油、办卡、购物一站式运营，做到“两个让步”（机关为加油站让步，办公区为营业区让步），省公司机关、长春分公司机关分别划拨了部分办公用地给普庆加油站。普庆加油站从原来的2500平方米升级到了5700平方米。

5700平方米！这是升级改造后的普庆加油站的占地面积。前后两个罩棚，共设置了9台加油机，高峰期间可同时为36台车加油。便利店面积达到180平方米。普庆加油站还新增了发卡、咔咔洗车等业务，进一步完善了服务功能。

2015年，恢复营业一年后，普庆加油站在店庆当日便创下了纯枪销售150

吨、非油品销售额13.74万元的全国单日单站汽油站销售纪录。而当年的非油品销售收入也达到了600多万元。

厚积而薄发

经过前两年的沉淀，2016年，普庆站的非油销售收入突破1200万元，占长春分公司整个非油品销售额的13.58%，利润同比提高近80%。当年该站的油品销量也突破了3万吨。

刘洋告诉记者："当年的销售品类中，润滑油、香烟、汽车用品、包装饮料等商品的销售占比较大。"同时，普庆加油站开展了很多团购业务。

虽然销量上去了，但做大"量"的同时如何保证"效"呢？这成了当年摆在吉林销售人面前的一道难题。为此，2017年，公司主动调整思路，以保障效益为主。同时，团购业务也在持续推进。

经过各方努力，普庆加油站华丽变身，从原来的万吨级加油站，成长为年销售成品油3万吨、非油品销售收入1208万元的油非业务互促、线上线下协同发展的现代化综合服务商，年缴纳各项税费达到342万元。

虽然看起来非油品销售收入较上年没有增长，但利润增长显著，同比提高44%，真正实现了效益的提升。

百尺竿头，更进一步

2018年，长春分公司将普庆加油站的团购业务进行了高质量发展，剔除了低毛利商品。当年，该站的非油品销售收入实现1009万元，非油品利润提高38%。

"改造、扩大场地以后的效果非常好。几年发展下来，扩建加油站的目的也达到了。"谈起普庆加油站改造后取得的成效，刘洋很欣慰。

➢ 分专区　打造高端店

中国石油省市公司楼下，地处市中心的普庆路……

一看到这几个关键词，当地人肯定会说，这里的消费水平肯定高啊！没错，这里正是中高端客户群体的聚集区域。

"正是由于周围的客户群体较为高端，才保证了该站目前70多吨的汽油日销量。”普庆加油站经理杜柏樯告诉记者。同时，该站的98号高标号油品日销量也达到4～5吨。

经过改造，如今180平方米的普庆便利店可谓窗明几净、分区清晰，非油商品种类齐全、货源充足、定位高端。

红酒、白酒、烟草、进口食品、进口日用品、茶具、小家电……这里可以满足追求高品质生活的客户各种消费需求。

“目前，店内共有商品1400多种。其中，动销品达到1200多种，热销品达到600多种。”杜柏樯对店内的商品如数家珍。

零食饮料最受宠

记者注意到，店内中心位置被6组货架占据。

货架上，从各种零食到包装吸睛的饮料，再到知名品牌的调味品、米面油甚至日用品，可谓琳琅满目。

“这些货架上销售的都是店内的热销商品。”便利店主管杨丽丽介绍说，“顾客在进店刷卡支付的同时，也会随手带一些小零食和瓶装饮料。因此，这些商品被摆放在了一进门的显著位置，销量很好。”

“零食商品可以占到总店销售额的20%、包装饮料占到30%。”当问起这些商品的销售数据时，杜柏樯介绍说。此外，日用品可以占到店销比例的20%，香烟占比10%，米面油占比10%～15%。

当记者询问是否有些特色专区时，杜柏樯带记者走到了一个玻璃橱窗展柜旁。她指着里面的商品告诉记者，这里摆放的都是些精致的餐具套装，除了销售之外还可以美化店面环境，吸引站外加油顾客进店。

酒好何况巷子浅

绕过玻璃展柜，是一个酒品展示区域。

从右侧整面墙的各种度数的白酒，到左侧各星级的红酒，普庆便利店帮各位酒友想得十分周到。

“由于地理位置好，高端客户较多，所以我们店内的酒类等高端商品的销售情况比较好。”杜柏樯说。哪些酒是年节期间的明星产品，需要提前备货；哪些酒最受团购客户青睐；哪些酒物美价廉，动转率较高……谈起这些，杜柏樯头头是道。

“公司会根据商品的流转速度来判断商品是否有继续上架的必要。未来，我们将根据客户需求销售一些高端酒品。”长春分公司非油品主管宫旭琛说。

宫旭琛还介绍说，普庆便利店由于经营面积较大，所以按照中国石油的便利店规划标准，日用品、食品等商品均在店内设置了指定专区销售。

进口日化受追捧

酒品专区旁，就是最受顾客热捧的日用品专区。

记者见到，专区的醒目位置摆放着一些欧洲进口洗衣液。“由于定位是高端商品店，所以普庆便利店会出售一些来自韩国、东南亚等国家和地区的商品，如茶叶、红酒等。”杜柏樯介绍说，“香皂、洗发水等商品自带香气，将这些商品存放在一个相对封闭的空间内，也可以此来吸引顾客。”

杜柏樯指着一个小娃娃装饰品介绍说：“该纸品的生产厂家正是看中了普庆便利店的销量，才将全国仅有两个的纸巾娃娃工艺品给了普庆便利店一个。”

杨丽丽说，目前店内销售的纸品基本可以做到与商超同价。做活动时会实行第二件商品立减的促销策略，有时还会在原价基础上进行打折出售，基本上可以便宜一两元钱。

在普庆加油站，最新颖的当属进口商品专区，由省公司统采统配。该专区会出售一些高档的锅具等商品，以单位客户购买为主。

该专区前还设有立式货架，放置了袜子等自有商品。“这个袜子最便宜的售价为一双5元，卖得特别好。”杜柏樯拿起一双袜子告诉记者，“这是吉林销售公司自有品牌，在当地十分受消费者认可。”

“我们在选品的时候，会从省公司的所有商品订单中进行选取，然后再根据客户的需求上架。”杜柏樯介绍说。

特色堆头创意多

转了半个便利店，记者跟随杜柏樯来到了便利店后侧罩棚的入口。

这个入口主要为到后侧罩棚加油的客户服务，方便他们进店支付或者购买非油商品。这个入口处同样设置了玻璃橱窗，主要展示的是床上用品。

“这个玻璃橱窗，一是为了美观，二是为了避免顾客来回摸索弄脏商品。顾客如果有购买需求，可以联系便利店管理员打开展柜进行挑选。”杜柏樯解释道。

当记者询问针对这么多商品是否有更好的展示方式时，宫旭琛介绍说，店内会设置一些特色的堆头，主要用于展示特色商品或促销商品，并且会实时更新。如在第一个入口左手边有一个酒类堆头，主要摆放了当季促销酒品，如果赶上世界杯期间还会有一些啤酒、熟食等商品。而另一个入口的右手边设有一个自有商品的特色堆头，包括鲶鱼沟大米、东北冰源水和一些坚果商品等。

绕过堆头区域，橱窗里展示的是高端的车用香水等车辅商品。不过由于销量并不可观，未来这一区域将被替换为更吸引年轻人的进口商品或网红商品。

生鲜热饮最贴心

便利店的半边即囊括了众多受欢迎的品类，另半边同样创意多多。

竹制的桌椅、汤色上佳的茶水……这里是茶叶及茶具的销售专区。等待加油或进店开票的顾客可以在这里坐坐，浅啜一口清茶，便可抹去所有尘世浮躁。

杜柏樯介绍说，目前市场上茶叶的销售渠道较多，因此该区域已不符合销售需求了。再过几天，后部加油区将进行双层罐改造，便利店将同步升级。该区域将被分为内外两部分：内部将主要以生鲜和水果为主，届时可提供一些现切的新鲜水果供进店顾客选购；外部将做成汽车穿梭餐厅，主要出售饮品、冰激凌等快销食品。

除夏天提供冰爽冷饮外，深冬时节能喝上一杯热饮，也是引客进店的良好载体。在冬季，站内会通过暖箱提供牛奶、包装咖啡等热饮。

“通过优中选优，长春分公司选中了4座加油站便利店，设置咖啡店中店。很快，普庆便利店将在入口处增设昆仑好客咖啡，可为进店顾客提供研磨、速溶、胶囊等几种类型。目前，长春分公司已经安排相关人员接受培训了。”刘洋告诉记者。

便民服务获口碑

本着便民优惠、保质实用的原则，普庆便利店还提供优质的粮油食品。店内的中粮专区有福临门大米、面粉、食用油、挂面可供选择，品类丰富，价格公道。

“这款进口盐售价28元/包，跟其他商超一致，目前的销售情况非常好。

可以用加油卡或加油返还的电子券直接购买。”普庆加油站副经理王绍东拿着一款畅销盐告诉记者。

收银区旁的小家电区域，主要出售各种高端的电动牙刷、剃须刀等。“由于单价较高，这些商品主要由大客户购买。”杨丽丽说。

在普庆加油站，非油品销售工作同样延伸到了店外。记者看到，加油机旁设置了一个展柜，内有润滑油、添加剂和香烟等商品，方便不下车加油的顾客随时选购。

“便利店内上架一款新商品时，员工都会自己先买回去尝试，自己用得好的话才给顾客推销。”前台开票人员秦洋说道。

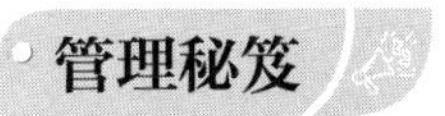

店销上不去，试试吉林这剂“药方”

靠着高效管理、促销到位和精准布货，普庆加油站总结出了一套自己的店销高招。

文 / 曲绍楠

虽然种类齐全的商品，解决了从前“巧妇难为无米之炊”的困扰，但是，如何在此基础上真正将店销做大，破解上量难题，吉林销售人开出的这剂“药方”不妨试试。

➢ 管好人

工欲善其事，必先利其器。舒适的购物环境和丰富的商品种类，需要专人进行打理和维护。如何管好这些人和物，吉林销售公司从上至下贯彻执行的“点环源”管控体系，可谓实现高效管理的一大法宝。

何为“点环源”？

总体上讲，“点”是指关键控制点，对应每一个具体岗位和每一项具体职责；“环”是指环节、制度和流程；“源”是指企业愿景和目标。

在普庆加油站非油品工作中，“点”即每一名员工，“环”即完善服务内涵的工作流程，“源”即提升服务的能力。这套管理体系，在普庆站落到了实处。

为了提高顾客的满意率和忠诚度，有效提高交接班期间的服务质量，普庆站从等待加油顾客的心理特点入手，完善交接班流程，加强细节管理，采取一些缓解顾客焦虑及不满情绪的措施，缩短了顾客感知的等待时间。

“尊敬的顾客您好，现在进入加油站交接班时间，需要耽误您几分钟，给您带来不便敬请谅解。欢迎您到便利店选购商品……”每当悠扬的提示音响起时，普庆加油站便进入了紧张而有序的交接班环节。

在交接班过程中，除现场提示音会告知顾客站内设有便利店外，等待交班的上一班组人员也会向顾客介绍玻璃水、防冻液等摆放在现场的非油商品，以及加油站近期开展的电子券等促销活动，为顾客在等待过程中提供加油站其他相关服务，增强顾客对加油站的了解。

在排队等待的过程中，顾客看到加油站存在闲置的工作人员或不对顾客开放的加油机时，会增加不满情绪。为此，普庆加油站提出了交接班期间“所有人员齐上岗、一机两人同加油”的工作要求。在几分钟的交接班期间，一名当班站经理负责在室内解释情况，其他人员都需要到现场引导车辆，安抚顾客。看到了全体员工的付出，顾客才会更加满意。

交接班结束后，员工就马上离开了吗？

并非如此。

在普庆加油站的加油现场，上一班组的人员并不是马上下机，而是在现场介绍非油商品，宣传近期活动；下一班组人员则利用交接班时间快速检查设备设施、环境卫生情况。

交接班结束、音乐声停止后，两个班组人员齐上阵，一台加油机2人4枪同时加油，迅速提高付油效率。直至加油站不再出现排长队的情况，上一班组人员才正式下班。

通过这套完备的管理体系，普庆加油站得到了更多顾客的理解。截至目前，该站已连续3年无顾客投诉事件发生。

普庆加油站还给思维活跃、想干肯干的员工提供了成长的平台。长春分公司长春市经营处主管非油品业务的副经理王海东介绍说，为了给员工提供更多的上升空间，长春分公司对包括普庆加油站在内的所有加油站员工进行了相关培训。

做好开口营销培训，向店销要效益。以前，顾客进站加油，加油员会捎带问一句："我们便利店有商品，您有需要吗？"但现在看来，这种开口营销的方式已经无法满足目前的实际销售工作了。因此，长春分公司针对加油站周边的商圈进行细分定位，给予各站不同方式的活动支持。

同时，开展商品陈列培训。长春分公司请来专业人士对单店员工进行培训，提升便利店管理人员、站经理的营销意识。此外，根据不同的促销方式，增加员工的开口意识，以提升进店率，从而使得分公司的促销方案执行更到位。

为了统一员工思想、团结青年力量，普庆加油站按照省公司要求，不断筑牢"家和"文化根基，关心关爱员工生活。为了疏导员工心理压力，站经理还组织员工参加各种团建，增强了团队的向心力和凝聚力，以及员工的集体感和归属感。

➢ 服好务

除管理高效之外，普庆加油站的服务也是有口皆碑的。

为精准满足客户的多样化消费需求，普庆加油站不断拓展服务功能，在差异化服务方面展开探索。在该站，无论是信用卡、微信、一卡通还是加油卡，全部通用。这里有十余种支付方式。

面对新时代对线下供应商提出的更高要求，普庆人勇于争先，建立了自己的微信公众平台，在线上、线下与顾客互动，开展了"我与普庆加油站的故事"、七夕节、母亲节等文化活动，发挥油非互促，线上、线下联动优势，为普庆加油站的服务文化宣传造势。

全站员工秉承"让微笑成为习惯，让加油成为享受"的服务理念，坚持以客户为中心，拓展服务项目，帮助顾客清理车窗上的小广告、随手清理车内垃圾、随手擦拭油箱口、免费赠送自助洗车等。逐步提升的服务"软环境"让普庆加油站成了行业服务的标杆。

作为中国石油在吉林地区的一张名片，普庆加油站员工始终牢记"发展为了人民、发展依靠人民、发展成果由人民共享”的理念，在全力推动春城经济发展、增加就业、培养人才、助力居民美好生活之外，不忘服务民生的初心和义举赢得了市民的认可和点赞。

小厕所，大民生。

为了解决顾客和居民“如厕难”的问题，普庆加油站完善了卫生间引导牌配置，完善了卫生间设备设施，坚持24小时有人维护环境，保证室内明亮整洁、干净无味，以实际行动推进“厕所革命”，让“方便”的事更方便。

爱心驿站，屡获点赞！

多年来，普庆加油站已成为附近小有名气的“爱心驿站”，为环卫工人和交警等户外劳动者免费提供吃饭、取暖、手机充电、休息场所，寒冬腊月还会组织员工为他们送去暖贴、热宝等。

小善大爱，点滴汇聚。

3年来，该站坚持赡养一对卧病在床的空巢老人。员工们每天为老人提前准备好饭菜，节假日一起到老人家中看望陪伴，帮助老人洗衣服、修水管，感动得老人逢人就念叨普庆站好。

普庆加油站还设立了“咔咔”户外自助洗车服务。顾客进站后，只需刷卡5元即可享受一次5分钟的自助泡沫洗车，既简单又高效。

➢ 活动精

活动多多，才能吸引人、留住人。

“几乎每周都会有相应的油非互动活动。”这是消费者对普庆站的评价。除日常推进的“十惠”活动外，吉林销售公司会结合油品的销售情况，制订有针对性的非油品促销计划，实现油非互动。

“月初，省公司会下达当月整体的非油品活动信息。同时，包括长春分公司等地市分公司可以随时向省公司提报需求。省公司会针对这些需求做出相应搭配。”杜柏樯告诉记者。

2019年4~6月，普庆站的主题活动是“客户在我心，服务见我行”。“上个月，长春分公司刚刚搞完润滑油的活动。具体是在国省道区域的加油站进行费用减免，加满2000元油品赠送打包商品，包括润滑油、自有品牌的吉林特产等等。”刘洋介绍道。

除了定期和不定期的促销活动之外，捆绑销售也是店内促销的一种有效手段。“我们会将热销品与自有品牌商品进行打包销售，让利消费者，以此促进自有品牌销售。逢年节时，我们还会捆绑销售食用油等。”宫旭琛介绍说。

记者看到，2019年母亲节期间，店内便推出了饺子粉等特色商品的促销活动。长春分公司还以“感恩母爱回馈民生”为主题，5月10日零时起开展了为期三天的母亲节促销活动。

前任站经理姚森介绍说，店内每个月都会举办一个大的促销活动，还会搭配两三个小活动同时进行。

姚森将普庆加油站历来的促销好点子总结为四点，即做好店庆营销、节日营销、亲情营销和氛围营销。

“店庆营销，是指我们每年有一次大型的活动，活动期间非油收入可以得到显著提高。前期会策划一个半月。”姚森说。

节日营销，是指每一个法定节日前，店内都会进行一个一周到10天时间的活动策划，活动期间会对便利店的商品进行捆绑或者搭赠。

亲情营销，是指在母亲节、妇女节期间，店内会给女性顾客赠送一束鲜花；其他节日期间，进行适销对路的商品的搭配，如端午节期间搭赠一个小包装的粽子等等。

氛围营销，是指在特殊节日期间进行的室内外的点缀和装饰，如母亲节期间放一些康乃馨和丝绸纱巾等作为装饰；世界杯期间会做一个专属货架，摆放所有相关的食品、酒水类等；同时，店内主要设置暖光源。

当记者询问普庆加油站如何做好团购业务时，姚森讲述了自己的一段经历。

“一开始，我们做的是网络化营销，先走出去推销非油品商品。但当时站内员工较年轻，很难获得客户信任。后来，我们转变策略，开始‘守株待兔’，找出经常在我们站加油的周边固定客户，然后再有针对性地上门对其进行营销。”普庆站的办法，使得促销针对性更强。

➤ 激励实

全国总工会评选的全国“安康杯”竞赛优胜班组，中央企业团工委授予的

“青年文明号”，连续三年被集团公司评为先进集体；2018年11月，普庆加油站的荣誉墙上又喜添一块重量级奖牌——集团公司授予的“十大标杆加油站”。在该站的外墙上，记者看到了诸多荣誉。

一项项来之不易的荣誉凝结着普庆人辛勤的汗水，一个个踏石留印的足迹彰显着普庆人坚定的信念。

普庆加油站目前拥有22名员工，均以90后为主。2018年以来，长春分公司通过不断改革优化绩效考核，激发了员工的创效潜能。在这种背景下，普庆加油站率先行动，研究制订了适合自己的分配方案，积极推行员工工效积分制，通过给员工日常表现打分，再结合各项指标完成情况进行奖金分配。

这种方法对于员工来说更公平、更公正。有的员工短期内没有突出的销售业绩，但只要善于钻研、乐于动手，可以为企业节省维修资金，那么他的贡献就会带来直接的奖金收益。奖金可以有效激发员工持续创造的动力。这种奖金二次分配的方法，也被很多站参考和借鉴。

“无论是精细管理，还是团队建设，普庆加油站总是走在其他站的前面。这些经验，对于我们这些城区站来说是极其宝贵的！”同城一座万吨级加油站经理孙健如是感叹。

为了提高员工的销售积极性，长春分公司给每名员工的非油品激励政策是，每销售100元非油品商品可获得5元奖励。同时，针对非油品重点商品实行专项奖励，例如，卖一箱武夷山水可以获得4.5元的提成等。

“员工每天可以算出来自己当天挣了多少钱。真正取消了大锅饭，实现了多卖多得。”杜柏樯告诉记者。

除了销售返利之外，普庆站还会按照非油销售排名再给予二次分配。其中，奖励第一名1000元，第二名800元，第三名500元。如果不计算这个二次分配的话，员工收入最高的和最低的一个月会差400～500元。

目前，杨丽丽的月收入可以达到3000元左右。其中1000元就是其销售非油品商品的收入。她告诉记者，目前她的收入水平属于当地中等水平。“我个人非常有动力，因为我卖得越多挣得就会越多，而且我也会走出站去推销，包括推销给亲戚朋友等。”

杜柏樯举例说，店内的两名收银员由于有着先天的地理位置优势，可以直接向客户推销店内商品，如烟酒等商品主要就是依靠这两名收银员来进行推销的。

普庆加油站要求全员抓好开口营销工作，员工现在已经形成了习惯。顾客进站或进店后，员工都会第一时间问候：“您好，欢迎光临！”办理完相关业务之后，员工都会捎带问一句：“先生，需要玻璃水吗？现在有优惠活动。”像这样的问话经常在普庆站内响起。

目前，普庆加油站的进店率、非油品购买率都在不断提升。

➢ 抓特色

吉林销售公司的化肥店销水平一直在系统内名列前茅。当记者询问有哪些提高店销的方法时，公司非油品业务管理处处长李俊德介绍说：“我们将化肥业务对接到农户，通过化肥这种新业务的拓展弥补我们店销的不足。”

吉林销售公司从源头资源控制入手，比选了很多化肥生产厂家，最终确定了与中化化肥有限公司吉林分公司等3家知名企业合作。2019年4月，吉林销售公司又新增了内蒙古一家化肥生产企业，目前一共拥有4家有较强资源保障能力的化肥供应商。“2019年全年化肥15万吨的销售任务基本上可以落地。”李俊德介绍说。

除了化肥之外，吉林销售公司未来将在酒品店销方面下功夫。李俊德告诉记者：“未来，我们将在长春市9个片区打造10家交通便利的便利店（如普庆站、东岭站等），进行品牌强强合作，做好酒类销售的专卖渠道。”

目前，全国各地的酒类销售呈上升趋势，吉林销售公司的酒品销量却是下降的。公司总结原因是，虽然吉林销售公司的酒类库存量较大、种类较多，但缺乏相应的知名度。未来，公司将借势吉林省白酒知名品牌，在便利店内设立酒类专柜的陈列面。

通过打造更多陈列面的方式，针对不同客户定位，对酒品进行细分销售，这样有利于统一配送、统一进行陈列管理。在酒品销售方面，吉林销售公司有着较大的提升空间，预计一年可以提升几千万元甚至上亿元的非油销售收入。

做大店销还有一个突出的商品，就是自有品牌商品。

吉林销售公司非油品业务处副处长陈舟介绍说：“目前，公司与多家企业进行了合作。例如，结合长白山山区地理位置优势，开发木耳、蜂蜜、松子、人参等森林食品；把握辽源作为全国袜业生产基地这一优势，扩大自有商品影响力。”

总的来说，吉林销售公司将借助地域、区位优势，开发低成本、高品质的自有商品。

➢ 细布货

“过去，纯店销从省公司层面采购，再向下布货，不是十分精准。”李俊德告诉记者，“最初，吉林销售公司加油站便利店的规模较小、销量较少，都是求着供应商供货。当时商品走量慢，商品种类少，只有方便面、火腿肠、小的袋装零食等十几种商品，店销增速十分缓慢。”

“现在，随着便利店的开店率逐年攀升，很多供应商反过来联系我们，主动要求进店销售。”但李俊德同时指出，目前加油站平台的销售工作方面仍然缺乏精准的客户定位。

目前，吉林销售公司在营的980座加油站中，有600多座是县城以下的、国省道的城乡站，其余的300多座站是县城以上地区市级的站点。因此，针对这些不同的客户群体，公司需要更加精准地配备商品品种。

李俊德告诉记者，现在是加油站层面从中央仓直接点货订货，未来公司将更好地理顺加油站、地市公司到省公司的沟通渠道，共同商讨哪些商品适合当地销售，如普庆站就要针对高端客户进行布货。“这将是我们2019年的重点工作。”李俊德说道。

战略规划

非油品定位将更精准

——专访中国石油吉林销售公司非油品业务管理处处长李俊德

吉林销售公司加油站便利店业务已趋成熟，未来将继续提升店销水平，做大做强农村市场。

文 / 曲绍楠

吉林销售公司非油处成立于2008年，当时只有5名员工。2016年，非油公司成立后，经过3年的认真筹备，2019年终于获批了组织架构，即将正式运行。应该说，这是一个从无到有、从弱到强的过程，真正实现了有质量的发展。

接下来还有哪些工作要做？让我们听听该公司非油品业务管理处处长李俊德的见解。

➢ 销售收入逐年增长

Q 记　者： 李处长您好，请您介绍一下近几年吉林销售公司的非油发展情况。

A 李俊德： 近几年，我们的非油品收入逐年递增，尤其是在2016年到2018年的近两年时间里，非油品收入翻了近两番，非油利润翻了近一番。但在店销水平上，我们还有很大的提升空间。

2019年，从集团公司到销售板块层面，我们对非油品业务的考核重心进行了调整，从过去考核全口径的收入和利润变为考核店销收入和毛利。这为我们今后一段时间非油品发展指明了方向，给了我们进一步夯实非油品店销发展基础的机会。2019年1～4月，我们较好地完成了上级公司下达的任务指标，店销收入超计划的148%，毛利超计划的14%。

Q 记　者： 有哪些利好因素呢？

A 李俊德： 一是政策支持到位。按照吉林销售公司党委书记、总经理徐金良提出的“万千百十”大营销策略，从省公司到分公司、到经营处、到加油站，从领导班子到管理人员、到一线员工，人人肩上都扛着非油任务指标。这大大提高了员工销售非油的积极性，使全员都参与到非油品销售中来。

二是化肥业务支撑有力。2019年化肥销售受价格和资源影响较大，从吉林销售公司机关到加油站一线都付出了很多努力，克服了价格波动较大、资源紧张等种种困难，1～4月化肥销售8.7万吨，实现销售收入1.9亿元，同比增长91%，毛利同比增长108%。2019年预计可突破15万吨销售目标，成为吉林地区化肥销售的重要渠道。

➢ 异业合作风生水起

Q 记　者：在异业合作方面，吉林销售公司做了哪些尝试？

A 李俊德：我们通过与保险公司合作，带动了润滑油和车辅产品的销售。目前，9家分公司都在开展这项业务，部分单位与人保公司合作已经取得了一些成功经验。我们将在全省逐步推广这些优秀的做法。

我们依托自身众多的加油站网点与庞大的客户资源，与保险公司开展合作，保险公司以在中国石油加油站为顾客免费更换机油的方式给顾客返利。2018年，吉林销售白城分公司就做了5万单保险业务，带动润滑油销售5万桶。

目前来看，虽然昆仑好客和昆仑润滑油的品质和品牌都很好，但并没有将触角延伸下去，还没有完全打通终端市场。2018年，我们将几个加油站过去的车库、洗车场利用起来，统一标识，相继做了几个地区的换油中心，解决了更换机油的场地问题，同时扩大了昆仑润滑油品牌的知名度，最终解决润滑油的销售瓶颈问题。

今后，我们将加大投资力度，在完善店销、提升形象的基础上，重点推出一些换油中心。从非油品发展角度来讲，在新建和改扩建加油站、建社区店的时候，我们都要将换油中心和洗车业务考虑进去。近期，好客公司还将在吉林销售公司进行试点，试行咔咔汽服业务。

目前，我们包装饮料、饮用水、零食和日化商品销售得很好。但非油品业务发展仅仅依靠目前的店面销售是远远不够的，我们必须寻找新的效益增长点，打造“人•车•生活”生态圈。

Q 记　者：除了润滑油和与保险机构的合作之外，还有哪些异业合作方式？

A 李俊德：在医药方面，我们将与亚泰集团的吉林大药房进行合作，选取合适的加油站便利店，引入医疗器械进行销售，如血压计、血糖仪、车用急救包等等。人员方面不需要更多的投入，便利店管理员就可以兼顾。未来，吉林销售公司还将实现全公司一万名员工的医保卡的定点消费。下一步我们要培训药剂师等，深入探讨药品方面的引入工作。这也算是我们的首创。

➢ 目标艰巨　前景广阔

Q 记　者：在社区店方面是否会进行一些尝试？

A 李俊德：未来，我们将利用目前闲置的办公楼、车库等现有场地，在不投入更大的成本的前提下，打造更多的社区店。2018年，在吉林市公司、四平市公司、一汽合资公司，已有3座社区便利店投入运营。2019年，我们将在长春、白山、延边、通化4家公司投运5座社区便利店。

我认为，社区店的定位应区别于加油站便利店，突出品牌战略，开展酒类的专卖、医疗器械的专卖、中粮米面油的专卖、日化知名品牌专卖、电器专卖。同时，我们因地制宜地开展水果鲜食业务，收取一定的平台扣点，由供应商自己负责商品的进销存管理。

Q 记　者：2019年，公司的非油品业务将实现怎样的发展目标？

A 李俊德：对便利店进行分级培育，预计2019年30万元便利店达到150座，50万元便利店达到100座，100万元便利店达到100座，300万元便利店争取达到20座，500万～800万元便利店达到5座（包括新丰站、东岭站等等），同时启动千万元便利店培育计划。

Q 记　者：未来，吉林销售公司还将在哪些方面持续发力？

A 李俊德：经过近10年的发展，加油站便利店已日趋成熟并获得了广泛认可。从品牌效应到给顾客带来的感官体验，从经营管理到便利店商品价格，都让消费者感到满意。

未来，我们将结合乡村站实际情况，继续与中化方面进行深度合作，拟成立一家合资公司，将中化的农药、化肥、种子等优势资源，中国石油吉林销售公司的米面油、便利店特色商品等引入合资公司。

我们将依托吉林销售公司600多座乡村站的销售渠道，借力银行信用贷款业务，提升店销水平，做大做强农村市场，实现互惠共赢。

05

扫码看现场

道林，摸透顾客心

位于交通要道，中国石化湖南石油道林服务区加油站非油品业务走出一条不寻常的盈利之路。

营销现场

在高速路上等你

商品多一些、质量高一些、服务好一些，顾客需要的就是这些，道林服务区提供的也是这些。

文/赵玥

“耐得烦，吃得苦，霸得蛮”，这个评价把湖南人的性格形容得淋漓尽致。

10月的长沙虽已渐凉，但在距市区车程近一小时的中国石化湖南石油道林高速服务区的气氛却十分火热。

黄金周刚过，春运大战又将在这里拉开序幕。

自古便是交通要道的道林，如今更是车水马龙，非油业务取得年销售额千万元的亮眼业绩。

倘若细究这千万元销售额的背后，你也许会对“耐得烦、吃得苦、霸得蛮”的湖南特质理解得更深入。没有大宗商品，没有集体团购，千万元收入，全靠一瓶瓶水、一颗颗糖，实打实地卖出来。

怎么做到？答案在于摸透顾客心理。

➢ 为易捷代言

吃槟榔是湖南的习俗。槟榔是当地特产，在很多店里随处可见。

“我们道林服务区便利店卖的槟榔，外包装就不一样。”站长黄星拿起一包槟榔递给记者，上面印着中国石化易捷的标志。

放眼望去，店里这样的特供商品不少。“这个康师傅方便面也是向生产企业定制的，包装上有特别的识别码。”

入“口”无小事。便利店员工说，这样做的好处之一是，让商品有很强的识别度。如果遇到问题，顾客拿出来，便能一眼分辨出是不是从道林便利店卖出去的。更重要的是，包装上处处可见的中国石化易捷标志，能不断加深顾客对品牌的认知。

在道林高速服务区，卖得最好的是快消品。饮用水是当之无愧的销量冠军，创下年销售额100万元的佳绩。

不过，刚开始时，易捷的自有品牌长白山和卓玛泉差点成了滞销品。

“我们只卖易捷的自有品牌，这两种水刚推出时，很多顾客并不认可，觉得不但贵，还不是大家熟知的那几个品牌。”黄星说。

自有品牌打不开销路，怎么办呢？黄星和员工们并没有强买强卖。遇到顾客进来买水，他们耐心解释：加油站的便利店和超市只卖中国石化自有品牌的水，明码标价；如果实在不想喝，他们提供免费开水，任君选取。

销售之道，有时在于以退为进。

没有强硬推销，顾客反而没有抵触情绪，愿意静下心听员工介绍。水源地、水质、pH值、微量元素……道林服务区的每个员工早已烂熟于心，介绍得头头是道。

“长白山和卓玛泉为什么会贵一点？我们会说明水质特点是什么，有什么优势，贵在什么地方。”就这样，一些顾客听完介绍后半信半疑地尝了，觉得口感不错，第二次就会主动购买了。

黄星和员工们喜欢用“带”这个字代替“买”，显得亲切而随意。遇到来加油的顾客，他们总会顺口问一句，要不要带一瓶卓玛泉或者长白山？

销量便在这看似漫不经心的“带”字中不断飙升。

“现在大家的消费水平都在提高，很多时候并不是真的觉得水贵，主要是原先品牌认知度不高。”一位员工说。

“我为易捷代言”，是道林服务区员工的一桩大事。

“在推广中国石化易捷品牌形象方面，我们服务区做了很多铺垫。”黄星介绍说，“店里的陈列有中国石化的标志，商品包装有中国石化标志，服务区广播在高峰时段也播放中国石化的广告……”

除此之外，他们也不放过任何一个机会推广易捷的品牌。比如，在交警和加油站党支部举办活动时，他们都会提供自家的水和饮料，于无声处让“易捷”深入人心。

➢ 积少成多

民以食为天。

中国人常戏谑自己是吃货，在家里吃，在外面吃，在路上也要吃。

对于湖南这样的人口大省，春运历来是个大金矿。每年这个时期，就意味着到了最紧张繁忙也是收获最丰的季节。

2019年国庆节刚刚结束，湖南石油便马不停蹄地开始备战年货节，道林加油站服务区也开始着手准备。

黄星曾在市区加油站工作过，喜欢把市区加油站和高速路加油站的车主进行比较，琢磨怎样才能更符合他们的需求。

“在市区的加油站可以卖保险，办ETC业务，我们不行。”她解释说，“来高速加油站的基本是过境车，车主更偏好在住地办理这些业务。”

因此，食品成了提升销量的安全牌。

“公司有年货手册，我们会针对当地的风土人情选择适合的年货，铺货非常重要。”服务区的员工说。高速路附近的居民大多是农民，家里基本都种粮食，所以大米很难卖出去。这点和市区加油站便利店完全不同。

来道林服务区的基本是私家车，春运期间，无论是返乡的还是出城的，他们的后备厢几乎都装满年货，留给服务区的空间很少很少。大件的米、油、干果、零食等城区加油站的畅销品，在这里却不招人待见。

怎么办呢？湖南人性子中的“吃得苦，霸得蛮”又占了上风。

城区加油站便利店巧克力一盒一盒卖，他们就拆开一粒一粒卖；城区加油站便利店的坚果一箱一箱卖，他们拆开一小包一小包卖。

化整为零，积少成多。

为了从顾客满满当当的后备厢里挤出一点空，他们愿意挣小钱，把服务做到极致。黄星注意到有些人提出路上想吃水果但又嫌麻烦，便灵机一动和同事削好苹果、梨，切成块，放进一次性餐盒里卖。

湖南冬天盛产橙子、柚子，员工们便不断剥柚子、橙子。寒意逼人，没有暖气，他们有时手都冻僵了也不愿停下。

就这样，一颗糖、一瓶水、一袋干果、一瓣柚子……道林高速服务区用看似笨拙的方式，实实在在地在春节期间卖出了100多万元。

为了让顾客有更多选择，道林服务区还和湖南著名特产品牌湘品堂合作，开设专门店。一进店内，热情的服务员便迎上来，手里捧着食盒和牙签，介绍着：“这是我们最有名的临武鸭，您可以尝一尝。”

店里的试吃品琳琅满目，臭豆腐、东江鱼、手撕腊肉等等，只要顾客需要，试吃品马上端上来。

推销不怕麻烦，也不怕让顾客占便宜。

“钱在顾客的口袋里，怎么掏出来对我们来说是个考验。我们不怕繁琐，让顾客心甘情愿买单才是正道。”据统计，湘品堂每年营业额达到三四百万元。

最近，他们又开启了“延伸最后一公里”的服务。顾客试吃后觉得好的特产，他们提供邮寄服务，让快递和顾客同时到家。

“如果顾客回到家中还想吃，一个电话打来，我们负责马上给他们再快递过去，让他们足不出户也能享受美食。”

在道林，只要有心，你就一定能找到销售的空间。

➢ 全面服务

在道林高速服务区的大厅，墙上挂着一块黑板，黄星和其他工作人员的手机号码都写在上面，一目了然。

据说，这是为了让有急事的顾客随时能找到他们。

“我们24小时待命。”黄星说。有时半夜两三点，服务区遇到急事，一个电话打过来，他们就得马上处理。

这样深夜被车主电话叫醒的情况，每月总得经历几次。

这些年来，他们碰到的顾客需求五花八门：有不熟悉业务流程请他们带去车管所办业务的，有路上车抛锚要修车的，还有半夜迷路要求人工导航的……

突发事故更是时有发生。一次，一位司机急匆匆地跑进服务区，喊道：“我的车子轮胎起火了！快帮帮我。”

当班加油员谢江平听到求救后，急忙跑出站，发现车子停在离汽油罩棚不到40米的高速公路行车道上，汽车尾部已经冒起一片火光。

事情紧急！他一边立即大声呼救，一边拿起8千克干粉灭火器飞奔过去。训练有素的当班员工、值班长、当班保安、服务区管理人员也都迅速赶来灭火。

仅用10分钟，火灾明火被成功扑灭。除了车辆轮胎受损外，货物毫发无损。

车里装的是价值百万元的电缆，救火晚两分钟就彻底完了！满怀感激的司机竖起了大拇指，之后他便成了加油站的忠实客户。

靠得住，是服务区维系顾客关系的一大法宝。只要顾客有需求，事无巨细都会得到及时反馈。

黄星说：“以前店里没有车载充电器，可高速路上充电不方便。有顾客提过一次，员工马上反馈给公司，很快安排了进货。还有些抱小孩的顾客，即使不买任何东西，员工看到也会马上拿凳子给他们坐。”

在黄星看来，培养顾客是一个长期过程，不能急功近利：“一般大家都认为高速路上的加油站很难培养稳定顾客，但我们通过贴心的服务，加上中国石化的品牌优势，是能够将顾客养成固定的消费习惯的。”

➢ 多留5分钟

在服务区，除了超市便利店，还有不同的第三方合作者。

走进大厅，浓郁的咖啡香味扑鼻而来，只见左侧立着自助咖啡机。“我们的咖啡豆都是精选的，现磨咖啡。”一位促销人员展示着机器的内里乾坤。只要把杯子放在出咖啡口，自己选择糖、奶、口味，一分钟后香浓滚烫的咖啡就出炉了。

右侧的大厅则是自助餐厅。每天提供的菜品有二十多种，加上主食，每餐每人收30元。负责人曹经理介绍着，手机上不时传来进账的提示声。

虽然还没到饭点，但餐厅里已经有了顾客。一位男士说，这里的自助餐新鲜味道也好，可选择的菜品也多，而且可以吃饱，不用担心接下来的高速路上找不到饭馆。

接下来，服务区还应该给顾客提供哪些服务呢？黄星觉得最好是现做食品。

目前，服务区有一个新式烧饼店，店面虽然不大，但干净整洁。10元一个刚出炉的烧饼喷香扑鼻，十分吸引人。

“就这一个单品，每天的营业额达到2000多元。”黄星说。他们常去各种网红店、商超观察体验，看看什么样的产品是最受人欢迎的。结果发现，顾客越来越重视口感和卫生，现场操作的餐饮最受欢迎。

“从硬件上来说，服务区在规划上有不尽如人意的地方，但不可能推倒重开，只能从管理和思路上下功夫。”黄星说。他们年底会对引入的第三方进行考核，实行优胜劣汰。

“非油品和油品应该是相辅相成的。我们希望增加多种业态，提高服务质量，把顾客引进来，尽量多待一些时间。”湖南石油高速分公司副总经理罗丛满说。

对于这一点，黄星深有感触。由于进这个服务区的多是私家车，他们的时间比较充裕自由，所以道林员工尽量会让车主多停留一下，多体验其他服务。“2019年，服务区增加了一排自助按摩椅，车主长距离开车累了，可以坐下来按摩。”

“我们商品多一些，服务好一些，本来想加油的他可能就会多进便利店一次，多买一点东西。”

管理秘笈

道林的潜力

道林的潜力来自员工，也来自创新。

文／赵玥

虽然业绩硕果累累，又占据了先天的地理优势，但道林服务区并不敢松懈半分。

越来越发达的路网和消费市场，迫使他们必须顺势而为，激发潜力。这潜力来自员工，来自改变，也来自创新。

➤ 薪酬全由销量决定

提到春运、年货节，黄星他们是又喜又怕。喜的是，春运期间的销售额一般达到全年的五分之一，实属重中之重；怕的是，每年这个时期，便意味着无休止的连轴转，忙碌疲累。

服务区加上黄星在内的28人，春运期间的近两个月内持续24小时连轴转，但没有人偷懒休息，也没有人无故请假。

“每天早会6点50开始，即使头一晚加班再晚也不会有人迟到。”黄星骄傲地说。

干劲从何而来？她毫不犹豫地总结出两个字：绩效。

“我们每天有一个‘晒一晒’环节，每个员工都要把自己当天的销售额晒出来给大家看。”黄星说，“这也是省公司的新制度，要求一线员工当天下班后的三分钟之内能清楚知道自己挣了多少钱。”

在黄星看来，说一千道一万，都比不上落实“按劳分配、多劳多得”八个字有效果。工资涨上去了，员工的积极性自然而然就高了。

实打实的收入不仅鼓舞着服务区员工，也使得员工工作得到员工家属的全力支持。在便利店外，一位男士正在搬货。他的爱人是加油站员工，有时站内忙不过来，他就来帮帮忙。春运期间缺人手，有时更是全家上场。

服务区的员工基本来自周边地区，这份工作除了有正规保险外，薪水也可不断提升。“上不封顶，甚至业绩好的员工收入超过我。”黄星说。

在道林地区，加油站的工作成了香饽饽。服务区员工大部分是90后，平均年龄20多，但离职率非常低，稳定性很强。

薪酬增长伴随而来的是营业额的增长。据统计，2018年的非油品营业额增长为2.1%，2019年则是5.1%。

“2019年是我们公司三项制度改革的第二轮，其中很重要的一点就是对一线基层员工的激励。”湖南石油高速分公司副总经理罗丛满说。他们目前在营的22对服务区，2019年开始实行员工全额联量考核，下不保底、上不封顶，覆盖的员工有500多人。也就是说，除了必要的生活保障和保险，所有的收入全部由销量决定，这个措施可谓大胆。

为了顺利推行改革，他们进行了大量前期宣传——到基层开站长会，与服务区经理调研进行讨论，让他们都参与到改革中来，所以员工的抵触情绪不大。

“实际上，不管怎么改，最终拿到的薪资增长了，员工就会认同。有了获得感就有了忠诚度。”罗丛满说。

罗丛满举例说，虽然没有保底，但是实行了全额累进激励，过去多卖出一件提成1元，现在做到一定规模后多卖一件可能提成2元甚至更多，从而促使员工更努力地去推销。另外，神秘顾客暗访等措施的推行，也有可能让员工拿到单项奖励，所以加油站服务区一线员工的最终收入往往会超过当地的薪酬标准。

下一步，他们还会调整修正考核方式，使其更加完善。

➢ 24小时营销

“先生，您好，您绑定我们的加油卡了吗？在我们湖南石油微信公众号绑定加油卡有惊喜哦！”“女士，关注湖南石油微信注册并绑卡可以获得15元便利店抵用券，在湖南石油微信绑卡后加油可以立得30元便利店抵用券。”在道林服务区，加油员正向加油和充值的客户热情地介绍湖南石油的近期活动。

移动时代，智能手机是最受欢迎的销售利器。“微信比电话方便，不会打扰客户，还能上传图片和视频。”黄星说。

自微信绑卡和网上商城营销活动开启以来，很多员工发现并抓住了朋友圈里的商机，很多微信营销明星也应运而生，有的促销达人的业绩甚至超过做微商的朋友。

“现在我们真的成了24小时的营销人员，即使已经下班，也可以通过微信等与客户联系，解答疑问，宣传活动。”黄星说，“业余时间做营销成为越来越多一线员工的习惯。不少站长和员工都建立了自己的客户微信群，一些营销活动和优惠政策都得到了及时发布和传播，顾客也逐渐养成了网厅充值和网上商城购物的习惯，线上订货、加油站取货已成为持卡消费者的新习惯。”

通过微信，顾客和员工的关系越来越亲密。不少顾客甚至会成为某一员工的固定客户，一有需求就直接找该员工，遇到问题也第一时间请他解决。员工也根据顾客的基本情况设置了客户群，这样有利于客户分层，便于做数据管理和精准营销。

如今，在道林服务区，不仅服务区经理、站长关心销售目标完成情况，每个员工都心系销售量，更关注自身的销售量。在这里，每一位员工对公司的每一项营销活动倒背如流，每一个员工的手机里都存留着各种营销活动优惠政策。

2019年，湖南石油的App正式上线，虽然发展得较晚，但已经显示出强大的威力，不仅几个月中增粉百万，而且带来了实际销量。

“App上的‘疯狂大转盘’等活动，是给顾客实实在在的优惠，所以得到很多人追捧。”黄星相信，“在移动互联技术的推动下，他们还将解锁很多新的营销技能和服务方法，从而锁定更多忠实客户。”

➤ 授之以渔

在道林服务区，除了每天“晒一晒”，还有每月“赛一赛”。员工当月的业绩拿来排排队，知道自己在哪个梯队。“有比较才会有竞争。在‘赛一赛’后，落后的就会去找原因，思考怎样才能提高。”黄星说。

道林服务区希望启发员工，让他们主动摸索吸引顾客的途径。

现场促销是提升商品销售额的最有效方法。只有人人参与现场促销，全员的销售氛围才能形成。服务区要求员工注重与顾客面对面的交流与沟通，传递商品信息，刺激顾客消费欲望。

新零售时代，“造节”成为营销的一种新方法。“双十一”“双十二”“6·18”等各大电商营造出来的购物节，已经取得良好的效果和声誉。这一点，也被线下营销借鉴。

“我们有会员日、会员周、会员月，另外十一黄金周后，又有出游季和年货节，这些都是营造气氛、推动顾客购买欲望的活动。”为了配合各种“节日”，公司制定了各种优惠政策，员工们必须烂熟于心。现在，员工们想得最多的是怎样推销：卖出去10元，怎样再卖出50元？他们也经常思考，顾客如果拿来100元，怎样帮他们搭配优惠商品，让他们感到真正的划算，这样才能让顾客心甘情愿地留下。

“单纯去背公司的优惠政策还不够，员工要懂得站在顾客的立场去考虑问题，要更专业地回答顾客的问题。”黄星认为，“更重要的是，通过各种培训，我们要让员工真正了解商品。”

现在，服务区每周会举办两到三次优秀员工分享会，让业绩好的员工传授心得，设置情境，把好的经验传授给其他员工。一名员工回忆，刚来的时候正好赶上卓玛泉上市，她急忙找店长求救如何回答顾客对于新品牌的疑虑。这个现象引起了黄星的注意。很快，他们就组织开设了网课，请产品方到群里授课、答疑。

“我们的超市现在有上千种产品，饮用水、赖茅、茶叶……它们和同类产品比有什么优势，怎样通俗易懂地让顾客理解，都是大家关注的重点。”每次上课，群里都非常热闹：直播、抢答、奖励，员工随时提出自己的疑问以及工作中的难题，品牌方解疑，大家也会帮忙出主意。

“穿上工作服，就是中国石化的人。”黄星说，“现在员工们能用专业知识和语言回答顾客的提问，会觉得工作更有意义，成就感也油然而生。”

➢ 迎接新挑战

道林服务区的千万元店，也是一步一步成长起来的。

过去，春运对包括道林在内的高速分公司都是巨大考验——既要保供，又要服务。刚开始人满为患、车满为患，一些顾客排队长些就电话投诉。“经历了六七年，我们吸取了不少经验，人员、商品供应都会有应急准备。”罗丛满说。

挑战是不断的。

2019年政策改变，成品油经营许可权限下放。以前加油站都集中在地市或省商务厅，现在则放到县里。这对公司乃至服务区的综合管理和协调提出很高要求。“站长和员工要更会和当地政府、当地居民打交道。”罗丛满说。

这样的情况，黄星之前就遇到过。加油站刚开业时，一些当地农民把服务区当作集市，周末带着自家的土特产摆个摊。为此，黄星和同事没少费心，每次都得耐心沟通，说明服务区摆摊的危险性，劝他们离开。

2018年，高速公司售出成品油40多万吨，非油销售额达到3.7亿元左右。

罗丛满分析说，能够取得这样的业绩，最大的原因在于，2018年许广线和武深线全线贯通了，司机选择高速路加油站的机会增加了，从而促进了高速路服务区的增量。

但罗丛满并不乐观。

长远来看，随着国家的发展，路网将越来越密集，对高速路服务区的单站效益势必会有影响。罗丛满举例说，以前只有京珠一条高速路时，这条线上的服务区每天油品销量300吨以上，最多时超过500吨。而现在高速路增加引流后，单站油品销量极速下降，京珠高速上超过百吨的服务区已经算效益很好的了。

“路网多了，竞争不可避免。我们不会无序竞争，更不会靠成品油降价来竞争，这样最终会带来对整个企业的伤害。下一步，除了继续依托中国石化的品牌优势，我们更需要发展综合体、多业态，还要尽力满足顾客上高速后的各种需求，围绕顾客的满意度下功夫。我们会跟随国家政策导向，增加服务和业态，比如在新能源方面，增加充电桩、加氢服务等。”而道林服务区也在蓄势待发，迎接新的挑战。

“易捷开业已经11年了，积累了很多经验，也创造了不少价值。我们牢记的是，我们是服务行业，我们的宗旨就是让顾客开心消费。”罗丛满说。

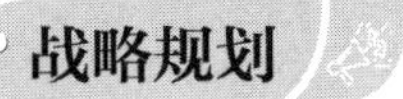

提升非油品的内生动力

——专访湖南石油非油品处处长刘浩

湖南石油非油品条线不断提升门店经营新状态，做强做大做优新业态，构建互利互促的新生态。

文 / 赵玥

2008年，湖南石油非油品正式拉开序幕，营业额不到3000万元。

2018年，湖南石油非油品营业额突破30亿元，便利店座数由100多座发展到1600多座，荣获了销售公司“比学赶帮超”年度进步红旗和两面月度红旗。

2019年国庆刚过，湖南石油营业额已近30亿元，势不可当。这样的佳绩从何而来？湖南石油非油品处处长刘浩给予了答案。

➢ 敢为人先

Q 记　者：刘处长您好！湖南石油近年来在非油品业务上发展迅速，今年（2019年）的情况怎样？

A 刘　浩：我们今年依然根据销售公司和省公司的规划，取得了一些成绩。汽服方面今年预计完成200多座，综合服务站完成100多座。

餐饮方面，我们在寻求品牌餐饮项目入驻，目前已协同肯德基公司初步规划好合作计划，配合综合服务体的打造，分批次打造肯德基项目；对于小站，我们引进“易小啡”咖啡项目及早餐点，积极配合站点周边商圈，同时更加丰富了加油站的业态。

另外一个突破是广告方面，今年广告业务将实现零的突破。未来，广告业务将为湖南石油新业务发展提供强有力的支撑。

Q 记　者：湖南石油的年货节是一个强势项目，您能否介绍下这方面的情况？

A 刘　浩：年货节是湖南石油非常重视的活动，这也反映了我们敢于创新突破的思路。

为了促进非油品销量，打造自己的品牌，2013年，我们利用传统节日春节阖家团圆、讲究喜庆的习俗，首次举办了“易捷年货节”，将年货特产带入市场。目前，年货节已成功举办了6届，销售额屡创新高，第六届销售额突破3亿元。由于效果不错，中国石化销售公司每年向全国推广湖南石油“易捷年货节”经验。2017年，销售公司、各省市相继开展年货节销售。

Q 记　者：连续举办了6届，今年的年货节将有什么新的举措？

A 刘　浩：今年是精准扶贫工作脱贫攻坚年，我们的第七届“易捷年货节”活动的主线将围绕“消费扶贫，品质国货”展开。

在商品选择上，全国范围内的扶贫商品和品质国货（中华老字号、省级老字号、地标原产地）商品是选品重点。

另外，今年的爱心义卖地点将覆盖全省门店。除实体门店外，我们还将在湖南石油网上商城同步开展爱心义卖。同时，我司将联合社会知名度高、有公信力的基金会，成立专项扶贫基金，将我司年货商品销售额按一定比例投入扶贫事业中。在此，我们也盛情邀请各位合作商共同参与进来。

Q 记　者：我们知道湖南是农业大省，也有一些贫困地区，作为国企，湖南石油今年有哪些新的举措？

A 刘　浩：我们的一个目标是聚焦商品采购维度，提升核心竞争力，从开拓市场入手，培育定制商品和特色湘品。

今年，我们积极探索“精准扶贫”的新模式，组织开展“品湘西名优、促决胜脱贫”湘西特色商品展销会，扶贫商品销售突破1000万元；另外，我们还推进湘品出湘工作，推广玲珑王、梦洁、酒鬼酒等湖南特色商品。

➢ 油非互动

Q 记　者：湖南石油的非油品业务从零起步，这10年有了极大飞跃，您认为还有哪些需要提升的？

A 刘　浩：这些年，我们在油非互动方面取得了很大成功，但是目前油非互动活动效果有待提升。所以接下来我们会抓实精准营销，提升非油品经营规模，扩大易捷品牌影响力。

首先，深化油非融合，持续提升油非互动的营销质量和效果。我们将实现油非互动资源的精准投放，建立健全油非互动营销体系和制度流程，着力提升油非互动效率和效益。

其次，加强营销资源统筹，逐步将线下客户向线上引流。为实现差异化竞争，满足顾客多维度需求，我们会逐步将现金客户和加油卡用户转化为线上客户，引导顾客进店消费，提升顾客进店率。同时，以自有品牌商品为主打，因地制宜地做好主题营销。

再次，开展异业合作和跨界营销。一是开展多元化品牌合作，通过分公司自行组织和全省联动相结合的方式销售。二是开展汽车内购活动。三是持续开展电信、移动积分兑换活动，加强员工开口营销，将其他平台积分市场潜力转化为核心商品销售额，提升核心商品销售规模。

最后，会多措并举扩展外销渠道。一方面，持续推进“湘品出湘”工作，助力精准扶贫，打好脱贫致富攻坚战，为兄弟公司提供质优价实的特色湘品。另一方面，加大易捷进社区工作推进力度，努力在上中游企业、重点合作单位等方面实现突破。

Q 记　者：您多次提到下一步将打造综合服务体，怎样实施？

A 刘　浩：打造综合服务体是为了提升差异化竞争能力，离不开创新。

从根本上说，我们要实现汽服的高质量运营，要提升线上平台综合服务能力。一是打破信息孤岛，建立统一会员机制，搭建全省大营销平台。二是拓展与大型线上平台商合作，将有条件有实力的供应商引入网上商城平台，提升商城销量。三是完善网上商城功能。四是探索最后一公里实现通道，利用P2P送货上门服务，逐步形成加油站周边生态圈，吸引商圈顾客消费。五是打通邮政物流平台，建立网上商城店中店模式，鼓励供应商线上开店。六是充分利用第三方、合作方的资源，搭建分销体系，将内部员工和客户纳入分销体系，通过激励措施提升销售热情，扩大平台影响力。

另外，我们要大力发展店中店模式。加速网络布局，提升开设速度，培养顾客习惯，借助合作方的优质品牌和专业运营模式构建商业生态圈。学习并运用商业地产理念，通过招商模式引入优质合作伙伴及其品牌。

➢ 量效齐增

Q 记　者：能否介绍下非油品方面下一阶段发展的思路？

A 刘　浩：非油品条线将始终坚持“量效齐升、做实做优”的发展思路，以三年提升计划为目标，以打好非油品提质转型攻坚战为蓝图，重点突出“六个抓手”，确保“六个提升”，推动企业不断向综合服务商转型。

Q 记　者：目前，湖南石油提出要提升非油品发展的内生动力，具体有哪些部署？

A 刘　浩：今年，湖南石油坚持打好“六大战役”，非油品转型提质战就是其中重要战役之一。中国石化湖南石油分公司黄河总经理指出，非油品条线要不断提升门店经营新状态，做强做大做优新业态，构建互利互促的新生态。

为了实现既定目标，非油品业务处结合销售公司、省公司的工作要求，研究制定并下发了《湖南石油非油品业务发展三年提升计划》，从业务认知、人才队伍建设及激励、夯实门店、平台业务拓展四个维度确立了26个方面的三年发展目标。与此同时，非油品业务处还制定下发了《湖南石油开展“大非油”工作的意见》等，在全省充分打响了非油品“全员营销”的理念，为非油品发展凝聚了更多的力量与支持。

Q 记　者：对于线下实体店，供应链是关键的一环。湖南省内路网发展迅速，湖南石油未来将怎样优化供应链？

A 刘　浩：我们的总体思路是聚焦优化供应链维度，增强门店支撑力。

首先，我们将搭建全省主分仓网络体系：推进分仓建设，扩大仓库辐射范围，提升偏远门店配送时效；逐步优化配送频次，有效加快门店库存周转。目前，我们的“周配”门店占比达到100%，未来计划通过完善全省主分仓网络布局，力争实现全省“一周多配”。

其次，我们会借助科技，打造智慧物流，推进物流智能化与信息化，以及优化电子标签、电动传送带及电子复核台等半自动化设备功能，开发全流程可视化管理等。

我们的“门店助手”软件目前也在研发优化中，这将确保门店通过手机即可查询发货时间、数量、货物在途位置、订单满足率、司机联系方式等信息，畅通中央仓与门店沟通渠道。

最后，我们会完善供应链体系，尝试低温冷链与网上商城配送服务。一方面，计划采取冷链商品通过冷藏车与保温箱运输到门店的形式，尝试低温冷链配送，实现商品结构突破。前期初步落实长株潭地区市区门店低温冷链配送服务，待运作稳定后逐步扩展到全省。另一方面，拓展线上服务功能，开通网上商城配送业务，提供订单拣货、包装、快递、快运等相关配套服务，全面提升客户体验感。

06

扫码看现场

大数据造就“万能元华”

元华便利店所展露出的高端和智慧，是川销人在非油品发展道路上的一个创新尝试。未来，还将有更多的便利店投入到大数据的“洪流”中去，为实现千万元甚至两千万元以上而拼搏。

“精雕细琢”大元华

你想要的元华都有，你想做的元华都为你想在前面。

文／曲绍楠

西南重镇、天府之国，这些都是四川省的标签。

四川不仅拥有秀美的山水风光、众多的文人墨客、令人垂涎欲滴的美食，同样也有着出色的四川企业。

中国石油四川销售分公司正是一家在四川响当当的国有企业，在2018年成功实现了千万吨销售业绩的大跨越。其下属的加油站和便利店，在当地一直有口皆碑。

本文的主人公——中国石油四川销售成品油分公司元华便利店，就是这家优秀企业的代表作。其2018年的非油销售额实现了1400万元，被当地顾客称为高端的元华、智慧的元华、万能的元华。

➢ 客群定位　准到离谱

成都素有“南富西贵”一说。占地3200平方米的元华加油站，正好身处富裕的成都南部，被高档小区环绕，消费群体层次较高。

这一地利优势，使得该站高标号油品的销售业绩持续飘红。98号汽油更是名列分公司成品油销售前茅，日均达到6.2吨。

如果将油品和非油品业务比作两个相互咬合的齿轮的话，那么当油品齿轮高效运转时，势必会带动非油齿轮的良性运转。

元华便利店非油品销售超过千万元，除了油品业务的带动外，249平方米的经营面积内，商品种类丰富、人群定位准确也是其受欢迎的原因之一。

卖什么？这里的学问可不少。跑商圈、搞调研就是了解顾客需求的必要手段。

适销才能对路。

调研后，元华便利店将较为低端的纯净水、小吃等换成更受附近商圈欢迎的进口商品，如泰国海苔、法国红酒等。这才有了大家口中“高端的元华”一说。

时间就是金钱。为了节省周边顾客宝贵的时间，员工创新设计了一种礼包购物的方式，即针对不同身份的客户群体设计相应的“实物礼包”。

该站前庭主管胥毅向记者展示了几个礼包种类：白领人士进站，员工会推销墨镜、毛巾、护肤喷雾等实用商品礼包；见到携带小朋友的客户，员工便会推荐趣多多、喜之郎等受欢迎的食品礼包；适逢节假日时，员工便会针对中年人士走亲访友需要送上的节日礼包。

除了留住商圈内的固定客户外，如何吸引流动客户成了摆在元华加油站员工面前的一道难题。大家集思广益，抽奖的法子就在这时诞生。

顾客加完油后，加油机下方的触摸屏上会出现一个电子轮盘。通过站内的智慧平台，站经理可以清楚地看到所有活动规则、参加抽奖的油品枪号以及中奖率等信息。

“客户来加油的次数越多，抽中大奖的概率越大，抽奖活动的吸引力越大。”该站见习经理陈俊杰说。这样做的好处是，可以吸引周边三公里半径内的客户前来加油，从而带动非油品销售额的增长。

➢ 你想要的　这里都有

花王纸尿裤、名牌洗发水、进口食品……

喜欢海淘的顾客完全不必再受等待国际快递的煎熬，直接在元华便利店就能找到心仪的商品，而且价格适中。

虽然方便了，但是保真吗？这个大可以放心！

四川销售进口商品的统采统配工作由四川销售分公司的优途在线负责，且大宗进货还可以享受较为优惠的价格。

采访中，记者正好碰到了隔壁小区的陈女士。她告诉记者，自己的小宝贝一直在用花王纸尿裤，以前或从电商处购买或找代购，如今在元华便利店就能买到了。她觉得非常靠谱。

活动期间，一包纸尿裤售价仅为88元。“大家得知消息后纷纷前来，很快就一抢而空了。”陈俊杰说道。

除了海淘圈的网红商品外，主妇圈的粮油食品也能在店内找到。

“60元一包的昆仑好客长粒香米，做活动时只需40元一包。”非油主管刘雨晴站在店内的中粮专柜旁向记者介绍这款颇受欢迎的香米，“这个五常大米是公司从黑龙江直接购进的，品质有保证。如果客户家里常吃，他们就会发现，我们便利店的售价最低了。”粮油专区做活动时，员工会第一时间发送消息告知顾客。

金典牛奶只需45元一提！远低于市场价格，客户都会几十件地买。

活动多多的同时，价格稳定吗？元华加油站便利店24小时营业，顾客可以随时来购买，而且夜间售价不会受人工成本影响出现浮动。

虽然生活离不开柴米油盐，但也需要一些更高层次的消费调剂。

“喝咖啡，在举杯就口之际，喝的是一点点凝聚成一小盏的亦虚亦实的嗅觉和味觉。放下杯子以后，回味的是一点点窝心的感觉。”张晓风在《这杯咖啡的温度刚好》中如是形容咖啡的美好。

2018年圣诞节期间，元华便利店一个4平方米的空间内也飘出了咖啡的香味。

这也是四川销售分公司第一家咖啡店中店。

想象一下，早上的元华加油站，顾客来加油的同时，顺便进店买杯咖啡，买个牛角包，用纸袋直接提上车，方便又省时。

目前，这家咖啡商在元华便利店推出了“加油满200元抵8元”的活动，未来还会推出一些仅在加油站便利店才能喝到的口味，以吸引更多消费者进店。

如果说咖啡香味是对顾客的感官吸引的话，那么酒水就是元华一张响亮的品质名片了。

针对自有品牌有缘酒，店内推出了许多惠及客户的活动。

“购买价值688元/瓶的53度有缘酱香典藏或浓香典藏酒，可以获赠价值300元的有缘酒抵扣券，用于购买所有有缘酒品类。”刘雨晴介绍说，“另外，在此基础上，顾客还可再获赠价值168元/瓶的52度有缘红瓶酒3瓶。”

“这相当于花了1076元买到了8瓶总价值2384元的酒品。相当划算啊！”顾客张先生表示。

如果顾客不喜欢浓烈白酒的话，那么幽香醇厚的红酒就是其最佳选择。元华便利店在售的红酒从138元到398元、758元……品类齐全。

购买率最高的商品除了燃油添加剂之外，就属香烟占比最高，达到店销的30%以上，且购买指定香烟还能获赠一瓶价值100多元的橄榄油。

此外，由于背靠成都机场高速，游客也能在元华找到一些四川特产，比如降三高的藏茶、闻名于世的蜀绣、青川的木耳、凉山的牛肉、郫都区（原郫县）的豆瓣……

“这类商品也从本质上提升了店内的非油品品质。”陈俊杰说。除了地方土特产，元华便利店内的1400多种商品，包括一些小家电，基本可以满足进店客户的需求，同时为后续非油上量打好基础。

➢ 服务多元　向前看齐

提到便利店服务，日本可谓将其做到了极致。

水电费没缴怎么办？去便利店！突然想上卫生间怎么办？去便利店！想看电影来不及买票怎么办？去便利店！衣服脏了要洗怎么办？送到便利店！

……

为了向先进看齐，元华便利店将为顾客提供优质服务作为不懈追求的目标。

该站员工自编自创了一套服务口诀：快速引导、微笑询问、提示回零、唱收唱付，坚持开口营销、礼貌询问，坚持做好来有迎声、问有答声、走有送声的“三声服务”。

2018年，四川销售分公司进行了“厕所革命”，在全省809座加油站均配置了卫生纸、洗手液。元华加油站就在此列。

一年365天，一天24小时，元华站的员工总是以无微不至的服务带给客户贴心与温暖，实现客户进店率70%以上。

充值办卡是元华便利店的重要业务。在营业高峰期时，充值办卡的员工往往既要为老顾客办理业务，又要为新用户解答疑问，忙得不可开交。怎么办？

“我们将顾客所需的8项资料及业务流程输入到二维码中，当顾客（尤其是新顾客）办卡时，通过扫描二维码，办卡流程、资料模板便可即时获取。”陈俊杰说。有了这个方法，顾客按照流程把资料打印出来，填好信息后可以直接交至柜台办理。

这种半自助的方式大大提高了工作效率，深受80后顾客喜爱。

不过，办卡、充值业务等待的时间较长。为此，元华便利店专门开辟了一个吧台休息区。顾客可以买杯热气腾腾的咖啡，坐下来一边品尝一边等待。

元华加油站内还有一家车享家汽服企业，可以直接为客户爱车提供维修、保养、清洗和美容服务。“相当于周边小区的一个4S店。”一位正在加油的车主说，“如果在便利店购买昆仑润滑油产品，并在车享家进行更换的话，还可以免收工时费。”

车享家工作人员告诉记者，仅免收工时费一项优惠，紧凑型车型一般可以节省80元左右，B级大型机动车更可以节省150～160元。

2018年双十一期间，元华便利店内的机油全部五折。当时，紧凑车型的车主只需花费200元左右便可实现机油的免费更换服务，而同样的服务在4S店内最少要花费400元。

提到缴纳各种费用，元华便利店的ATM机和自助银行终端机可以提供相应服务。

在陈俊杰的指引下，记者在角落里见到了几台智能设备。“客户进店后，除了选购心仪的商品外，还可以在这里缴纳水电煤气费、交通罚款、社会保险，甚至进行存折补登。”

起初，便利店内的这块特别区域可愁坏了大家。在一个不大的拐角处，做什么好呢?

“银行一般会根据存取款量来决定与哪些加油站合作。我们站的客流量这么大，做个金融服务区肯定没问题。”刘雨晴说道。

于是，成品油分公司主动找到中国农业银行商量合作事宜。双方一拍即合，并协商后期维护工作仍由银行来负责。就这样，元华加油站可以提供24小时的金融服务了。

线下服务做得好，线上同样不逊色。元华加油站员工结合当今最流行的O2O商业模式，也开起了微店。

他们不仅在加油站便利店内宣传推广，而且在微信朋友圈晒图，让更多顾客关注元华加油站。微店商品不仅保质保量，三环内还送货上门。顾客纷纷赞扬:“服务既周到又方便。”

同时，为了方便顾客了解店内促销产品，元华便利店还以美篇等方式将活动信息复制到微信朋友圈，方便顾客阅读。

自2019年1月15日起，顾客还可以在美团上购买元华便利店的商品。

“这是第一次在加油站引入美团业务。”四川销售成品油分公司零售科长罗艳介绍说，“之前的加油站便利店从没引进过线上平台，后期应该会有更多店去开辟这项新业务。”

谈到多元化服务方面，四川销售分公司总经理刘建明告诉记者:“未来，公司将强化交互运营，注重新媒体应用、新语言表达，并将借助‘抖音’‘快手’‘千聊’等网络平台，借力网红效应、粉丝经济，深化社交零售、事件营销，锁定80、90后新零售主力消费群体，最大限度地增加客户触点，提升消费触达。”

优质、精准的服务换来了更多的回头客和最低的投诉率。2018年，在95504的来电投诉率中，四川销售分公司全国最低，且18家二级分公司实现了零投诉。

➢ 创新营销　有的放矢

内抓管理提服务，外促营销拓市场。元华加油站，不仅给顾客带去了便捷贴心的服务体验，还给加油站经营者带来了全新的营销方式。

事情还要从连续两年的三八妇女节说起。在2017年的妇女节期间，该站员工以问卷调查的形式进行了前期调研，最后组织商品，忙了整整一周。而到了2018年的妇女节，只用3天便轻松搞定所有事情。

我们来看看这3天都发生了什么？

第一天：运用“人脸识别”和“便利店热点分布”两项功能，几秒钟便统计出了进店女顾客数量、年龄层次、热销产品等信息，随即安排准备了相应的商品。

第二天：安排礼包包装，适时为男女客户推出三款礼包。

第三天：由于定位准确，该站推出的172个大礼包一天内被一抢而空。

3天时间，从策划到完成，这在以前是不敢想的事情。

这样，便利店主管和员工就有了更多的时间去思考创意的营销方式，比如，为公司的自主品牌设计一些创意堆头和陈列。

记者在店内看到，针对四川销售分公司的自有品牌U&U纸，店内充分利用进门的显著位置和面积，用竹子围了一个半开放式的陈列区，既与其他商品做了空间分割，也更直观地告诉消费者本品的材质为竹纤。

“主要是为了吸引客户的眼球，同时也是为了美化便利店。”便利店员工说。U&U纸非常受客户认可，比纸浆纸更畅销。目前，U&U纸巾日销售额在五六百元。

店内经营做得风生水起的同时，店外大宗客户团购业务同样出色。

谈起新营销方式，陈俊杰滔滔不绝：“如果对方采购的商品达到一定销量的话，我们会直接向公司申请优惠价格。”

2018年，元华便利店的店外销售达到700多万元。

更多的客户慕名而来。在四川华阳，有一家电器生产厂商。该公司多方考察后，决定将劳保用品的采购定在元华便利店。

接到这个大单后，陈俊杰在想，如何才能在保障客户权益的前提下，实现便利店商品的合理走量呢？之后，他想出了配比销售的方法。

“我们会把便利店内的一些销量不高但品质很好的商品，以稍低的价格打包销售给对方，同时再搭送一些对方喜欢的牙膏牙刷等商品。”陈俊杰说。

这样，客户感觉很划算。对于便利店来讲，也实现了部分商品的走量，减少了库存压力。

➢ 奖励到位　人人争先

四川省工人先锋号、四川省青年文明号、全国工人先锋号、中国石油销售榜样——十大标杆加油站……满墙的荣誉称号，是对元华人自2009年6月建站10多年来的肯定和嘉奖。

元华加油站现有员工21名，平均年龄不超过30岁，是四川销售成品油分公司众多万吨级加油站中最年轻、最具活力的团队。

如何管好这支朝气蓬勃的队伍，如何充分调动大家的非油销售积极性呢？真金白银来说话。

现在的元华加油站，根本见不到以前吃大锅饭的影子了。

以前，顾客如果进店购买100元非油商品的话，上级公司会给加油站返回6元的奖励，即俗称的“二次返点”。元华加油站便会把这些奖励全部平分给每个员工，但这对于调动大家的积极性起不到丝毫作用。

为此，陈俊杰开始执行他的二次分配权，对三个班组的销售业绩进行排名，并按照名次对相应班组给予不同的系数奖励。

其中，排名第一的班组享受1.4的系数和总返点金额12%的奖励，排名第二的班组享受1.1的系数和总金额8%的奖励，排名第三的班组只享受0.8的系数且不享受总返点。

“这样算下来，排名第一的班组跟排名第三的班组相比，员工月收入相差800元以上。”陈俊杰说，“通过这种方式，全员的店销积极性都被充分调动了起来。”

除了店内奖励的二次分配外，店外销售也同样执行相应的奖励政策。

“只要员工个人完成店外销售业绩，就可以享受个人返点。”陈俊杰举例说，“如果按照100元货品6元返点计算的话，员工将100元的货品以95元卖掉，就可以赚取1元返点，若以94元卖掉的话就不赚钱。”通过这种模式，员工的店外销售热情进一步被点燃。

“作为站经理，我都想去做销售。”陈俊杰笑言，“现在，元华加油站的每个员工都是一名非油品客户经理，他们都会背任务、跑业务。”

目前，站内的非油品月任务至少50万元。划分任务量的时候，元华加油站会根据收银员和加油员等不同岗位、节假日前的高峰期以及白班和夜班来区别分配。“在一般情况下，夜班员工的非油销售任务只占30%~45%，而白班员工则要占到60% ~70%。”陈俊杰解释道。

采访中，四川销售分公司总经理助理林辉告诉记者：“2018年，公司逐渐完善了激励机制，将板块额外量补贴、增量奖励、电子券政策放权基层，拿出2250万元对纯枪上量、店销增收、网络开发进行精准奖励，并落实一线岗位和夜班津贴。一线员工收入同比增长14.6%，员工获得感、幸福感进一步增强。”

这正是元华便利店上量的动力源泉。

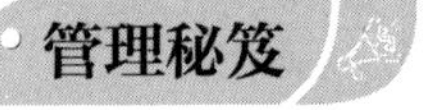

聪明时尚慧元华

智能管理在为便利店赋能的同时，给管理者的决策和客户服务工作提供了更多依据。

文／曲绍楠

“深秋嫩绿的垂柳，亲吻着我额头。和我在成都的街头走一走……直到所有的灯都熄灭了也不停留。”赵雷在《成都》一曲中描绘了一幅成都街头的秋夜情景。如果说炊烟是乡村符号的话，那么便利店或许会成为万家灯火熄灭时都市夜归人的一点烛光。

然而，如此美好的深夜便利店已经呈现出“降温”趋势。可以说，如今的便利店想续命都困难，更何况主营业务是油品生意的石油公司便利店。

那么，加油站便利店要想活下去甚至活得好，除了抓好常规业务之外，还有哪些方式可以促进非油销售呢？看看智慧的元华吧。

➢ 油站的智慧中枢

以前的便利店员工经常畅想：如果有一天，客户进站后不用开口说话，店员就可以知道他需要加什么油、抽什么烟、喜欢买什么商品的话，员工就可以一次性地给他做个团购或者礼包。

这一畅想，如今在元华加油站的便利店里就可以实现了。

王先生是元华加油站的常客。他向记者讲述了自己在元华加油站的愉快经历。该站改造后，他收到消息便第一时间到站加油。当他驾车驶进元华加油站后，加油员引导其停靠在了无须排队的智慧加油机旁，加油、闪付、二维码取发票，一气呵成，非常便捷！

“我消费完正准备离开时，车抛锚了。一会我还要参加朋友的婚礼，这可怎么办啊？正当我发愁时，加油站的车享家技师上前来帮忙查看，5分钟就解决了故障。真是太方便了！”

“加油卡和进店人数这两部分数据，最终都会在这里形成多个模块。”陈俊杰告诉记者，“这是店内一直在使用的加油站智慧平台。”

智慧平台内的经营数据可以清楚地显示加油站某个时间点卖了多少油品，完成了多少任务量。同时，智慧平台还可以实时从后台数据库调取数据，综合分析并全部形成折线图，准确看到哪辆车、哪个时间点进入加油站，再进行一个高清图像抓拍……

智慧平台显示屏上的数据和抓拍图像还在不断更新中。

四川销售分公司副总经理蒋胡民告诉记者：“未来，公司将以消费者为核心，以加油站为依托，以智能设备为基础，借助大数据、云计算、人工智能等新技术，通过内拓和外扩，打造‘客户—员工—企业’价值链、‘人•车•生活’生态圈，推进业务升级、发展转型，实现全域营销、无界服务，实现‘量的跨越’到‘质的飞跃’。”

➢ 热点商品随时查

如果说闻香可识人的话，那么抓拍就不单单是成像那么简单了，还能产生大数据。

在元华便利店，通过店内的摄像机进行数据抓取，后台随时记录进店人数。记者看到，截至2019年1月16日的某一时刻，当天的进店人数为267人。

通过人脸识别功能，智慧平台可以分析出进店顾客大概的年龄结构和男女比例，甚至可以统计出流动客户和随机客户。

除了数据监测外，更实用的功能是实现热点商品监控。智慧平台提供的热点分布图上清晰地显示，橘色部分热点最高，而蓝色部分热点最低。由此可推断出，顾客在便利店哪些区域停留最久，对应的哪些商品属于热点商品，哪些属于冷点商品。

“目前来看，小零食商品专区和冰柜区域的热点很高，说明这些商品很受欢迎。”陈俊杰告诉记者。

有了这个热点商品数据为参照，便利店就可以开展一天甚至是两个小时的促销活动。而此前，一般是一个季度或者一个月才能变更一次活动内容。

➢ 可遥控的电子价签

“以前，我们非油品主管都是手拿纸笔，逐一记录商品的种类和数量，耗时大半天也不一定能数清楚。”刘雨晴告诉记者，“以前便利店内的非油品盘点基本靠数。”

现在，每样产品都有了RFID（射频识别）标签、商品种类、数目位置等信息，打开油站智慧平台一查便知。只需配合电子价签的使用，在线调价方便快捷，再不用像过去那样逐一更换纸质标签了。

“这是一台移动终端。”刘雨晴向记者展示了一个电子设备。别小看这个设备，便利店内的商品价格都在它的掌控之中。有了它之后，便利店可以通过后台系统结合陈列布局图，为门店人员提供可视化的最优拣货路线，优化便利店的拣货流程，提升拣货效率。

同时，电子价签可以实现精准营销，完成用户多维度行为的数据收集，完善用户画像，便于后期针对消费者偏好通过多渠道精准推送相应服务信息。

刘雨晴向记者演示了整个变价过程：只需扫描价签上的条形码对价格进行解绑，然后使用移动终端设备输入新的数字后，电子价签便会自动生成新价格。

“变价权由上级分公司统一执行，我们现在只是开放了意见权。”陈俊杰解释说。因为元华加油站服务的是城区中高端客户群体，来店消费的客户一般会选择一些中高端商品，所以店里会向上级公司申请，针对这些商品开展一些促销活动。

➢ 效率诊断是必备

智慧平台除了可以为对外创效提供依据外，还能为内部管理进行效率诊断。借由屏幕上醒目的高峰和低谷曲线，加油员的提枪率、液位的高低情况等一目了然，真正在加油站形成了一个小小的物联网。

“你看这里，通过电量统计功能，可以看到室内、室外、二楼、一楼、生产、空调用电的实际情况。”陈俊杰说，“智能平台可以控制便利店和罩棚下的所有灯光，且具备自动感光调节功能。”

灯光开启关闭的时间及百分比等均可通过系统进行设定，节省了人员管理成本。目前，手动调节模式还可操控条形灯及冷柜的高低温度。

在卸油监控方面，显示屏上可以显示油罐液位的实际高度，相当于一个在线的高精度液位仪，且电动阀门还可以防止卸错油。

前庭主管胥毅告诉记者，以前安全巡检靠腿，就算走遍加油站的每个角落也无法保证加油站每一分钟都能安全运营。现在好了，有了智慧平台的实时监测，只要打开安全环保模块，如有突发情况声光报警立刻响起，便于立刻排查。

通过对线上线下、智能平台设备等的熟练运用，元华便利店已经发展成为一座被智慧点亮的驿站。站在大数据和智慧油站建设的关键点上，元华便利店还将进一步树立品牌形象，打造“智慧门店”的优质名片。

非油品是如何实现双改字头的

——专访中国石油四川销售分公司非油品业务处处长帅虹

在川销人心中，自我加压、奋勇争先一直是他们的行为准则，无论油非皆如是。

文 / 曲绍楠

元华加油站的辉煌业绩，只是中国石油四川销售分公司非油品业务的一个缩影。

2018年，四川销售分公司非油品业务实现收入20.6亿元、利润2.1亿元，实现“齐跨台阶、双改字头”。

收获如此优秀的业绩，究竟有何过人之处？到底采取了哪些上量秘笈？就此，记者专访了四川销售分公司非油品业务处处长帅虹，听听她的非油上量经。

➢ 自加压终获硕果

Q 记　者：恭喜四川销售分公司的非油品业务在2018年完成了这么好的业绩。您如何看待这一成绩的取得？都做了哪些工作？

A 帅　虹：一句话概括就是——坚定信心不变，坚持方向不改，坚持实干不停。2018年10月，公司在冲击千万吨的销售目标时遭遇了油价“五连跌”，致使公司的油品销售利润大幅下跌。为了力争完成总部年初给公司定下的销售利润目标，我们非油品部门决定，在总部非油品预算的基础上自我加压，分担公司的经营压力。2018年，我们着眼非油品业务“做大、做强、做专”的目标，在加快便利店上档升级上做出了很大努力。同时，加大了“全昆仑”系列产品的销售工作，推动了中油优途从纯电商向异业合作平台跨越，开通了话费充值服务，打造了转型升级的新引擎。最终，非油品收入、非油品利润分别突破20.6亿元、2.06亿元，双双实现“改字头”，同比分别增长43%和23.3%。非油品业务规模、效益均实现历史性跨越。要知道，在2015年时，四川销售分公司的非油品收入和利润仅为6亿元和1亿元。几年时间便发生了翻天覆地的变化。

Q 记　者：2018年，各个分公司的非油品销售业绩如何？

A 帅　虹：过去的一年里，各家分公司均加大了对非油品业务的投入力度。其中，成都、成品油、德阳、南充、绵阳、广元等6家分公司的非油品收入突破亿元大关。另外，还有10座加油站便利店迈入了千万元店矩阵，分别是成都燕塘和元华、乐山城西、岷江迎宾、泸州龙马等，形成了一个油非互促的生动局面。

Q 记　者：据悉，今年（2019年）年初的工作会议上，非油业务处受到了嘉奖？

A 帅　虹：能够见证公司实现千万吨这一历史性时刻非常荣幸。在今年1月公司召开的全体工作会上，公司对2018年冲击千万吨的先进集体和个人进行了表彰。我非常荣幸地代表非油品业务处接受了领导颁发的先进集体这一荣誉奖牌，感觉很光荣。从2008年成立非油品部门开始，到2018年整整10年时间。目前，公司一共拥有1400多家便利店，从刚起步时在便利店摆堆头销售水、烟、米起步，到现在涵盖22大品类5000多种商品，探索引入ETC、旅游、话费充值、社交零售等业态，推动优途从纯电商向异业合作平台跨越，构建了一个“人·车·生活”的生态圈。成绩的取得，确实不容易，毕竟非油业务起步不久，我们完全是在摸着石头过河。

➢ 非油品的上量秘笈

Q 记　者：能否分享一下你们在摸着石头过河这一过程中，都总结出了哪些上量秘笈呢？

A 帅　虹：谈不上秘笈，只是一点个人体会，可以分享一下。做好店销一定是第一位的，因为这是最直接的创效方式，也是最有竞争力的。要想“开好店”，先要“广开店”。以前，公司下属的1500座加油站中，开店率只有50%。近两年，随着开店数目的不断增多，便利店数量已经上升到了1400多家。同时，除了提升开店率之外，还要做好四门功课。

Q 记　者：请问是哪四门功课呢？

A 帅　虹：一是要增加适销对路的商品；二是要在物流方面实行中央仓集中配送；三是在促销方式和手段上要练好内功，实行开口营销，学习如何更好地陈列商品、摆好堆头，激励员工；四是加大以油促非，以非带油。

Q 记　者：我看到元华便利店有很多自有品牌的商品在出售？

A 帅　虹：是的。不仅在元华便利店，公司所有便利店内均实现了自有品牌的全面销售工作。我们一直致力于扶持自有品牌的发展。我认为，加油站就应该加强跟油、车关联度大的产品的业务，如润滑油、车辅产品、添加剂、玻璃水等。2017年，公司的燃油添加剂（昆仑之星）实现了全国销售总量的五分之一，这也是销售毛利最高的商品。

Q 记　者：除了与汽车相关的产品，我还在元华便利店看到了咖啡和汽服业务。请问，引进这些业务是出于什么考量呢？

A 帅　虹：我们一贯重视加强对外合作，发展新业务。目前，公司会根据地理位置和商圈特点，选择与一些适合的汽服企业进行合作，从而实现业务互促，比如你在元华看到的车享家，还有其他站内的爱义行洗车保养业务，等等。引进咖啡业务，目前实行的则是店中店的经营模式。我们的便利店仅提供4平方米的空间即可，设备投入方面均由对方负责。就像你在元华便利店看到的卡乎咖啡，销量最高时一天可以卖到80杯，平常的日销量也可以达到40~50杯。这样算下来，品牌销售方一年便可收回投资，同时这也让便利店里真正实现了咖啡飘香的良好氛围。

Q 记　者：在引进新型业务的同时，如何保证员工营销能力的跟进呢？

A 帅　虹：对于一线员工的培训工作，是我们十分看重的部分。以前，因为非油品不是我们的主营业务，因此我们在培训、关注度和队伍建设方面都较弱，专业性提升空间较大。现在，经过多年发展，公司已经拥有10家千万元便利店。在传化燕塘一座以柴油为主的加油站，仅非油品收入就达到了2700万元。前述的元华加油站，是一座定位为高端客户服务的汽油加油站，主营咖啡、红酒、白酒和海淘商品，其非油品收入也达到了1400万元。这些成绩的取得，都有赖于我们通过经理人学院等各种方式培养出来的各种精英人才。

Q 记　者：目前都在提新零售，强调线上线下融合。请问，贵公司未来将如何抓住这一契机？

A 帅　虹：我们在新零售方面早有打算。2018年4月，公司总经理刘建明就提出要给非油品业务增加新的职能，即新零售商业模式的启动者。未来，公司新零售业务的起航将以我们的中油优途App为平台。

Q 记　者：能否详细介绍一下？

A 帅　虹：中油优途App，是中国石油最早的一个纯电商App平台，目前已拥有120万注册用户。这是目前唯一的打通内外网平台、线上线下平台、油非互促平台及异业合作平台的App平台系统，可以不受时间、空间的限制，实现跨省销售，且安全可控。

➢ 2019年再发力

Q 记　者：2019年，贵公司的非油工作将如何开展？

A 帅　虹：在新形势下，非油品业务与油品业务一定是相互促进、齐头并进发展的。这将成为加油站新的效益增长点。2019年，我们的目标是实现店销收入14亿元，力争17亿元；非油毛利2.6亿元，力争3亿元。

Q 记　者：请您具体介绍一下。

A 帅　虹：2019年，我们要依托线上、线下增流量，坚持线上为线下分流、线下为线上引流，推动油非客户双向转换。对于下属分公司的非油业务工作，我们将强化保障支持力度。省公司层面，我们将成立油非一体化的新零售推进小组，开展专题研讨，制订专项方案，给予分公司政策扶持和业务指导。在平台运营方面，我们将着眼整合，以优途为核心平台和主力载体，打通线上线下，打破油非界面，构筑以主营业务、关联业务、生活服务三大区块为主的功能架构，搭建实体服务平台、线上营销平台、产业孵化平台、异业合作平台，实现商品互通、资源共享、数据归集，适应多元化消费场景。

扫码看专家点评

07

江西“明月”照未来

未来已来。

2019年春夏之交，一场内涵独特的“新零售”试验正在江西石油分公司宜春明月加油站上演……

刚刚被赋予使命的明月加油站，已经成为一个起点，它正通往一条崭新的未来之路。

营销现场

“月”出惊山鸟

2018年10月以前，“明月站”便利店只是一个普通的加油站便利店。之后，它不再普通……

文/王海坤　肖颖

赣西北、鄱阳湖西南，有城宜春，以“月亮之都”闻名。

这里，多年来被全球华人视为“望月思乡”的神往之地。

这里有一座加油站便以“明月”为名。

这是一座占地面积3462平方米的加油站，易捷便利店仅有150平方米，却是记者此行走访的目的地。

2018年10月以前，它只是一个普通的加油站便利店，和数以百计、数以千计的易捷便利店没有什么不同。

2018年10月以后，它以崭新的姿态陡然间让所有人瞠目，就像是被赋予了某种神奇的能量，变得不再普通……

“这仅仅是一个尝试！”江西石油分公司副总经理石锦献说。

就是这样一个尝试，却展现出一种难以想象的飞跃。它不仅成为一个综合服务试验体，给客户带来更丰富、更贴心的服务体验，给易捷品牌以更新的阐释，更重要的是它独特的内涵有可能重构宜春人的生活……

➢ 需要一场颠覆

2018年，国内成品油市场格局发生了复杂且深刻的变化，市场再平衡和多元竞争加剧，经营创效压力前所未有。

江西石油分公司总经理毛陆军指出，必须打破传统营销模式，闯出零售在竞争激烈的今天和未来的发展新路径。

要想将激烈的竞争远远抛在身后，踏上一条崭新的未来之路，显然江西石油需要一场颠覆！

宜春市中心城区袁州区的明月加油站积极响应号召，由此开启了一场内涵独特的“新零售”试验。

众泰旅游是宜春当地的一家上市公司。宜春石油分公司经理王欣说，明月加油站与众泰旅游双方合作，在线上做了两次去桂林的旅游活动。通常到桂林的旅游，即便是购物团也要两三百块钱的价格。但是，双方合作推出的桂林旅游只需要“9块钱+90个积分”，就可以让游客到桂林痛痛快快地玩5天，而且与传统意义上的购物团有所区别。

“刚开始很多顾客不相信，后来实践证明，只要成为宜春中国石化积分商城的会员，有了积分，就可以参与这个线上极其优惠的旅游活动。”王欣说。眼下，双方合作在线上推出了多种国内外旅游项目，都以超低价格面市，颠覆了人们对旅游的认知。

“在我们积分商城中，作为夜宵套餐的波士顿龙虾套餐目前卖得非常火爆。”王欣说，“我们看到这种势头，立刻将美食跨界融合，推出数量更多、跨界更广、价格更为优惠的活动。”

时下，宜春中国石化积分商城中各种多领域跨界融合的美食活动不断上演……

买1499元的一箱杜康老酒，就送1000元的加油卡，外加1000元的餐饮卡——可以在宜春当地与宜春中国石化积分商城合作的6家知名餐厅消费，同时餐饮费打六折；这还不算，还送一瓶燃油宝、12瓶卓玛泉水、一提鸥露纸、一袋大米！整个金额合计3999元。

目前，该活动已经在当地引来了大量的客流。他们积极加入宜春中国石化的积分商城成为会员，继而享受该活动的优惠服务。

类似改变百姓生活、颠覆百姓认知的活动在明月加油站的“新零售”实践中层出不穷，令外界瞠目结舌。正是基于这样的冲击，不少第三方服务商眼下一改过去惯有的姿态。

“刚开始，江西石油想找江西省移动通信公司合作，对方并不积极。但是，最近一段时间，江西移动的态度已经有了180度的大转弯，非常积极地想与我们江西石油合作。”石锦献说，“因为在此之前，通过江西石油加油站便利店举行的活动，短短一周时间，江西移动就绑定了800多个会员。”

这样的市场冲击力，如何不让江西移动热血沸腾，如何不让其对未来双方的合作更充满憧憬？

➢“新零售”试验田

2018年10月以前，宜春明月加油站易捷便利店日营业额仅为1000元；2018年10月以后，日营业额陡然增长了9倍——10000元。这还只是店销业务的增长。如果加上“店中店”、异业合作业务，日营业额增长甚至在30倍以上。

“在一些大型活动期间，每天的营业额则高达4万~5万元。”王欣说。也就是说，日营业额增长最好的时候能达到以往的50倍！

与此同时，非油品销售的增长带动油品销售迅猛增长。数据显示，2018年10月以后，明月加油站油品日均销量由过去的20吨上升为35.3吨，增长了41.2%。

而这些成绩仅仅是因为2018年10月10日明月加油站开启了“新零售”试验。

“宜春中国石化明月站，是江西石油‘新零售’的一块试验田。”王欣说。他对明月加油站的改造情况了如指掌。

与不少省份现阶段在积极推出的“新零售”内涵有所不同，江西石油“新零售”试验因地制宜，蹚出来的路子极具特色。

据江西石油非油品中心原经理聂志群介绍，明月加油站是江西石油首个融合了12种业态的“新零售”，而且业态种类还在与日俱增……

在异业合作领域，明月加油站这块“试验田”自我创新，更注重整体布局和重构效应，一改其他“新零售”线上销售走社交零售、借力网红效应的思路，也没有聚焦在开微店、大打“团购牌”上，而是做了一张“网”，将与百姓生活密切关联的各种板块、各种业态纳入“网”中，“一体化”考虑，在全面提升客户服务和体验的同时，再造了一个崭新的服务板块，重构了原有市场对客户提供的分门别类的各种零散服务。

明月加油站“新零售”开启后，短短50天，非油业务实现销售额341万元。截至目前，线上绑卡会员已近13万人，而宜春中心城区总人口才有49.7万人。到2019年一季度，在没有任何差异化优惠政策的基础上，明月加油站所在的宜春市袁州区汽油销售同比增长8.2%，比宜春全市平均水平高5.6个百分点。可以说，明月加油站已经初步形成了竞争对手无法复制的差异化竞争优势了。

“这与中国石化系统内那些负增长的地区形成了鲜明的落差。”石锦献说，“而这一现象正缘于江西石油异业合作的独特思路和发展格局。”

➢ 一个“超级”平台

实际上，明月加油站“新零售”试验有一个依托点——“积分商城”。

它有别于一些“线上+线下”异业合作的纯电商App平台，它是一个被着意打造的“超级”平台！

“我们在积分商城中开发了很多小程序，针对不同的异业合作板块，进行业态融合，共同推出线上活动。这些小程序开发成本很低，与会员互动却很火爆。”宜春石油袁州分公司副经理、副书记袁建新说。

明月加油站的“新零售”本身就是一个涉及新零售的场景、业态、分销体系和商业模式的全体系试验，涵盖了“S2B”的商业模式、“1+N”的共享生态圈、O2O服务场景和全员分销等2C形态。而其中的S就是以微信为载体的宜春中国石化“积分商城”这个线上平台，B则是被引入的第三方，C是客户。

目前，宜春中国石化明月加油站的“新零售”试验，完美诠释了“S2B”的商业模式和“1+N”的共享生态圈。

这就是“异业合作”。

记者在明月加油站便利店内看到一片空出来的区域，有四五十平方米。“这片区域目前正在和移动谈‘店中店’的业态合作模式。移动要将一个标准的旗舰店入驻我们加油站便利店。”王欣说，“因为，目前双方的合作为移动带来的业务量已经达到了移动五星级旗舰店的业务量了。”

“我们特别为移动在线上推出了预存话费送加油卡的活动。目前，顾客在移动预存1388块钱的话费，我们就送给顾客300块钱加油卡；如果预存1999块钱的话费，我们就送800块钱的加油卡。”王欣表示，这叫“双向引流”！

通过这个活动，移动可以将预存话费的顾客锁定一年。顾客在打电话的同时，获得了300元到800元不等的加油卡，用这个加油卡到加油站来加油也为加油站引来了客流。

“我们预测，这样一个旗舰店的年销售额能在3000万元左右。如果旗舰店入驻，其业务量将纳入我们明月加油站的非油业务流水。我们也会每年计提一定比例的服务费。”王欣说。

这只是“1+N”的一个实例。宜春中国石化与恒邦保险的合作则是另一个实例。

记者在明月加油站易捷便利店里看到了一个挂有“恒邦保险”牌子的区域。“通过宜春中国石化积分商城这个平台卖给顾客‘恒邦保险’的保险，基本上买100块钱保险，要返给顾客46块钱的加油卡。眼下，这种业务线上合作的势头非常好。”王欣说，“双方的合作促销力度很大。”而宜春中国石化积分商城的会员，必须得先有积分，才能在线上享受这种保险服务以及返加油卡的优惠。从这一层面来讲，合作反过来增强了积分商城会员的黏性。

宜春石油分公司非油部副部长胡小涛说，明月加油站目前与影院有合作，积分商城的会员只需要“10积分+20元”就可以享受一场在当地价格为30～40块钱的巨幕电影！

明月加油站与雨果蛋糕店合作在店内设的“店中店”现场，顾客用积分可以免费兑换蛋挞。如果顾客在雨果“店中店”充200元的话还可以享受送200元优惠，送的200元可以当现金使用，继续在店里消费。

明月加油站与中科体检合作，推出积分免费兑换体检项目的活动。积分商城中的会员只需要花74个积分就可以兑换一张体检卡，持卡即可到中科体检做免费体检。目前，双方合作态势极好。中科体检每年给宜春中国石化积分商城的会员提供50万元的免费体检套餐，即便这50万元套餐用完了，中科体检还会继续追加。

明月加油站还与赛维干洗合作。只需“10块钱+10个积分”，顾客就可以干洗一件短款的羽绒服。而干洗这样的一件衣服，在当地的市场价格是35块钱。

记者在店里看到，收干洗衣服的区域几乎被堆满了。店里员工说，每天都会有顾客送来大量的衣服干洗，赛维干洗的人员则会在每天下午将这些衣服收走。

此外，宜春中国石化明月站“1+N”的第三方合作商包括建设银行、工商银行、交通银行、邮储银行等等，各种优惠活动奇多。

“所有的‘1+N’异业合作，在我们的积分商城里都有相应的小程序。会员们可以很便捷地下单，动动手指就可以享受这些优质、快捷以及超实惠的服务。”王欣说。

无疑，这是一种跨界混业经营！

“不同业态之间相互融合，区域共享、双向引入、优势互补……通过交叉营销、组合营销、交互运营多层次开发客户消费需求，为加油卡赋能，增强客户黏性，从而全面提升油品、非油品和第三方商品销量，最终达到客户、中国石化、合作方等多方共赢。”石锦献说。

而这一切的载体，就是被着意打造的“超级”平台——宜春中国石化“积分商城”。

➢ 创造新生活

虽然，明月加油站的“新零售”试验开启还不满一年，但王欣给记者算了一笔账，2019年明月加油站的非油业务销售额将轻松超过千万元。

目前，油站便利店的日营业额在10000元左右；油站异业合作之一的“汽车销售”，年销售额在4000万元左右，进入加油站方非油品业务的流水；加油站与移动的合作，年销售额也在3000万元左右，也进入加油站非油品业务的流水；再加上雨果“店中店”的销售额——“一天的销售额大约1000多块钱，还不包括线上销售和外卖。”当值的员工谭玉婷对记者说。

……

这些只是一个基点，更广阔、更神奇的前景已经拉开帷幕，即将在未来的时间段迅速上演！

“线上的市场发展空间是无限的。”王欣说。

“目前我们正在线上依托积分商城做一个美食活动，吸引了大量的客群。这个美食活动中，原价588元的波士顿龙虾套餐，在我们积分商城中作为夜宵套餐，线上仅卖199元，顾客可以在20:30～23:00的夜宵时间下单进餐。这个龙虾套餐包含一只1.2～1.6斤的波士顿大龙虾、一份88元的北美虾和一份辣田螺。这将是两人份的一顿美味夜宵。”王欣说。

“未来，进入大众点评、美团的宜春当地餐饮企业，都是我们整合的内容。目前，大众通过这些网站进行订餐都要给这些平台一定的服务费，而我们所做的事情就是依托我们的平台取消这种服务费，让大众能够真正享受到优质又优惠的美食服务。”王欣说，“不只是美食，我们就像是在做一张网，然后把各种板块、各种业态挂上去。”这张网做得越大，流量就会越大……最后就可以彻底颠覆现有格局，为宜春百姓重构一种新生活方式，覆盖百姓生活的各个领域。

“做这张网，如果能有大规模资金投入作为动力，就会做得更快、更好，更早成形。”王欣感慨道。其实，包括美团、滴滴等巨头在重构市场的时候，也都有大资金加持。宜春中国石化这张前所未有的“蓝图”，如果能有大资金加持，也一样能够达到超乎想象的颠覆和重构效果。

虽然现在还没有资本加入，但明月站有客户加持。

这个炎热的午后，记者在明月站便利店看到一些前来充卡的顾客——

一个年轻的女性顾客在临近下午上班时间匆匆忙忙在便利店充了卡，然后就赶着去上班了；一位附近住的男士也驱车前来充了卡，买了几样零食就迅速离开了。住在附近的一位姓易的女士，目前已经是加油站和便利店的常客了。“我汽车的油基本上是在这个站加的！”她对记者说，“明月加油站又近又方便，还能顺便买东西。”显然，到加油站来加油、购物、消费已经成了她生活的一部分。

“明月”出江西

除已有的流量优势、强力的“吸粉”措施外，江西石油前沿的中央仓储系统也是缔造“明月现象”的秘密武器……

文/王海坤

如今，在江西石油分公司全系统，“试验田”宜春明月站“新零售”模式已经成为一种“明月现象”，业内外企业纷纷前来取经。在“明月现象”的带动下，2018年，江西石油分公司非油品业务数据惊人——全年实现非油品全口径交易额22亿元，同比增长23%。

其中，基础品类营业额15.8亿元，同比增长26%，在中国石化销售系统排名第四；毛利率16%，毛利额2.17亿元，同比增长43%，在中国石化销售系统排名第三；实现利润7544万元，同比增长135%；新业务实现基础品类销售额2.96亿元，毛利3200万元，实现平台交易额3.5亿元，新业务销售额约占便利店全口径销售额的30%，获得中国石化销售公司新业务进步红旗。

那么，究竟是什么因素和做法缔造了“明月现象”？

➢ 吸粉“重磅炸弹”

当记者走进明月加油站的易捷便利店时，正赶上是一个星期三，收银柜台前挤满了顾客，店里的员工忙碌异常。同行的宜春石油分公司非油部副部长胡小涛告诉记者，店里正在搞“移动双V活动”。

据他介绍，拥有双会员身份的顾客——既是移动的会员又是宜春中国石化加油站的会员，于每个周三在宜春明月加油站加油，积分翻三倍，同时加油送洗车券。如果加油满20元以上，还送14元移动话费。

“这些顾客是来充加油卡加油的，他们办完手续就可以到旁边免费洗车。”胡小涛说。

“现在我们的活动非常多，我们主要依托宜春中国石化积分商城为平台。这个平台是我们2018年10月10日于明月加油站便利店重启时同步推出的。”宜春石油袁州分公司副经理、副书记袁建新说，“这个平台的主要作用就是吸粉。因为只有有了粉丝、有了顾客以后，平台才真正地有它独特的价值。”

“到目前为止，我们的粉丝量已经达到了13万人，而且每天都在持续增长。我们吸粉的途径主要有几种：原来持加油卡的客户，到店里来只要关注积分商城，并把他的加油卡与积分商城绑定，他就成了我们线上的粉丝。这样，他加200块钱的油就可以享受200个积分。”

“这个积分可以换货架上的一些特定的商品，包括水、粮油等等，100个积分就可以换一瓶矿泉水。”明月加油站的女站长对记者说。

“积分也可以在购买店里商品的时候享受别的优惠。”袁建新指着店内堆头上的一桶金龙鱼牌食用油说，“这桶油直接购买的价格是59.5元，如果顾客通过积分商城购买的话，虽然它的价格不变，但店里会送他5块钱的加油卡。”

“实际上，这5块钱并不是加油站或者便利店来出，只是这个商品的毛利被降下来了，我们把这一块毛利让渡给顾客。”袁建新表示，“这个举措并非只有一个优惠的好处，最主要的是能达到以非油品业务促油品业务的效果。也就是说，购买便利店里的商品，能够让顾客更多地到加油站来加油，办理加油卡。”

在堆头不远的货架上，货品的价签引起了记者的注意。这里的每一个价签上都有一个二维码，并且标明线上、线下买的两种价格。

袁建新说，这也是店里吸粉的一个措施。通常，顾客扫二维码就可以享受线上的优惠价格。这样，顾客很容易就会被引流扫码进入积分商城并成为积分商城的会员。

“真正对顾客吸引力最大的还不是这些。”袁建新指着柜台前挤满的人群说，“宜春中国石化和移动共同开展的‘双V活动’，才是吸粉的‘重磅炸弹’！”

袁建新给记者算了一笔账，目前在站里加油，通常的日子只送一倍积分，即加200块钱的油就被送200个积分。每周周三这一天到站里加油，加200块钱的油就被送600个积分。这些积分不仅能够换购商品，而且在享受店里各项服务时，都大有用处。最关键的是，周三这一天加油满20元以上的顾客都能获得14元移动话费。

“这14元话费就是实实在在的钱，手续办完马上到账，能够直接充抵话费。”袁建新说，“实际上，只要顾客每个星期三来店里充一次加油卡，一个月四次，他就会轻松获得移动给的56块钱话费。目前这个活动持续一年。这样算起来，所有的双会员顾客只要全程参与这个活动，一年能获得移动送给他们的600多块钱话费。换个角度来说，如果顾客一年内都选择在我们这里加油的话，他打电话就不用花钱了。”

➢“1+N”的底气：流量为王

“我们在挑选异业合作的第三方服务商时，通常要对方有实力、讲诚信、能让利，通过第三方的综合服务、多样服务、多元服务来提升我们的客流。”袁建新说，“我们最终的目标是让所有的会员——加油不要钱！”

那么，为什么第三方服务商会主动选择与宜春中国石化明月加油站合作呢？

因为这是个“流量为王”的时代。

袁建新举了个与移动合作的例子。目前，宜春当地有一个趋势——到移动的旗舰店去办业务的顾客越来越少，但到加油站加油的顾客却并没有少。这个流量是非常难得也非常珍贵的线下流量。“移动要寻求进一步增长，很需要搭我们的‘车’。通常到加油站来加油的车主都是一些中高端客户，这对移动有着极强的吸引力。”

保险服务商的情况也有类似性。近几年来，线上的保险虽然已成势头，但是卖得并不是非常好。实践证明，明月加油站与恒邦保险的合作为该保险公司带来了大量的客户流。

体检机构亦然。明月加油站与中科体检合作，就为体检机构成功引来了客户流。因为，这些到体检机构去做检查的会员通常在有更多更复杂的体检需求时，会优先选择中科体检这家熟悉的、已经对其有了一定认知的体检机构。

➢ 前沿仓储系统赋能

明月之所以能成为“明月”，江西石油领先的物流配送能力给了它极大的助力。

“在物流业务领域，我们是中国石化系统内走在前列之一的单位，总部非常提倡江西石油的特色管理和物流配送。”江西石油非油品中心原经理聂志群说，“江西石油前沿的中央仓储系统为宜春明月站‘新零售’试验赋能。”

“目前，我们的物流配送已经达到了针对市区加油站便利店的一周三次配送，一周两次配送的加油站便利店已经覆盖了90%。这在系统内的销售企业里是最高的。”聂志群说。而江西石油的物流配送成本，却位列系统内各销售企业物流配送最低成本的前五位。2018年，这个排名是第四位。这还是在没排除“体量”这个因素影响的前提下。由于江西石油的“体量”比一些大省的销售“体量”要小一些，均摊下来，物流配送的成本就会高一些。如果与相同“体量”的省份相比，江西石油的物流配送成本将排在系统内物流配送低成本第一位！也因此，2018年，江西石油的物流配送中央仓储系统接待了22批来自全国各省系统内的考察学习。

“目前，江西石油物流配送的中央仓储系统已经实现了自动化管理、自动分拣、自动化流水线以及通过创新的‘笼车’——每一个加油站便利店的货品都是用一个‘笼车’分装好，配送的时候直接将这个‘笼车’推送到便利店里即可，既简洁方便又高效精准。”聂志群说。

不仅如此，江西石油的中央仓储系统已经形成了一个新的平台效应，并创新出一个“1+N”模式。

2018年，江西石油的信息化改造项目获得了中国石化集团公司科技进步三等奖。“眼下，加油站的员工通过手机就可以准确知道便利店的货物什么时候能到店，可以提前准备人手接货。同时，针对货物的价格，我们实现了自动计价，减少了人工成本。今年，集团公司总部希望将这一创新在全系统内进行复制。”聂志群对记者说。

➢ 先行优势，难以复制

“目前，我们宜春中国石化积分商城的会员已经有13万人，与美团在宜春的服务人次几乎相当。我们已经具备了分食市场的实力。”袁建新说，“如果照目前的势头继续下去，我们的会员就会持续快速增长，颠覆原有格局指日可待！”

先机很重要。

可以预测，一旦占尽先机的一方形成先发优势，圈粉完成，会员黏度足够，后来者很难再复制。这就好比一场赛跑，先行者与后继者已拉开了足够的距离，在这一轮比赛中，后继者取胜的可能性很小。

2019年，江西石油分公司副总经理石锦献特别强调，要推动江西省内的加油站向以“人·车·生活”为内涵的综合型服务驿站转型，打造特色、具有持续生命力的生态综合服务圈。

虽然，构建以“人·车·生活”为内涵的综合型服务驿站是所有中国石化系统内油站的共同目标，但与大多数“新零售”逐渐“蚕食”其他服务板块的路子不同，江西明月加油站“新零售”走的是一条“鲸吞”其他服务板块之路，其力度之大，并不多见。

虽然“新零售”探索中的加油站都贴着“综合型服务驿站”的标签，但标签下的内涵层次已有不同。江西石油形成了竞争对手不可复制的竞争优势，其先行优势让对手难以复制。

江西石油主管非油品业务板块的副总经理石锦献表示：“到2023年，江西石油的非油品业务营业额将达到30亿元，毛利额将达到3.6亿元。”显然，在江西石油“新零售”如此独特的思路指引下，实现这一目标不是梦。

目前，只有18名员工的江西石油非油品中心负责这一目标细化、落地工作。荣获了“2018总经理贡献奖”的聂志群表示，非油品中心就像一个精干的“大脑”，江西全省非油业务的新构架、新思路、新方案都在这个“大脑”指挥下紧锣密鼓地制定着。

“月”涌大江流

——专访江西石油非油品中心原经理聂志群

开启“逆向思维”，江西石油正尝试将外部平台线上流量引入线下加油站，以便在系统内快速复制“明月现象”……

文 / 王海坤

2015年以后，江西石油的便利店发展进入快车道，年销售额在千万元以上的便利店越来越多。

截至目前，江西全省已经有了15家年销售额在千万元以上的易捷便利店。这还不包括目前正在做“试验田”的明月加油站便利店。而江西石油非油品的全口径交易额也从2015年的5亿元一跃为2018年的22亿元。

短短3年时间，江西石油非油品业务就完成了4倍的增长。如果“明月现象”能够在江西石油分公司系统内复制，那么2019年江西石油非油品业务又将是一番怎样的光景？江西石油非油品业务目前有没有更长远的发展规划？带着这些问题，记者专访了江西石油非油品中心原经理聂志群。

➤ 系统内复制正在推开

Q 记　者：“明月现象”让我十分震撼。作为江西石油非油品业务的试点，在这么短的时间内取得这么大的成绩，这种模式能不能在江西石油分公司系统内复制？兄弟单位是只能学习一些，还是能完整复制以达到“明月站”的那种效果？

A 聂志群：系统内有不少油站的便利店都是可以复制的，我们现在已经试着将“明月站”的一些活动以及与第三方服务商的合作向更多的系统内单位复制。

目前，江西移动希望与我们的合作面继续扩大，且在江西各地级市快速复制。江西移动有23000家左右的门店，都希望与江西石油的加油站便利店强强联合，进入江西石油的加油站便利店平台，借此达到相互引流、共同拓展客户市场的目的。

明月加油站“新零售”试验中推出的美食活动，也在宜春袁州区的28个中国石化加油站推开了。我们目前的想法是，袁州区做成熟以后，可以将这一模式在其他区域复制。

当然啦，如果宜春明月站的这些经验在江西全省中国石化加油站系统内复制，那么在不久的将来，它将重构江西老百姓的生活！而这一点并非没有可能。

如果继续推理下去，江西石油的“新零售”创新很可能有不可想象的空间，倘若在中国石化全系统内复制，那么各省百姓生活也将因此被重构。

目前，我们正在向着这个方向努力。我们希望以汽车为核心要素，重构老百姓的生活方式，开启大众的新生活。

Q 记　者：江西石油非油品业务试点的“异业合作”给大家的冲击力很大，眼下和今后一段时间，江西石油在这一领域将有哪些动作?

A 聂志群：我们的“异业合作”是一种“跨领域融合”。2018年以来，我们通过试点逐渐地探索出了一条崭新的路子。例如，一段时间以前，我们在和旅游领域的异业合作中，在加油站便利店搞了一次活动，结果合作方的旅游企业电话被参与活动的会员打爆了。合作方震惊不已！双方都没有想到，这样的业态融合能够产生和激发出如此巨大的市场能量，而合作方更惊讶的是我们江西石油的流量优势。

目前，我们在“跨领域融合”方面仍在不停地摸索和尝试。眼下，江西石油和建行正在探索全方位的“跨领域融合”。建行系统为此在江西全省出了6000万元的营销费，来推进客户用建行的信用卡消费江西石油加油站和便利店的油品和非油品；江西石油的自动售货机也将进入建行的所有网点。这个自动售货机中涵盖160个品类的商品，采用人脸识别系统，可以让客人自助购物。

江西石油还在试着与阿里的“1919”这样的酒类超市进行业态合作，双方正在摸索一种新的融合模式——顾客可以在线上下单订购商品，然后直接到线下的加油站便利店来取货。

➢ 将线上流量引入线下

Q 记　者： 在“流量为王”的当下，江西石油有没有更新的开拓流量的举措？

A 聂志群： 由于现阶段靠自己的力量建起的流量还是受限的，我们目前正在尝试一些新的思路开拓流量。与大多数油站便利店由线下向线上引流不同，我们采取“逆向思维”，反向操作，借外部更大平台将其线上流量引入线下加油站便利店。

最近，江西石油和阿里创新出来的“天猫下凡”就是这一思维的体现，即将阿里淘宝网的天猫店排名前几百位的商品，集中到线下——江西石油加油站便利店来销售。这也是因为天猫排名的商品能够体现更广大的消费者最新最前沿的消费倾向。这些都有利于江西石油加油站便利店自身商品品类的最佳定位。

江西石油加油站便利店虽然已有一些商品的品类淘汰制度，如销售排名后50位的商品要被淘汰，以及季度商品、月度商品淘汰制度等，但仍然不能满足不断发展变化的市场需求。

最为关键的是，“天猫下凡”能直接将阿里线上已有的销售流量引入我们的便利店业务当中。这个流量是相当大的，可以说是巨量的，会加持我们快速复制“明月现象”。

最近，江西石油加油站便利店在寻求和良品铺子的业态合作，希望和良品铺子合作探索有利于双方融合的新业态。和曾品堂一起合作做老酒专柜的业态融合也在探索中。因为目前我们加油站便利店的商品基本上都是一两千种，加油站内部还有很大的用于更多业态融合的空间。加入更多的业态和商品之后，我们就可以为顾客和会员提供更全面的服务体验。

➢ 再造30座“明月站”

Q 记　者： 江西石油非油品业务未来三年有怎样的发展规划？

A 聂志群： 我们要按照总部的整体思路，来发展“汽车驿站”。

我们现在第一个要做的，是着力发展我们有着独特内涵的“综合服务样板”。这个样板集合了各种业态，有着长远的布局。宜春“明月站”就是这一典型的综合服务样板站。2019年年初，我们江西石油主管非油品业务板块的副总经理石锦献要求我们，2019年要确保在全省打造30座这样的综合服务样板站。

我们第二个要做的是，将江西石油所有加油站的汽服业务形成网络，要做成除便利店外更有冲击力的一个业态。汽服对加油站引流十分明显。目前江西石油和阿里巴巴的“驿公里”无人洗车业务正在推进合作，能够让那些到加油站便利店来购物的顾客或者来加油站加油的车主通过赠送码进行扫码自助洗车，以增加顾客的服务体验，同时能够省点人工成本，又能为加油站主营业务加分。

我们第三个要做的是，开拓一些社会网点的门店，将便利店做强。今年以来，江西石油已经在做一些便利店的收购工作，目前在谈的有江西省投资集团的一些加油站便利店。我们希望将这些高速路边的加油站便利店收购过来，另外在谈的有写字楼的网点，这些都可以扩大江西石油便利店的网络和布局。

当然如果整个系统能够在体制、机制上进一步改革，在激励机制方面进一步放活，能够吸引来更为专业的人才，那么这将有助于我们的非油品业务长足发展。

扫码看专家点评

08

扫码看现场

建新——商品见新，服务见心

甘肃一个省的GDP赶不上某些城市的GDP，中国石油甘肃销售分公司一步一个脚印，非油品业务逐年增长。在黄河水的滋养下，身处省会城市兰州的建新加油站便利店通过自己的产品和服务迈入了千万元便利店的行列。

建新，啥啥都畅销

在全体员工的努力下，无论什么产品在建新站都卖得出去，卖得好。

文／齐铁健　石杏茹

这里是兰州，一个被大山夹击的狭长城市，很多时候，黄沙漫天，人好像困在风里。很多人对这个偏僻的西部城市“唯三”的印象是，一条河（黄河）、一碗面（牛肉面）、一本书（《读者》）。

虽然兰州自古以来就是承东启西、连接亚欧的重要战略通道，但“大漠孤烟、驼铃回荡”已成历史回响。今天，兰州所在的甘肃省是全国经济最落后的省份，人均GDP连续5年全国最低。2017年，甘肃省GDP为8246.1亿元，全国有20座城市的GDP超过它。

在这样的西部地区，不管是卖油品还是非油品，都太难了。

难是难，但是有些鸟儿是关不住的，因为它们的希望坚定。

中国石油甘肃销售分公司在行动，兰州建新加油站在行动，一座千万元便利店诞生在黄河岸边。2018年便利店完成销售额1076万元，其中店内销售额443万元，店外销售额633万元，终于突破了千万元大关。

➢“您要什么，我们就有什么”

“洮云陇草都行尽，路到兰州是极边。

谁信西行从此始，一重天外一重天。”

在古人的眼中，“夏无酷暑，冬无严寒”的兰州就像是一个世界的尽头，又是另一个世界的开始。作为古丝绸之路上的重镇，黄河横穿兰州城区。黄河不仅哺育了这座城，也哺育了依偎在自己身旁的建新加油站。

中国石油甘肃销售建新加油站位于兰州市城关区盐场路33号，地处兰州市雁滩黄河大桥，毗邻黄河风情线，是来兰州旅游的游客的必经之路。

身处这样得天独厚的地理位置，建新加油站不仅有着做大做强的先天条件，而且有着吸引客人进店的妙招。

首先是商品品类丰富。建新加油站便利店经营17大类1000余种商品，最多时期达到1200多种，这也是很多顾客愿意来建新加油站便利店购物的根本原因。从米、面、油到进口零食，随着便利店商品品类越来越丰富，更能迎合顾客的消费品位，便利店的固定客户越来越多。

“加油站咋还卖米、面、油呢？”

开门七件事，柴米油盐酱醋茶。米、面、油是老百姓过日子的每日必需。建新便利店刚刚扩展这类商品品类的时候，曾一度受到顾客的质疑。

“我们新进了一种有机米，口感特别好。您顺便带一袋回去？”加油员最初的殷切推销经常遭到拒绝。

许多顾客说：“不要劝我啦，我加完油就走，没时间买。”

朴实的西北人一开始还很难接受在加油站买米面油等，他们宁愿自己大包、小包地从超市扛回家。

建新加油站为了让顾客接受这些“新品”，推出了99元米油套餐。物美价廉的米油套餐，改变了消费者对便利店的认知。米油套餐不仅物美价廉，而且加油员会帮顾客把商品直接搬到车的后备厢。这些贴心的服务让顾客觉得非常方便，顾客慢慢开始接受这些新品，便利店的米、面、油的品类也从两三种增加到30种。

因为毗邻兰州市的高档社区，所以建新加油站的98号汽油销量非常好。建新加油站站经理霍红梅就琢磨着，既然98号汽油都卖这么好，那么这些购买98号汽油的顾客到便利店想买点什么呢?

那段时间，霍红梅就在便利店询问每位顾客的购物需求。有时候，顾客会向霍红梅说，自己家孩子喜欢吃某种进口食品，自己爱人喜欢某种护理用品……让霍红梅着急的是，她压根不知道对方说的是什么商品。

不能让贫穷限制了自己的想象力，更不能限制了客户的购买力。霍红梅就让顾客给她看对方说的商品照片，并向顾客保证下次来加油站便利店一定能买到：“您要什么我们就有什么……”

随着不断和顾客沟通，建新便利店内的进口食品从最初的三五个品类增加到现在的10个品类，而且个个都是畅销商品。

“树舍弃灿烂夏花，得华实秋果；溪流舍弃自我，得以汇入江海；凤凰舍弃生命，得以涅槃重生。”舍得，不舍不得，小舍小得，大舍大得。

在不断丰富商品品类的同时，建新便利店更是深知舍得的道理。加油卡的充值点搬进便利店就是一个鲜明的例子。

为了给充值顾客创造良好的消费体验，建新加油站撤掉了便利店内一个很醒目的堆头和收银台处的一组热销货架。在原来的堆头处，加油站摆上了桌椅，建成一个舒适的休息区。休息区的背景墙特产就由此而来，给加油站带来了意外的收获。

➢“要想东西卖得好，得摆出来”

“这个堆头挺有创意，我拍张照片啊！”适逢三八妇女节，来黄河边儿旅游的一位女游客忍不住在名为“女王盛宴”的堆头前“打卡”。鲜花、巧克力、护肤用品、瓶装水等产品巧妙组合成一个立体的心形，着实让人流连忘返。

不仅仅是这个堆头，旁边的瓶装水、鲜花、保温杯等主题的堆头，都让人眼前一亮。各种新鲜的造型，各种“创意风”，只有想不到，没有建新员工做不到。

这些新颖独特的造型让消费者能感受到便利店为客户服务的别出心裁，为顾客营造了良好的购物体验，引发了消费者的购买欲望。“创意堆头不仅是员工的奇思妙想、灵感的迸发，而且是非油品销售的一种营销手段和营销方式。顾客一进便利店便被一个个堆头吸引，购买商品的概率大大增加。”霍红梅说。

堆头也不能一直不变，要不停地变换和调整。

建新加油站便利店结合客户群消费层次、季节变换等多种因素，不断优化便利店商品品类，在醒目处陈列造型美观的当季商品堆头，烘托便利店营销氛围，吸引顾客注意力，努力提升非油品营销质量。

“非油品店面你们这样摆，真是越来越有味道了！”无怪乎老顾客每次进建新站便利店都有耳目一新的感觉。“场景式”堆头不仅能够丰富展示商品种类，而且在造型佳、有创意的同时，更加深了客户的记忆与了解程度，最终让客户做出购买决定。

“设计商品堆头不仅能给消费者带来不一样的视觉感受，而且能增强站内员工的团队合作精神。”甘肃销售副总经理王骏表示，“每个堆头创意，都是店长与非油品管理员、加油员根据加油站客户需求的特点，一起分析，集思广益的结晶。”通过此项举措，便利店收入增加了62万元。另外，便利店在黄金位置增设了进口食品专柜、放心厨吧、高端红酒专架等高效益、高毛利商品，高价值商品专柜占销售额的24.27%，提升了店销水平。

现在，便利店里的热销商品有很多，其中香烟占比20%、包装饮料占比11%、个人护理用品占比8.1%、润滑油占比35%、家庭食品占比8.3%。

因为便利店的地理位置比较好，所以便利店所有商品的定位都比较高。“我们便利店只销售10元以上的高档烟，高档香烟单价高、卖得好，利润相对较高。”霍红梅胸有成竹地说。

➢“到这里就是到甘肃”

“我忆兰州好，真称物产奇。”

兰州物产丰饶，美食风味独具，牛肉面声名远播，鲜百合畅销各地，食如甘饴白兰瓜，甜如蜜饯安宁桃，皆飨人之佳品。

身处黄河风情大道，建新店为游人准备好了西北饮食文化大餐。

“兰州百合自古以来就是‘贡品’，是全国唯一食用甜百合。”

“苦水玫瑰是世界上稀有的高原天然玫瑰品种，历经200多年的栽培。”

“来西北一趟，不带点三炮台不是白来了嘛！这款三炮台是用上等的菊花、福建桂圆、新疆葡萄干、甘肃临泽小枣、荔枝干、优质冰糖为作料配制而成的，又鲜又爽又活，正是茗中佳品……”

每位进入便利店的游客都免不了在特产商品区停留。

建新店将特产商品摆放于便利店内休息区的背景墙上：三炮台、兰州百合干、苦水玫瑰、黑枸杞、花椒、蕨麻、黄芪……每一样商品都是闻名遐迩的存在，时时刻刻提醒进入便利店的顾客正身处西北这片大地。

“休息区是供走累了的游人歇脚的地方。背景墙这个看似一个很不起眼的位置，其实是顾客深入了解中国石油加油站、了解兰州、了解甘肃的一个窗口。”霍红梅说。

原来这片区域摆放的是米、面、油等商品。后来员工发现，这些商品的体积很大，不仅给消费者带来很大压抑感，而且没有兰州特色。建新店就调整商品位置，将土特产放到这里，它们立即受到了顾客的青睐。

不仅顾客对建新加油站便利店的商品很满意，而且经销商对其也形成了一个共识：“商家做活动必选建新加油站，因为建新加油站什么商品都能卖出去。”

品尝活动、赠送活动、引流活动……长久以来，各种活动在建新加油站顺利开展，这就形成一个良性循环，无形中成为提高便利店销量的有利因素。在经销商心目中，没有建新加油站参加的活动就是一个失败的活动。而且，建新加油站很少退换货。除了在进货之前，便利店会做好顾客调查并谨慎选择商品品类之外，霍红梅还一语道破了所有商品都是热销商品的秘诀：“要想东西卖得好，得把它摆放到合适的位置。”

建新加油站的所有员工只要一有空，不是擦拭便利店商品就是调换便利店商品的位置。

“顾客找着买的东西要放在便利店最里面，比如农夫山水、面巾纸……”

“一种商品在一个位置卖得不好，两三天就要换换位置，摆在显眼的地方，放在商品动销的位置，可能就好卖了。”

“玻璃水放在顾客可以随手能拿到的地方。”霍红梅一一道出了商品销售的诀窍。

建新加油站便利店的高端商品、高标准的服务，给便利店带来了高收入。

2015年开始，建新加油站的非油品业务一路突飞猛进，非油品销售收入从最初的200万元突破500万元，2016年达到600万元……2018年销售收入达到1070万元，建新加油站便利店一步一个脚印地迈入了千万元便利店的行列。截至2019年11月20日，建新加油站便利店当年销售收入已经达到1248万元，这已经远远超过了他们年初设定的目标1100万元。

➢“走出去”找大单

店销是根本，但店销终有天花板。建新加油站便利店的面积仅有86平方米，2018年实现非油品销售额1070万元，相当于每平方米非油品销售额达到13万元，现场推销已经达到天花板。

为了进一步做大非油品销售，建新加油站积极响应中国石油甘肃销售分公司提出的“走出去”战略——走出加油站，主动拜访、发展客户。小小便利店，成为兰州分公司与市场连接的一个窗口。

员工利用休息时间，进入小区推介，参与企事业单位招标销售非油品商品，推销后提成工资全部计入个人当月工资，有效地延伸了销售触角。目前，建新加油站日均销售额突破15000元，人均非油品销售额每年50万元。

以前，加油站便利店的昆仑机油销售情况并不好，靠的是加油站现场一桶一桶地推销。通过走出加油站寻找大客户，现在机油销量大增，润滑油销量占到非油品商品总销售量的40%～50%。

康大石化就是建新加油站在“走出去”过程中开发的一个机油销售大客户，其每月平均从加油站购买20多万元的润滑油。

建新加油站与康大石化这个大客户的接触可谓是机缘巧合。

有一天，康大石化的负责人来建新加油站加油时随便询问了一下润滑油的价格。霍红梅眼前一亮，知道机会来了，就详解介绍了昆仑机油的优惠政策，并向康大石化的负责人要了联系方式。随后，霍红梅带领员工主动去康大石化的工厂拜访。

通过进一步接触，康大石化了解了中国石油昆仑润滑油的品质，第一次订了5

箱。针对这5箱润滑油，建新加油站提供了极致周到的服务。只要康大石化负责人通过微信发给加油站进账单，加油站就立即开发票，然后快递给客户。最后，康大石化签署了200万元的昆仑润滑油购买合同，目前已经完成80万元的销量。

除康大石化外，甘肃销售兰州分公司主动联系中国石油西北销售公司，终于赢得了西北销售所有劳保用品的大单。西北销售员工通过定制券选择中国石油甘肃销售任意一座加油站，都可以进行劳保商品兑换。

因为建新加油站的日化劳保商品的品类丰富，顾客更愿意来建新加油站兑换商品。这样的大单兑换顾客成为建新加油站非油品提高销量的一个强大动力。

2018年的销售统计数据显示：建新加油站便利店店销600万元，大营销带来的大单劳保用品和防暑用品销售收入400万元。

➢ 人才黄埔军校

高山静立，河水汤汤，亘古不变。

相对于一眼望不到边的平畴沃野、大开大合、波浪连天的山海之滨，在狭长的兰州，逼仄的两山才是安放灵魂的最佳场所。

走进建新加油站，这里的员工身上没有浮躁和功利，他们热情而不轻浮，踏实而不笨拙，奇思妙想层出不穷，创意创新不绝于缕。

最让人羡慕的是他们的收入。

众所周知，加油站员工非常辛苦，收入普遍不高，但建新站却是例外。

建新加油站员工的收入远高于兰州当地的平均收入，这让其他加油站和其他行业的人非常羡慕。

建新加油站员工令人羡慕的高收入，其实是加油站员工不断自我成长的结果。

建新加油站是甘肃销售第一个设置前庭主管职位的加油站，培养了3名前庭主管。在很短的时间内，这3名前庭主管迅速成长为业务骨干，走上了更重要的岗位。其中，一名前庭主管被调到桃树坪加油站担任站长，一名前庭主管成为后备站长。

令人吃惊的是，霍红梅居然在很短的时间内，又把一批普通员工培养成为前庭主管。

建新加油站设立了兰州分公司“霍红梅劳模创新工作室”，形成了“劳模领跑+团队创新”的模式，围绕加油站服务和管理的难题，发挥好劳模先进人物的“传、帮、带”作用。目前，建新加油站已经培养了8名站经理、10名前庭主管。

霍红梅创新工作室是如何成为企业的“智囊团”、岗位的创新源、人才的孵化器的呢?

建新加油站提出“站经理关爱员工、员工服务客户”的递进式服务理念和“三三四五”工作法，根据每名员工的性格来分配适合的工作，把员工当家人，既要定制度也要多表扬，为员工营造了轻松快乐的工作环境。

员工工作中遇到困难，要及时沟通交流。问题和困难解决了，员工没了烦恼，工作时便能脚踏实地，吃苦耐劳。轻松快乐的氛围带动了优质的服务提升，提高了顾客的幸福感和满意率。

现如今，霍红梅不仅是建新加油站的站经理，还是兰州分公司城关片区的书记。城关片区每座加油站，都有建新加油站的影子。

建新加油站只是甘肃销售的一个缩影和典型。在建新加油站步入千万元便利店的同时，甘肃销售也在打造更多的千万元便利店。

甘肃销售把位于兰州市黄金地段的办公楼一楼门厅改造成了一座340平方米的便利店。2018年12月底，该便利店开业。截至2019年7月底，这座便利店的销售收入达到了1000万元，成功步入千万元便利店的行列。大厦便利店2019年的销售目标是1200万元。

如今，更多的千万元便利店正在快速成长，给甘肃这片土地上的西北人带来了更丰富的商品和更好的服务。

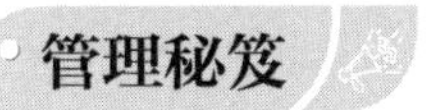

迟到的绽放

抓住店销，做好大营销，甘肃销售实现非油品发展的华丽转身。

文／齐铁健　石杏茹

这里是兰州，黄河穿城而过。让许多人失望的是，这里河岸并不宽阔，水流并不湍急，没有想象中“黄河之水天上来，奔流到海不复回”的气势。但在宁静的表面下，黄河暗流涌动，长久的等待只为凝聚暴发的力量。

甘肃销售的非油品销售也是如此。

早在2004年，中国石油甘肃销售分公司就成立了非油品部门，是全国范围内较早设立非油品部门的公司之一。虽说甘肃销售的非油品工作起步早，但是这么多年来却一直不温不火。

直到2018年，甘肃销售大刀阔斧地开展了非油品业务拓展工作，并对便利店硬件设施进行了升级改造，非油品业务才有了突飞猛进的发展。

2019年，甘肃销售完成上级下达的非油品任务指标，并诞生了千万元便利店，同时取得了中国石油区内公司利润排名第二名的好成绩。建新加油站便利店就是其中的佼佼者。

➤“3秒识人卖非油品”

“非油品业绩是加油员一瓶一瓶水卖出来的，店销是非油品发展的根本。”甘肃销售副总经理王骏表示。

如何做好店销？员工做好开口营销是关键。

如何让员工主动开口营销，提高开口营销的积极性？

“我们要确实增加店销收入，让员工主动开口营销，调动员工主动营销的积极性。”王骏说，“甘肃销售培养加油站员工练就‘3秒识人卖非油品’营销技巧，实行每单必推，同时让员工正确看待来自顾客的拒绝，端正销售心态。”

作为千万元便利店，建新加油站的店销营业额占非油品销售比例高达60%。

建新加油站员工的年龄均在37~40岁，而甘肃销售加油站员工的平均年龄是40~45岁。如何让这些老员工做好开口营销？

冬练三九，夏练三伏。

为了做好开口营销，2018年12月，霍红梅对员工进行了为期一个月的开口营销培训。那个冬天，霍红梅要求加油站员工每天早上提前一个小时到办公室，然后开始开口营销的培训。问候语、销售语……每天早上霍红梅一个一个员工检查，每天早上大声重复。

过了一个月，加油站员工找到站经理说：“冬天天气太冷了，能不能别天天这么培训了。”霍红梅欣然答应。她补充说：“只要你们今天做好开口营销，让我在现场听到你们的声音，那么第二天就不用大早上培训了。”

就这样，建新加油站员工养成了开口营销的习惯，而且有了一个不成文的规矩：一定要抓住眼前顾客，做好开口营销。

45岁的便利店店员王雅芳，工作认真负责，任劳任怨。加油站开展全员现场开口营销，让每位员工都张开嘴，王雅芳更要当仁不让。可是因为性格的限制，刚开始的时候，王雅芳不敢开口向顾客推荐商品，一说话脸就红。

通过站经理的悉心教导，王雅芳开始在营业室里向每一位顾客亲切地问候及告别，让每位顾客都能满意而归。

“您好，欢迎光临！”

“请问有什么能为您服务？”

“谢谢光临！”

…………

这些简单的问候及告别语成了王雅芳的口头禅。下班后，她熟记商品的价格、品质、种类及商品优惠政策。经过坚持不懈的努力，她对每位进店的顾客都能根据顾客需求的特点进行耐心和有针对性的推荐。

“您好，今天玻璃水在做活动，原价10元，现价8元，您来一瓶吧！”

“这位女士，中粮大米有优惠，给您带一袋吧！”

几个月后，她成了加油站销量最高的便利店店员。

除严格的培训、高标准的要求外，霍红梅更多时候是员工的好大姐。她做的饭菜是员工最喜欢吃的。每天一到加油站，她就琢磨给员工做啥好吃的。她说，只有抓住员工的胃，才能抓住员工的心。霍红梅做的糟肉在员工中更是有口皆碑。有一年冬天，霍红梅买了1000元的五花肉，做了很多碗糟肉，放在冰箱里。加油员每顿饭都能吃到她做的糟肉。

在加油站站经理严格要求和亲情管理的影响下，建新加油站员工的开口营销取得了喜人的成绩，店销量一路高涨。

➢ 大营销

“甘肃销售大多数加油站的店外销售比例高达60%，店外销售更多依靠大营销带来的大单。”建新这座千万元便利店的诞生更是离不开大营销的支撑，大营销带来的大单为建新千万元便利店贡献了25%的力量。

何为“大营销”？

中国石油甘肃销售总经理兰建彬提出的“大营销”概念，是甘肃销售非油品销售发展的重要指导方针。

“大营销”涉及的商品无所不包，从机关食堂的米、面、油到劳保用品和防暑用品。兰州石化、兰州炼化、西北化工、西北销售、兰州润滑油添加剂厂……从中国石油系统内的兄弟公司到甘肃地方企业，甘肃销售分公司走出油站，开发了越来越多的大顾客。这些企业的劳保用品都从甘肃销售非油品部门采购，这成了甘肃销售增加非油品销售收入的有效途径。

这些大顾客的开发过程，也是甘肃销售不断探索和提升的过程。

润滑油一直都是加油站重点汽服商品，兰州销售自然不能放过这么好的商品。但是从一个进入加油站的普通消费者的角度来看，兰州销售加油站销售的润滑油似乎没有什么价格竞争力。其实，兰州销售是通过迂回战术来获得润滑油销售利润的。甘肃销售作为中国石油昆仑润滑油公司在甘肃的总代理，和中国石油润滑油公司签署协议，双方共享客户资源，互相引流。

在双方战略合作的过程中，建新加油站便利店把润滑油的价格标到高位，让加油站周边5公里内修理厂的价格标到相对低位。这样就可以引导顾客去周边修理厂修车时顺便给爱车添加润滑油。这样兰州销售就可以间接从加油站周边5公里的修理厂获得润滑油利润。

“大营销”还不止于此。

2018年7月，昆仑好客超市落户中国石油兄弟单位兰州炼油厂和兰州石化，这两家公司的门口都设有润滑油厂的换油中心。甘肃销售在润滑油换油中心设立了昆仑好客便利店，精心装修，派专门人员经营便利店，为厂区职工提供品类丰富、物美价廉的商品。

兰州石化连续10年成为甘肃省纳税超百亿元企业，员工众多。加上它所在的西固地区是国家“一五”重点投资兴建的工业基地，素有“中国石化工业摇篮”之美誉。经过近70年的发展，西固已由一个老工业基地发展成为一座宜居宜游的石化新城。中国石油在兰州的分公司大多落户于此。“昆仑好客”栖身其中，自有天然的情感优势。

然而，并不是坐落在兰州石化旁边，兰州石化人就要到这里买东西，尤其是大宗团购业务。

每个单位都有既定的供货商，采供双方一般都会签订长期供货协议。甘肃销售要想参与进来，首先要有顶层设计，即双方公司高层要有一个共同意向，其次需要进一步沟通协调。

现在所有石油企业都在进一步强化合规，石油企业超过3万元的合同，都要进行招标。兰州石化也是一样，要进行统一招标。要确保招标通过，质量不仅要优于其他企业，价格也要优于其他企业。

经过上上下下一起努力，昆仑好客便利店开业一年后，兰州石化把600多名员工奶制品的供应交给了甘肃销售。这是甘肃销售通过一年兢兢业业的服务换来的一个大单。

之后，合作项目如雨后春笋，遍地开花。昆仑好客就像一座桥梁，连接了兰州分公司和兄弟单位。

阳光酒店一直以来都是中国石油系统内部员工出差到兰州首选的居住酒店。在阳光酒店开设昆仑便利店，可以极大地提升品牌价值。2018年12月23日，昆仑好客便利店在阳光酒店开业了。便利店开业后，甘肃销售在与阳关酒店相互接触的过程中，彼此之间建立信任，阳光酒店所在的中油大厦也成为甘肃销售的一个大客户。

除在兰州外，甘肃销售还与青海油田沟通和接触。目前，甘肃销售接管了青海油田在敦煌基地的4个超市。在2018年一年的时间里，这4个超市就实现了销售收入1500多万元。

从大客户、便利店到合作经营超市，甘肃销售通过不同的方式实现了大营销。

➢ 便利店转型

苏宁小店、京东便利店，还有兰州本地的亚欧便利店，如雨后春笋般地出现……水果连锁便利店也在颠覆传统的便利店。

甘肃销售也正在寻求新办法和新措施，力争向新型便利店转型。

新零售闪亮登场这两年，便利店从加油站走出来做直销店，并不是甘肃销售的专利。近两年，各个销售公司的直销店出现在社区里、机关大楼里、炼化机关办公楼内，屡见不鲜。

把便利店开在兄弟单位门口，一向务实的甘肃销售人绝不会止步不前，但也不会追求花哨。便利店说到底，赚钱是根本，保证利润是关键。甘肃销售正在着手打造新型、多功能的便利店。这样的新型便利店不仅走出了加油站，而且将是一个多种业务融合的综合体。其功能覆盖燃气费缴纳、机票代购、火车票代购等。

王骏说："在转型的初期，便利店将依托于现有加油站便利店实现业务功能的全覆盖，并在有条件的办公楼底商开设新型便利店。"目前，甘肃销售下属地市分公司都在办公楼临街的位置开设了便利店。

民以食为天。在新型便利店转型的过程中，甘肃销售把快餐业务作为便利店业务的一个重要发展方向。"一清、二白、三红、四绿、五黄"是兰州牛肉面的标准，这个已经俘获全国人民胃的兰州美食自然是甘肃销售的首选。

建新加油站便利店曾想把牛肉面引进来，但因为加油站不能使用明火操作，牛肉面的口感就会大打折扣，这一想法只能作罢。后来，建新加油站考察KFC和麦当劳等西式快餐，也因为安全和环保问题作罢。

虽然建新店没有引入快餐，但对如何把快餐业务切入到便利店，甘肃销售早有规划。

甘肃销售把快餐业务与便利店结合的经营模式定义为三种类型：第一种，在合适位置的商圈，建立新型的便利店，提供包括中餐和西餐等丰富的快餐品种；第二种，在现有加油站便利店内，便利店面积达到100平方米以上的，开辟10~20平方米的面积，建立类似肯德基这类店中店、快餐店为顾客提供服务；第三种，如果便利店的面积较小，不能开辟店中店，就在便利店内开辟相应的柜台出售快餐食品。

思路一开天地宽。

在甘肃这样一个相对落后的省份，甘肃销售分公司正在因地制宜地实现便利店业务的转型，创造了一项又一项的大业绩，不断实现甘肃销售人的非油梦、石油梦。

记者手记

建新，缘何建新

文 / 齐铁健

初到兰州便迫不及待地想看看那座创造千万元便利店奇迹的建新加油站到底是什么样子。

在兰州人所说一个下土的日子，我们到了建新加油站。建新加油站的成功可谓是占据天时、地利、人和。

在兰州，中国石油甘肃销售加油站可谓是占据主场优势。建新加油站更是占据黄金地段，位于出入兰州市的必经之路北滨河路边上，不仅是离市区最近的一座加油站，而且离高速公路出入口最近。除了优越的地理位置外，加油站周边建设了很多高档小区，让加油站的年油品销量已经突破2万吨。2019年，该站非油品销售已经达到1248万元，远远超过了加油站年初设定的目标1100万元，而且销售数字正在以一种势不可当的态势增长。

除了天时地利外，建新便利店的成功更是离不开人和。

虽然建新加油站员工并不年轻，平均年龄39岁，而且很多员工的工龄都在10年以上，但是建新员工是最有活力的。一个重要的原因是，建新加油站员工收入都处于兰州本地工资的中上水平，而且其中40%的员工都享受公司的住房配租配售。安居才能乐业，幸福感超强的员工是建新便利店做好店销、成为千万元便利店的主要内力。人和不仅来自建新便利店的员工，还来自整个甘肃销售的支持。大营销带来的大单为建新千万元便利店贡献了25%的力量。

中国石油甘肃销售总经理兰建彬提出的“大营销”概念正是甘肃销售非油品销售发展的重要指导方针。在创造千万元便利店的过程中，便利店成为兰州分公司与市场连接的一个窗口。上下同欲者胜，从总经理兰建彬到普通加油员，甘肃销售所有员工全力以赴，正在打造一个又一个像建新便利店一样的千万元便利店。

09

扫码看现场

大桥北站，店销一天12万

一天12万元是怎么卖出来的？

是通过一箱箱水、一盒盒泡面、一枚枚茶叶蛋、一滴滴汗水堆积起来的。“劳动者最光荣”，中国石化浙江石油舟山分公司舟山大桥北加油站，把这样正确的价值观表现得淋漓尽致。

营销现场

关心你的粮食和蔬菜

与舟山跨海大桥同步营业，舟山大桥北加油站成为离岛游客的汽车生活驿站。游客的岁月静好，有他们在负重前行。

文 / 石杏茹　丁舒阳　朱海勇

8月18日，星期天，骄阳似火。

一场硬仗就要上演。

早上7点，中国石化舟山分公司大桥北加油站全体员工全部到位。

“今天肯定是异常忙碌的一天，加班是肯定的，累也是肯定的，大家要打起精神，各司其职。再忙，安全、质量和服务也不能打折扣。”站长赵海江正在做最后的战前动员，“尤其是便利店这块，今天任务更重，补货要及时，上货速度要快，收银人员头脑要清楚，避免出错。最后再说一句，再忙，大家也得轮流吃饭，别把身体搞坏。”

不出赵海江所料，这一天果然是战斗的一天，也是收获满满的一天。

7名员工，1位站长，大桥北加油站这一天油品销量近60吨，非油品营业额更是创纪录地超过12万元。

1天时间，12万元的非油品收入。没有团购，没有大客户，客单价平均不超过30元，便利店要重复4000余次收银过程才能达到这样的营收；一天24小时，一小时60分钟，每分钟要完成接近3单的工作量才能实现这样的突破。

原来，去舟山的游客能享受“微城·离岛·慢生活”，是因为有人在负重奔跑；面朝大海，春暖花开的背后，是有人在关心游客的“粮食和蔬菜”。

➢ 等风也等你

风来雨来，潮涨潮落，散落于波澜壮阔的东海里，舟山群岛仿佛一粒粒晶莹剔透的珍珠。千姿百态的奇崖岩穴、宏伟典雅的名刹寺院、洁净宽阔的金沙浴场、纯朴浓郁的渔家风情……使之成为游人一直向往的游览、避暑、休养胜地。

然而，因一水相隔，舟山一直孤悬外海。从新石器时代河姆渡文化开始，弃水登陆、直抵彼岸的梦想就成了舟山人刻在骨子里的基因。

2009年12月25日23点58分，这个梦想终于实现——全长48.16公里、总投资逾百亿元、世界规模最大的岛陆联络工程，舟山跨海大桥正式通车。它在海岛与大陆之间构筑起一条全天候的通道，结束了舟山孤悬外海的历史，使之融入了宁波、杭州、上海的1小时、2小时、3小时交通圈。

也是在这一天，舟山大桥北加油站正式开门迎客。

虽然周边没有商圈和居民楼，但大桥北加油站位于游人出岛返程的必经之地，且是游客离岛前的最后一座加油站。得天独厚的地理位置，使之从开业那天起就成为游客的汽车生活驿站。

随着人们生活水平的提高，随着黄金周和传统节假日高速的免费通车，来大桥北加油站加油、购物的游客也越来越多。

2019年8月18日，这一天尤其如此。

对此，大桥北加油站早有预料。

8月10日凌晨，17级超强台风“利奇马”挟风裹雨登陆浙江，舟山市严重内涝，跨海大桥一度中断通行，所有景点全部关闭，所有游船全部归港。游客憋了一周的游兴在8月中旬这个周末集中爆发。

舟山分公司供应链已经提前做好预警。舟山分公司副总经理黄志翰说：“我们库存备货充足，大桥北加油站也提前把热销的重货放到店里码放好。”

舟山分公司没有预料到的是，8月18日这一天，离开舟山的另一条路径被临时关闭，所有的出岛车辆都集中到大桥北加油站所在的跨海大桥。

这一天，从上午9点，大桥北加油站前双向双车道的路开始堵车，一直到深夜23点45分车流才开始顺畅；这一天，大桥北加油站员工从早上7点一直忙碌到次日凌晨2点；这一天，大桥北加油站非油品收银的两个POS机收银额分别为19470.5元和75827.7元，再加上熟食区的25000元现金，当天营业额达到创纪录的12万元。

一天卖出3000个鸡蛋

早上7点30分，便利店熟食区。

两三平方米的吧台上放着4个热气腾腾的电饭煲，分别煮着茶叶蛋、玉米、粽子、香干。

尽管时间还早，来此买茶叶蛋做早餐的司机却络绎不绝。

“这些茶叶蛋都是我们自己煮的。常在这条线上跑的司机都知道，大桥北加油站的茶叶蛋是出了名的好吃。”王雪芬一边收银一边说，“最多的一天我们卖了3000个茶叶蛋。”

3000个鸡蛋，200多千克，一个一个清洗也得耗时很久，更别说还要调配香料。王雪芬记得那天她和同事不停地洗鸡蛋、调调料、煮鸡蛋。“后来一个电饭煲眼看是跟不上卖了，店长就把库房里备用的另一个电饭煲也拿出来用。”

因为预感到今天顾客比较多，王雪芬昨天就和同事把该准备的材料准备好了，鸡蛋、玉米、粽子纷纷到位。另外，加油站新增了时下年轻人喜欢吃的贡丸。

闻香识美味，刚刚付完款的顾客突然看到吧台上煮着的贡丸："你们增加新熟食啦，也给我来一份，尝尝味道怎么样。"

"您下次再来，我们的熟食、餐饮品种还会增加呢。"王雪芬顺口做起了广告，"今后我们会形成高、中、低多档次的商品结构，既有茶叶蛋、烤肠等快消食品，也有快餐食品。对了，看见我旁边的吧台了吗？今后这里还有咖啡、蛋糕等休闲食品呢。"

也许是不赶时间，也许纯粹就是喜欢这里的环境，这位顾客拿上茶叶蛋和贡丸到吧台旁边的咖啡茶座坐下来吃。

无怪乎顾客喜欢这边的环境。大桥北加油站这一角完全颠覆人们印象中的加油站形象——熟食区开在露天，太阳烤晒着玉米、烤肠。这里像酒吧也像书吧。满墙格子的木质书架，错落有致地码放着大小厚度不同的"书籍"，温馨雅致的灯光柔柔地洒下来，平添几分书香气。

2016年1月，按照以人为本的理念，遵循便捷、舒适、美观、卫生、安全的基本原则，结合商品结构、经营方式和司机这一特定的消费群体特点，舟山分公司请专门的设计公司对大桥北加油站便利店的购物环境进行了改进和提升，营造了适宜消费的人文环境和氛围。

2018年年底，针对熟食受司机青睐、回头客特别多的现象，大桥北加油站又对熟食区环境进行了提升改善，辟出一块四五平方米的休闲区，让这里更有休闲氛围。

早上9点，顾客开始增多了，王雪芬精神奕奕地收银，完全看不出怀孕4个多月的样子。她今天很高兴——放暑假的儿子体贴她大着肚子还要上班太辛苦，所以今天主动来帮忙。看着儿子从笨拙地开不了口到逐渐熟练地请客人拿好食物，看着他跑前跑后地帮着店里搬送货物，她有种"吾家有儿初长成"的欣慰与骄傲。

抢出来的8万元

把家属拉来帮忙的还有店长顾卡女，她又把自己先生拉来当壮丁帮自己上货。其实，8月17日晚上，她已经和先生把热销的红牛、矿泉水、泡面拉了三车，足有40箱放到便利店里。

顾卡女一毕业就被分到大桥北加油站，如今已经待了近10年。因为常年站着收银，跑来跑去上货拉货，30来岁的她腰部已经出现了点毛病。“有好些商品一箱就有几十千克，我们每天搬来搬去，相当于干得是重体力劳动。不仅是我，店里的姐妹们都有不同程度的静脉曲张和腰肌劳损。”

这几天顾卡女的腰又开始不舒服了，体恤妻子的先生又来帮忙。

指针已经指向上午10点。气温越来越高，门前马路上车队堵得越来越长，来大桥北站加油、买水、上厕所的人也开始增多。

顾卡女和同事不停地收银，她先生不停地蹲下拆箱取货，站起来到货架上货。让他着急的是，他上货的速度和卖货的速度差不多一样快。无论他怎么加快速度，货架上的红牛、卓玛泉也不见增多……这样下去，就没有时间去库房拉货了，他不由得速度越来越快。忙中出错，一个不小心，他摔了一跤，脚扭了，钻心地疼。为了不给妻子添乱，他不得不回家去休息。

生力军少了一个，工作量却又增加了。

此时已经11点多了，室外温度超过38℃，门前马路已经堵得水泄不通，来加油站加油的车辆也进退不得。站长赵海江大声地指挥交通，引导司机进站，“不大声不行，人太多太吵。”

此时的便利店里也是人头攒动。

“妈妈，我热，我要吃棒冰。”一个小朋友的声音传来。

顾卡女一边收银一边给那位母亲指了一下方向：“放棒冰的冰柜在那边。”

这位小朋友非常幸运，早上还满满当当的冰柜如今只剩下孤零零的一根。昨天晚上大桥北加油站刚刚上了20箱棒冰，一上午就一扫而空。

“我也要棒冰……”

天气太热，要雪糕、冰棒的人越来越多，失望的人也越来越多，抱怨声四起：“为什么不多备点货？”

“我们的冰柜就这么大，今早已经装满了。这不天太热吗，顾客要得多，实在不好意思。”

“为什么不再让供货商上货？”

“今天史无前例地整个舟山大堵车，全城水泄不通。您到我们站是不是也花了好几个小时？我们已经通知了供应商送货。但是因为路途较远，加上堵车，供应商估计10个小时也到不了这里。”

“去附近你们中国石化别的加油站调一些货过来也行啊！”

“我们联系过了，方圆几公里内的中国石化加油站雪糕冰棒都缺货了，天真是太热了……要不您先来瓶冰镇的饮料？”

引导车辆进站之余，赵海江充当了救火队长的角色。他一边赶到便利店上货一边耐心地向顾客解释。

此时已经超过12点。6000余平方米的加油站被车辆挤得满满当当，排队上厕所的人流已经排出油站200米外。便利店里昨晚备好的3车热销商品也已告罄。

赵海江和顾卡女顾不上别的，轮流小跑着去便利店旁边的库房拉货。当天赵海江去拉了15趟货，跑得汗流浃背。顾卡女也拉了4车：“紧张起来，腰好像也不觉得疼了。”

指针已经指向下午1点，拉进便利店的泡面和矿泉水还来不及打开包装箱，许多性急的顾客已经等不及自己动手来拆了。

又有抱怨声传来：“这水怎么不开啊？”

为了给顾客冲泡面，易捷店里备了饮水机供顾客免费饮用。然而因为喝水的人太多，水还来不及烧开就被倒走，以至水温一直徘徊在七八十度。

“不好意思，人太多了。您稍等一两分钟，水就开了。”顾卡女不停地解释，不停地拆包装上货。

许多着急的客人不想等这一两分钟，要么就按照店员推荐的买了些饼干充饥，要么就用不开的水凑合泡面。

“不行了，店长，您来替我一下吧。我脑子有点木了。”收银员周英已经连续在收银台站了6个多小时，开票、充值、办卡，一人多岗；扫码、拿塑料袋、收款，一气呵成，到后来手脚已经有点麻木了。用人们最喜欢的境界形容就是“数钱数到手抽筋”。生怕出错的她和顾卡女换了个岗位，自己去上货。

泡面的香气弥漫在整个便利店里，员工也都饿得前心贴后心。“人是铁饭是钢，不吃不行。”赵海江提醒店员，“下午会更忙，大家轮流吃点东西，别把身体累垮。”

顾卡女一边收银一边抽空撕开一个小面包填补了一下，继续投入“战斗”。因为大部分客人都只买一两瓶水、一桶泡面等简单的商品，每单需要扫的码不多，她一分钟可以完成3单甚至更多。

易捷便利店这天8万元的流水就是这样十几二十块一单单积累起来的。

车饱人也饱

下午4点。

“可算到中国石化加油站了，你们简直是救命站啊！”

车主赵先生周末开车带着老人孩子来舟山度假，把车停在舟山码头，乘船去了嵊泗体验“离岛·微城·慢生活”。周日这天，周先生一家从沈家湾码头返程回宁波，没想到全城巨堵。从沈家湾到大桥北40公里的路程，周先生开车用了6个小时。

因为堵车时间太长，怕油耗得太快车在路上趴窝，赵先生也不敢开空调，一家五口人困马乏、汗流浃背。好不容易来到大桥北加油站，已经早过了饭点了。加完油后，一家人跑到便利店找点吃的，歇一歇。

给小朋友买了根火腿肠和一包小点心，孩子就很高兴地坐到小吧台吃起来了。老人却说：“一整天没有正经吃过饭了，要是吃点饭菜就好了。”

“没问题，您可以试试我们的‘加油饱’国民大食堂！”赵海江建议。

2019年5月，为响应浙江石油的号召，舟山分公司在大桥北加油站开设了“加油饱”国民大食堂，以便当的形式为过往的司机朋友提供方便、快捷、营养、健康的餐饮服务。消费定位为人均消费9.9~14.9元。这里的菜品采用标准食品级的配方，经过轮番实验及食品安全检测，干净卫生又营养丰富。

“加油饱”国民大食堂设计成小火车的样式，非常美观别致。小朋友一看就很喜欢。赵先生买了4份套餐，赵海江帮着用微波炉加热。整个套餐从接单到出品不超过3分钟，而且操作简单，全程没有明火。赵先生一家吃得心满意足之余，开始在海鲜城里逛逛消食。

海鲜城里海味浓

每位来到美丽的舟山群岛的游客都会被独特的海岛风情吸引，会被那悦耳、脱俗的梵音陶醉，更会被沈家门的海鲜大排档激起食欲。临走时怎么能不带点当地特产回去呢?

那就来大桥北加油站海鲜城逛逛吧。

是的，海鲜城。除了易捷便利店主营业厅外，与之相连的还有一个面积达

420平方米的海鲜特产区。大桥北加油站最大的特色就是它是舟山最大的一座有海鲜特产城的加油站。“加油饱”就设在海鲜城里，赵先生一家在吃饭的时候已经瞄到了很多可以做伴手礼的商品。

此时的海鲜特产区人流量也很大，很多着急要走的人直接到展柜上买了店里的海鲜大礼包。不着急的人则自己在冰柜里挑选。带鱼、蟹糊、螺酱、鱼鲞，这些都是广受好评的热门产品。因为是冰鲜产品，有些路远的客人下单后怕带回家的路上化掉，就拜托便利店员给产品加冰并安排快递，非常方便。赵先生一家就花了上千元选购了红膏蟹、大黄鱼、带鱼、鳗鱼和大墨鱼等冰鲜产品，看着店员把它们装上了保鲜袋里，等待快递公司上门。

海鲜城里并不只有海鲜，还有杨梅酒。

舟山杨梅酒，晶莹剔透的酒液里浸着几粒红艳艳的杨梅，入口甜润、柔和、甘醇，却后劲十足，使多少能喝酒的“英雄豪杰”不经意间醉倒，是送亲友的最佳伴手礼。

佛音缭绕、茶韵飘香。除了杨梅酒外，观音饼和普陀佛茶也是经常来普陀礼佛的人的最爱。

各具特色、琳琅满目的商品吸引了越来越多的游客进店选购。其实，就在大桥北加油站旁边，距离舟山大桥更近的地方有一个三层楼高的恒拓旅游海鲜城，这是一个集餐饮住宿和海鲜售卖于一体的综合体。“这个海鲜城的生意明显比我们差一大截。”舟山石油分公司副总经理黄志翰非常骄傲地说，“第一，我们是中国石化旗下的海鲜城，顾客更信赖、更放心我们的食品。第二，我们是加油站，自带流量。”

大桥北加油站充分发挥加油站的优势，利用加油卡大客户资源开展油非互动活动。通过油品活动吸引旅游车到站加油，利用活动带动非油销售。黄志翰说：“我们的回头客很多都是大巴车司机，他们积攒的加油赠券非常多，我们送的米、面、油，他们自己都吃不完。为了吸引他们进店消费，2018年年底，我们专门为他们购进了一批电饭煲、小家电，受到了赠券客户欢迎。”

因为客流量大，这一天，海鲜特产区卖了2万元的商品。

海上明月共潮生

晚上19点30分。

加油员交接班的时候到了，到站里加油、购物的客人不减反增。

此时便利店里3位店员1位站长人困马乏，赵海江和顾卡女已经记不清自己抽空跑了几趟库房拉货了。看着他们疲惫的样子，换完班的几个加油员没有一个离开，立马帮着拉货、上货……

增加了4个生力军，便利店里工作开始变得有条不紊。踏踏实实吃了点东西后，赵海江和顾卡女也有时间开始向顾客推销产品了。

这一忙就到了晚上11点45分，门前道路终于畅通，此时的便利店里空空荡荡，库房里的库存也基本消化完毕。

月亮升起来了，照亮了一片海。

半夜12点。4名员工伴着皎洁的月色下班回家了，赵海江和顾卡女以及周英继续忙活。

月圆彩云追，天地入胸怀。一直到凌晨一点半。赵海江才枕着海浪声在员工宿舍休息了一下。

8月19日，7点30分。

赵海江和同事们准时上班，大桥北加油站又迎来忙碌的一天。

面向大海　春暖花开

——访舟山石油分公司副总经理黄志翰、浙江石油公司非油品中心经理胡志舜

12万元不是终点，大桥北加油站的未来是星辰，更是大海。

文 / 石杏茹

美丽的舟山群岛，可以说符合每个人心目中的“诗与远方”。如果要评选一生一定要去一次的几个地方，它肯定榜上有名。然而，世界那么大，需要看的地方那么多，轮到舟山估计也就“一次”的机会了。

其实，不只是舟山群岛，所有旅游区的痛点都在这里，没有回头客。也正因为如此，许多为游客服务的行业，包括宾馆、饭店、特产产品售卖以及导游服务，做的都是一锤子买卖，宰人坑客现象屡见不鲜。

舟山大桥北加油站，却不是这样。来这里的回头客，一年更比一年多，油品和非油品业务也是一年更比一年强。为此，记者采访了中国石化舟山石油分公司副总经理黄志翰和浙江石油分公司非油品中心经理胡志舜。

➤ 来看海来易捷

Q 记　者：您觉得舟山大桥北加油站，还有多大潜力，怎么发挥这些潜力?

A 黄志翰：舟山大桥开通后，天堑变通途，舟山已经融入宁波、上海经济圈，成为上海的后花园。周末带着家人来这里放松一下成为许多人的休闲习惯。大桥北加油站作为离岛站，是游客离开舟山的最后休息、购物驿站。从每年的进出岛车流数据来看，游客呈逐年递增趋势，因此大桥北加油站还是有发展潜力的。

最重要的是我们这里的回头客多。

来舟山，除了享受蓝天、大海、沙滩和音乐外，礼佛也是许多游客的重要内容。“平安、姻缘、子嗣”三者基本涵盖了普通民众的人生追求，都可以祈求与众生最有缘分的观世音菩萨保佑。所以每年农历二月十九、六月十九和九月十九——观音菩萨的诞辰、成道、出家日，来舟山礼佛的香客都从五湖四海而来。江浙一带还有一个习俗，每个人一生要连着10次去普陀山礼佛。所以，大桥北加油站回头客特别多。

Q 记　者：人一生可能会多次来舟山，但未必一定会来大桥北加油站。在这里可以享受别的地方享受不到的服务，能够选购到适合的商品，应该是游客选择大桥北站的最重要理由。我看店里尤其是海鲜城里的商品价格都很亲民。

A 黄志翰：是的。大桥北加油站现有商品2000多种，特色商品700多种，价格从四五元到几十元不等，最贵的海鲜大礼包也不过200元上下。我们的产品不但价格非常亲民，而且质量都是有保证的。海鲜都是当地最知名的供应商供货，如散装海鲜就是从明珠与兴业进货的。常来的游客都知道，我们的东西在质量和数量方面都有保障。

除了产品丰富外，易捷店还为游客提供多种便民服务。作为一座24小时营业站，便利店里提供免费Wi-Fi；手机充电、小药箱、饮用水、办理ETC等便民服务，都大大方便了出行的游客。我们可以说是游客旅途中最可靠的汽车生活驿站。

➢ 便利店里游舟山

Q 记　者：便利店里还打算引进什么特色商品？

A 黄志翰：大桥北加油站的商品始终处于调整状态，特色商品还在陆续引进中。下一步，我们打算购进一批渔民画。

在舟山，休养生息着一群纯朴的渔民画家，他们用大海的天真纯朴和无限的想象，把美好的愿望以及真挚的情感，通过一幅幅奇趣构思的斑斓图画表现出来，作品有强烈的地域特色和民族风格。把表现渔民风土人情的画挂在店里，既可以当装饰又可以售卖。

Q 记　者：我看海鲜城堆头摆放得很有新意，购物环境也很有商超氛围。对于商品陈列，你有什么心得？

A 黄志翰：对于大桥北加油站的商品陈设，我们今后计划按区域（舟山下辖定海、普陀两区，岱山、嵊泗两县）划分陈列各地特色商品，例如普陀的禅系列商品，包括观音饼、佛茶等；岱山的晒生、蓬莱仙芝茶叶；嵊泗的海鲜等。这样不仅能够继续做大做强舟山特色商品，而且可以把舟山的地域文化传达给游客。此外，我们还会引进其他特色商品与主打商品进行组合营销，例如将舟山海鲜礼包与舟山杨梅酒组合，普陀佛茶与茶杯组合，休闲海鲜食品与黄酒、杨梅酒组合。

Q 记　者：说起海鲜，舟山真是名不虚传，嵊泗的海鲜更是美味。靠海吃海，大桥北加油站如何继续挖掘舌尖上的商机？

A 黄志翰：“万盏船灯长明海，十里渔港不夜天。”舟山是世界三大渔港之一，素有东海鱼仓、中国渔都之称。来舟山吃海鲜也是许多人一再来这里的最大理由。我们计划推出588元、888元、1088元的海鲜大礼盒。游客在我们这里看到样品后，觉得不错就在“易捷到家”微商城上下单，然后我们的供货商在嵊泗直接发货。

Q 记　者：这项业务是如何一步步计划推出的？

A 黄志翰：2018年11月，浙江石油非油品中心胡志舜经理带着我们分公司的非油品部门同事跑遍了嵊泗，通过考察商品品质、价格，挑选了几家海鲜供货商。

凯利水产公司原本专做海产品出口生意，产品通过集装箱运往欧盟、俄罗斯以及“一带一路”沿线国家。一集装箱20吨，每箱都是大包装，至少25千克。余老板以前不做国内生意，觉得量太小。当我们找上门的时候，听及是在易捷门店卖，而且可以通过易捷网上平台在整个浙江省甚至全国推出，余老板非常高兴。为了和中国石化做生意，他现在专门定制了小包装的礼盒。

我们的供货商之所以愿意和我们合作，就是看重中国石化的大品牌和美誉度。对于我们来说，与他们合作可以进一步扩充、丰富“易捷到家”微商城在营商品，与线下实体店形成资源互补，满足客户足不出户的购物需求。

为了做好这项业务，我们也努力打造好的营销氛围。我们会在便利店滚动播放一些大屏幕广告，如带鱼怎么挑选、海鲜怎么煮等；同时开展引流活动，在全市各油站特别是景区油站，张贴海鲜城商品、活动介绍；海鲜城不定期开展促销活动，吸引客户进站消费。

➢ 服务游客不打折

Q 记　者：按照减员增效的原则，舟山大桥北加油站现在便利店只有4人。这会不会制约它进一步发展，怎么解决人手问题？

A 黄志翰：针对大桥北加油站目前用工紧张的情况，我们采取的措施主要有以下几条。

定期开展员工技能培训，提高员工业务素质，通过高效运作来降低用工紧张带来的业务办理压力。此外，油站内外打通，所有员工都能熟练掌握开票、充值、非油品销售、加油等业务。在厅内繁忙、厅外较闲时，厅外员工可以进店帮助厅内员工办理业务，反之亦然。周末、节假日实行弹性工作制，加油站根据实际情况，在周末安排休息员工到站加班。此外，计划开展共享加油员活动——需要临时增加人手的油站在公司微信群发布要人信息，休息在家的其他站点员工可以自愿报名，参与油站工作。

重大节假日期间，公司机关下站服务。遇到重大节假日，油站人手明显不够的情况，由公司组织中层干部和青年志愿者到站协助油站做商品补货，秩序维护、卫生保洁等工作。2019年的清明、端午、五一等假期，公司均安排机关人员到站协助工作。

➢ 跨越性增长

Q 记　者：可以说，舟山大桥北加油站是浙江石油这些年非油品工作的一个缩影。近几年浙江石油整体非油品业务开展得如何？

A 胡志舜：浙江石油非油品业务从2008年3月正式启动，截至目前经营时间已经超过10年。经营规模从2008年的6462万元到2018年的40.6亿元，复合增长率66%；单店日均营业额从2008年的253元到2018年的4559元，复合增长率75%，门店数量十年来增长了1000余家。2018年实现营业利润3.65亿元，经营规模和经营质量获得了跨越性的成长。2018年利润占比突破全公司的10%。

Q 记　者：2019年上半年，浙江石油做了哪些具体提量工作？如何做好油非互促？

A 胡志舜：一是打造常规油非互促和主题油非互促相结合的模式。常规油非互促以券后低价为顾客创效价值，主题油非互促以大额券提升销量。上半年油非互促带动营业额9.4亿元，全系统居首，且浙江石油是系统内唯一赢利的公司。

二是多点施策做大做强核心商品销售。通过计件奖励调整和销售模式创新，核心商品销量再上新台阶，上半年易捷水、鸥露纸销量全系统居首，清净剂、尾气液销量分列第二、第三位。

三是持续降本增效提高业务赢利能力。浙江石油通过争取后台费用投入、加强烟草效益管控、强化价差收入意识等方式有效提升效益水平，毛利率提升7个百分点。

四是推出车主权益卡，打造油品销售新模式。车主权益卡开创了系统内首个付费会员模式，销售一张权益卡相当于卖出了600升汽油，能够提升油品客户的黏性。截至目前，权益卡用户已突破4万张。

五是加快打造智慧洗车网络。通过升级改建和市场拓展双管齐下，浙江石油上半年新开发汽服网点111座，形成了全自动洗车为主，自助洗车、综合汽服网点为辅，多家供应商共同竞争开发的局面。浙江石油还在有条件的加油站增设无人值守全自动洗车机，逐步将站内自助洗车设备升级为自动洗车，打造业内领先的智慧洗车网络。另外，浙江石油利用加油站24小时营业特点，着力拓展夜间洗车这一“蓝海市场”，解决“白天无法洗、夜间无人洗”的民生痛点问题。

Q 记　者： 除了打造智慧洗车网络外，浙江石油在店中店和异业合作等方面做了哪些尝试？

A 胡志舜： 浙江石油先后和麦当劳、五芳斋、网易严选、瑞幸、加油饱等企业开展店中店合作。其中，台州路桥加油站早在2007年就与麦当劳合作开设了“得来速”餐厅，实现了不下车买单。随后，我们又紧密合作地方企业，在嘉兴地区加油站设立“五芳斋”销售专柜。2017年，浙江石油与网易签订战略合作协议，“网易严选”在杭州秋涛路加油站开设首个加油站销售专柜。2018年，浙江石油在杭州南环路加油站引入瑞幸咖啡，成功吸引周边白领客户前来消费。浙江石油还在温州、舟山等多个地区加油站开设“加油饱”快餐，提供便捷、实惠的餐饮服务，进一步满足了客户的饮食需求。

2019年，浙江石油还将和京东惠采、网易严选、本来生活开启战略合作，通过“易捷到家”低价购买这些平台的热卖商品。

未来，我们将围绕“人•车•生活”开展更充分、更有价值、更有温度的业务，扩大易捷品牌影响力，在中国石化的企业使命“为美好生活加油”中扮演更重要角色。

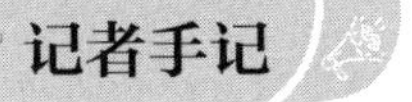

记者手记

幸福生活都是奋斗出来的！

文 / 石杏茹

浙江人有多勤奋？数据来说话！

据国家统计局2018年发布的数据显示：浙江居民年工作平均时间超过全国平均数字56分钟，高于全国10.5个百分点；休息日劳动工作时间比全国高34分钟；有4.2%的人每天工作到夜里12点以后……

浙江人的勤劳在大桥北加油站员工身上体现得淋漓尽致。

天道酬勤，日新月异。

大桥北加油站人不驰于空想、不骛于虚声，一步一个脚印，踏踏实实干好每一项工作，所以创造了单日店销量最高达到12万元的奇迹。没有团购、没有大客户，这12万元都是一瓶瓶水、一盒盒泡面、一枚枚茶叶蛋堆积起来的。这12万元闪耀着新时代劳动者身上的无上荣光。

没有人能随随便便获得成功。舟山大桥北加油站的成功证明，梦想的花朵要靠汗水浇灌，美好的生活要靠双手创造，幸福都是奋斗出来的。

如今的浙江石油，非油品业务经营规模和经营质量获得了跨越性的成长。关于未来，更是可以预期。

因为浙江石油有的不只是勤奋，还有智慧的大脑，扩展非油品业务一直在奋斗。他们从线上、线下结合入手，依托门店实物陈列让客户通过线上或扫码下单、线下配送的模式，拓宽销售渠道，从调整商业结构、拓展发展方式和促进跨界融合三个方面深入研究，朝着未来更便捷更高效的方向转型升级。

幸福生活是奋斗出来的，而在浙江石油，奋斗本身就一种幸福。

10

走出加油站，“昆仑好客”更好客

在新零售蓬勃发展、品牌为王的时代，中国石油陕西销售“昆仑好客”走出加油站，是否是一条可持续发展的路？实践证明，满足了定向条件，一切皆有可能。反之，追求高质量发展，做大店销依旧是正道。

营销现场

“昆仑好客”在长庆

长庆宾馆里的“昆仑好客”，团购业务占主角，2018年非油品营业额达到千万元。

文/周志霞

这里是西安——长庆宾馆的一楼大厅。

在大厅东南角，由“宝石花”搭配的“昆仑好客”便利店的标识异常显眼。这个便利店隶属于中国石油陕西销售西安分公司。

这两年，各个销售公司提升非油品业务，做法五花八门，其核心都离不开加油站本身。今天我们要说的陕西销售的一家“昆仑好客”便利店就是这么特殊……开在了中国石油长庆油田的长庆宾馆里。

话说，在宾馆里开便利店也没什么，主要的客户群体无非是宾馆里的顾客，那能卖多少银子？别说还真不少！2018年，其非油品营业额突破千万元。

➢ 五大区域，满足你的需求

这几天，陕西销售“昆仑好客”直营店里的员工着实忙坏了。

2019年7月8～9日，中国石油油品销售精细化管理会议在长庆宾馆召开，33家销售公司的200多名代表齐聚这里。

中午刚过，吃过饭的会议代表们舒展着身体，三三两两地走进便利店。

“小史，这个店大变样了，真是高端大气。”甘肃销售公司一位参会代表与这里的店长打着招呼。

在2017年“昆仑好客”长庆直营店开业时，史常欢就来到这里当店长，对部分参会人员早已非常熟悉。“为了这次精细化会议，我们可没少下功夫，还请各位领导多提意见啊！”史常欢笑着回应。

这次精细化会议由陕西销售公司承办，规模空前。“昆仑好客”直营店为了给参会代表们带去最优质的消费体验，历时一个多月的时间对便利店进行整体改造升级。

“以前便利店的标识有点暗，顾客表示不注意都看不见。另外，便利店的货架摆放不太合理，商品陈列也显得有点乱。”史常欢说。

经过改造，“宝石花”搭配的“昆仑好客”标识亮度提升了，顾客只要一走进长庆宾馆就能看到。

不仅标识大变样，直营店里的灯光效果也大为不同。“现在我们店内的灯光效果按照不同区域，进行冷暖色调搭配，营造出温馨、别致的销售氛围。”史常欢说。

改造后的“昆仑好客”直营店货架，按照特色产品区、酒水区、冷饮区、茶叶区、收银区五个区域进行设计。

中国石油甘肃销售一位参会代表拿着一袋陕西特产蓼花糖与便利店的一位员工探讨：“这个不仅是陕西特产，还属于宫庭食品，据说是早年给慈禧太后的贡品。”在便利店的一角，另一位员工正在为来自新疆销售的参会代表介绍本地的特色茶叶。

史常欢告诉记者，开在长庆宾馆的“昆仑好客”直营店主要的客户群体是系统内的参会人员、员工及其他游客。每周一到周五主要接待石油系统开会和住宿的人员，周六、周日则对外开放，因为这两天外地旅游的人居多。

因为便利店面积只有不到100平方米，“昆仑好客”便利店所售商品要尽量做精细。特别是自2018年以来，该直营店通过进一步了解客户需求，对原有商品进行“删、补、突、拉”——删除重复单品、补充新品、突出重点商品和拉宽商品价格带。

“经过筛选，我们最终确定了350余种商品，更新率达到40%。”史常欢说。比如针对顾客群体的需求，在商品选择上增加了陕西颇有名气的蓼花糖、酱牛肉、黑酥米糕、水晶饼等特色商品，茶叶更是以独具特色的泾阳茯茶为主。在日用品区域，便利店主要准备了一些小包装便携式商品，比如洗头水、护发素、牙刷、杯子等日常用品，满足短期出行顾客的需要。

因为抓住了顾客的需求，承办会议期间，每天便利店营业收入近3000元。

“在这3000元的销售额里，特产类商品占到了50%。”史常欢开心地说。

别看开在长庆宾馆里，在销售方面，史常欢是不太担心的。她告诉记者，长庆宾馆2018年入住人数达到73000人左右，目前承办会议已经预订到年底了。

“不仅是直营店店销，‘昆仑好客’还有线上微商城，顾客可以实现线上下单，我们线下配送。这方面每天也有一定数额的进账。”史常欢说。

➢ 小小休闲区，醇香飘满厅

逛完了直营店，参会代表们不由自主地来到了其门口左侧、长庆宾馆右侧的休闲区。

六七十平方米的长方形区域，小小吧台，十多个沙发座椅，俨然一个小型咖啡厅，除面积小一点外，与市面上的咖啡厅并无两样。

“由于附近没有咖啡厅，考虑到入住酒店的顾客、参会代表需要一个沟通休闲的空间，我们才设置了这么一个区域。”史常欢说，“在这里参会的人们，多数是兄弟单位，平时也不容易见到。我们休闲区刚好给大家提供了一个沟通交流的机会。”

“小史，你们咖啡够香的！挺远就闻到味儿了！”甘肃销售和广西销售公司两位代表一落座，就点了两杯咖啡。

稍后，史常欢给记者磨了一杯咖啡。一入口，记者便露出惊奇的神色：“入口香醇，丝毫不输于星巴克！”

“那当然了，我们颇费了一番功夫呢！”史常欢回应。原来几年前中国石油“昆仑好客”就打造了“好客”品牌咖啡。为了进一步将“好客”咖啡品牌做大做强，中国石油对便利店营业员进行业务培训，包括怎么调配浓度适宜的咖啡，怎么磨咖啡，怎么品尝咖啡，识别什么样的咖啡才算是好咖啡等。

“我们‘好客’咖啡的咖啡豆是精选出来的高品质咖啡豆，口味醇香非常受欢迎。”史常欢说，“因其过硬的质量，2017年‘好客’咖啡还获得了国际金奖。”

不仅品质有保证，“昆仑好客”在价格上卖得也很实惠。“现在我们店刚改造完，一杯花式咖啡只售12元，活动结束后正常售价每杯也就20元，比一杯30多元的星巴克要便宜得多。”史常欢说。

不仅有咖啡，记者在每张圆桌的中间看到一张饮品明细卡，上面标有西湖龙井、安吉白茶、六安瓜片、普洱茶等中式饮品。

史常欢介绍，茶的品种很多，一壶茶价位从几十元到百元都有。遇到一两位顾客一壶茶喝不完的情况，店里还为顾客准备了各种茶包，非常方便。

每次开完会，吃过午饭、晚饭，大家凑在一起品茗茶、喝咖啡，有的闲聊，有的交流工作，有的静静地看书，休闲区醇香的味道弥漫到大厅的每个角落。

“就算你不想喝，但闻到这个香醇味道都会过来饮上一杯。特别是下午开会之前，很多代表会过来喝一杯，下午的会议就倍儿有精神。”史常欢说。

会议代表是休闲区主要消费对象。2018年这个休闲区每天销售额近2000元，2019年同比增加了18%。

➤ 重磅销售在团购

记者粗略地计算了一下，便利店和休闲区的年销售额加在一起还不到千万元，那么“昆仑好客”还能通过什么提升销量呢？

原来，除了店销外，还有一个隐形销售——“团购”，这也是加速“昆仑好客”实现千万元收入的另一个利器。

既然落户在长庆宾馆，长庆宾馆隶属于中国石油长庆油田，“昆仑好客”主要的团购业务来自长庆油田也是自然。

中国石油长庆油田是中国最大的油气田，用工总量达到70000多人。

“去年（2018年），70000多员工的劳保用品被我们争取了过来。”史常欢说，“劳保用品包括员工一年日常所需的手套、肥皂、香皂等洗漱用品。”

团购业务做多了，“昆仑好客”的员工也有了团购的意识，开始留意各种商机。

“去年的时候，我就想到长庆宾馆入住率这么高，每天能有200多人，日常为顾客提供的洗漱用品、拖鞋等商品，每年的用量也不在少数。没想到几经洽谈，还真成了，这方面进账也不小。”史常欢说。

这样业务做多了，“昆仑好客”的员工思路有了一定的变化：开始不局限于长庆油田一家，外部单位也成了大家关注的范围。

史常欢向记者介绍，长庆油田内部员工都有饭卡，但有一部分员工不经常到食堂吃饭，经常有用不完的情况。“昆仑好客”的员工还发现，不仅是长庆油田食堂有这种情况，很多单位也有这样的情况。

于是，“昆仑好客”结合一些加油站员工的需求，举办了一些内购会，根据员工需要将饭卡里的余额消化掉。这一项再一次丰富了“昆仑好客”的非油营业额。

尽管脱离了加油站，入驻长庆宾馆，但“昆仑好客”以团购为主打，总体算下来，2018年营业额就是这么达到了千万元的。

快到我的碗里来！我是“昆仑好客”

品牌为王的时代，让顾客记住你的“碗”，他们自然就会到你的碗里了。

文／周志霞

快到我的“碗”里来！这是当下各个零售企业都在追求的目标。

然而，进入新零售模式，带给消费者更好的消费体验才是让顾客到你“碗”里去的根本。毕竟，这样做才能让顾客记住你是什么“碗”。

因为，这是一个品牌为王的时代。

初来乍到，由“宝石花”搭配的“昆仑好客”脱离了加油站，其底气就是——团购、服务、质量。

➢ 以团购为支撑

我们都知道，非油进店率是衡量一个店非油品业绩的一个重要指标，然而目前石油系统的便利店大部分依托于加油站，客户群存在一定的局限性。因此，直营店的建立，给顾客带来了不一样的消费体验。直营店能够提升品牌形象，深化顾客认知，进而实现扩大客户群体、提高店销的目的。

陕西销售早在2016年就有了开直营店的想法。在哪开呢？一方面，西安窗口比较便利，直营便利店特别多，“昆仑好客”也可以参与进来。另一方面，因长庆宾馆所处位置交通便利，而且长庆油田体量较大，家属区、办公区比较集中，并对“昆仑好客”品牌有一定的了解，更有利于直营店的经营发展。

然而，并不是落座在长庆宾馆里，长庆油田的所有团购业务就“都到你碗里来了”。这也要付出一定的努力。

因为每个单位都有既定的供货商，双方签订了供货协议。陕西销售要想参与进去，首先要有顶层设计，就是公司双方高层要有一个共同意向；其次，双方需要进一步沟通协调。在陕西销售看来总在一起开会交流的毕竟是兄弟单位，有合作的感情基础。

不仅需要高层领导的沟通，现在所有石油企业都在进一步强化合规性。很多石油企业超过一定量的合同都要进行招标，长庆油田物资采购也是一样，要进行统一招标。入围以后，投标方还要按照对方的要求，准备好相关材料。

不仅如此，要确保招标通过，在陕西销售看来，质量不仅要优于其他企业，价格也要优于其他企业，也就是一定要做到质美价廉。

除此之外，合作之前的信息来源很重要。特别是长庆油田以外的团购业务，信息来源非常重要。“我们需要发挥集体的力量：西安分公司层面所有机关人员都有这方面的意识，发现线索及时上报，相关非油品业务人员就会前去洽谈。”史常欢说。

把握这样的原则，不仅使得开在长庆宾馆里的“昆仑好客”能够做大团购业务，包括此前开在中国石油陕西宝鸡销售分公司机关大楼门口“昆仑好客生活馆”，近两年团购业务也能达到几千万元。

“虽然我们初衷是做大品牌，但毕竟还在探索阶段，脱离了加油站的客户群体，我们靠什么确保我们的经营？就需要团购业务来支撑。”史常欢说。

为了更好地服务顾客，直营店在销售上以“团购”为抓手，大力发掘长庆油田的团体消费潜力，并在长庆油田的带动下延伸到外单位，将“团购”业务做大做强。

➤ 以服务为支撑

“有些超市就像菜市场一样，乱七八糟。拿起一个商品，满是灰尘，没有价签，顾客还要去收银台去问。”史常欢想，“这样的消费体验非常糟糕，我们的‘昆仑好客’可不能这样。”

长庆宾馆的地理位置可谓绝佳。在手机上定一下位，便会清晰地显示出来——西安市未央区151号。未央区151号属于西安经济技术开发区，毗临市政府、繁华商业区、地铁站口，这样的地理位置没得说。最关键的是，用工人数达到70000多人的长庆油田，居民区非常庞大。长庆油田总部大楼周边凤城二路到凤城五路，属于长庆油田居民生活区，至少有五六万人。

地理位置优越当然是好事，但也需要两面看。“周边至少有大大小小的烟酒商店、超市10多家。”史常欢说。

竞争是不可避免的，但也吓不倒“昆仑好客”。

2008年就开始与石油系统结缘、2017年到“昆仑好客”当店长的史常欢，有着经营便利店近10年的经验。

“街边的便利超市服务意识差，我们就要在服务上下功夫。再说了，虽然长庆宾馆的地理位置优越，但‘昆仑好客’毕竟开在长庆宾馆里，只有我们的服务好，顾客的消费体验好，我们才会有更多的回头客。”史常欢说，“这些也是宣传自身品牌的基础，这样才能让顾客记得你。”

说起服务的重要性，史常欢有一堆的话要说。她告诉记者，现在很多顾客有一个体会——很长时间没有到大型超市、商场购物了。因为买一件商品，都要坐好几层电梯，结账也要排队，便捷性非常差。相反，如果周边有一家便利店可就舒服多了，商品价格与超市相当，购物方便，大家自然愿意去。

因此，开店之初，史常欢和员工在提升顾客消费体验方面下了很大的功夫。

“昆仑好客”直营店，无论从商品清洁性还是商品陈列的美观程度来讲，都做到了极致。便利店干净整洁，商品陈列丰富，顾客看着舒服，货架上所陈列的商品都有准确的价签、出厂地点，不留给顾客任何困扰。

“因为这次精细化会议，为了让参会人员享受更好的消费体验，我们从里到外将便利店进行了改造，外部休闲区也扩大成了60多平方米。”史常欢说。

不仅店面形象进行了改造提升，就连营业员也是经过正规培训的。“包括统一着装，如何服务顾客，商品特性等，都有讲师给我们培训。”史常欢说，“坦白地讲，‘昆仑好客’的商品比一般的大型超市贵上几角、几元钱不等，所以更应该做好服务。”

来店的顾客消费体验好，不来店的顾客同样也不会失望。

在长庆油田居民区，大多数居住的是长庆油田员工的父母，而他们的儿女多数分布在外地的各个分公司。

“这些老人有的年岁已高，买个日常用品非常不方便，更别说米面油了。便利店掌握了很多这样的顾客信息，每隔一段时间，员工就会打一圈电话询问，需要就会送货上门。”史常欢告诉记者。不仅如此，便利店还为这些顾客办理了一些便民卡，使其买东西更方便。

“参会人员喜欢买一些特产带回去。只要一个电话，我们就送到房间；只要提供一个地址，我们就直接邮寄到指定地点。”史常欢说。

这两年，“昆仑好客”始终以提升客户消费体验为原则，周边零散顾客来店的情况越来越多。“这也是我们最终的目的。”史常欢说。

➢ 以质量为支撑

与周围的10多家大大小小的超市相比，“昆仑好客”不断追求极致的服务。然而，在不断追求服务的背后，是“昆仑好客”过硬的商品质量。

质量为王，是中国石油“昆仑好客”一直坚持的原则。为保证质量，中国石油“昆仑好客”一直把好三道关。

中国石油有一个非油供货平台，内部叫天书平台。在这个平台里，所有商品的供货商都要经过层层招标才能入选并成为“昆仑好客”的供应商。而商品质量标准是入选最为关键的原则，这实际上已经是把好质量的第二道关了。因为在此之前，入选的供应商对自身商品已经进行了一次把关。第三道关则是商品配送到各个“昆仑好客”便利店，便利店员工在这里再次进行把关。

“在一般情况下，我们会一周盘点一次库存，然后在后台提交要货订单，天书平台会第一时间反馈给供应商，隔二三天我们就会收到货，有的直接入库便利店，有的直接在网上发货给顾客。”史常欢告诉记者，“遇到天书平台没有的商品，公司会递交申请，天书平台再去找货源。”

便利店之所以收货这么快，与中国石油2017年成立了“昆仑好客”公司不无关系。成立了“昆仑好客”公司以后，中国石油在陕西省配备了中央仓，实现了11家陕西省分公司的集中配送业务。

在史常欢看来，有了中央仓集中配送，能够让规范处理相关商品问题更加便利。以前，临期商品换货、退货都没那么及时。现在，像一些鲜肠、牛奶等保质期比较短的商品，只要提交给中央仓，就可以随时更换，确保商品质量。

产品质量要过三道关卡，中央仓集中配送加持，在史常欢看来，这是“昆仑好客”的最大优势，也是周边超市、烟酒商行无法比拟的。

“简单地说，我们的采购、配送环节都不用管，我们只负责销售，周边的便利超市完全不具备这样的能力，至少它们采购要自己负责，不能保证商品来源和质量。”史常欢说。

商品质量有保证，服务做到极致，顾客不由自主地就会记住你，这就是品牌效应。

“顾客知道了‘昆仑好客’，无论便利店开在哪，都会形成引流。”史常欢说，“比如，宾馆附近的顾客过来买商品，知道‘昆仑好客’不错，下次他开车到加油站，看到‘昆仑好客’就会进店购买。反之，加油站的顾客看到宾馆里有‘昆仑好客’，也会进来购买。”

“昆仑好客”好客有道

——专访中国石油陕西销售分公司副总经理王斌全

顾客品牌认知的路上，不可盲目做直销店，还需以做大店销为主。

文 / 周志霞

在新零售闪亮登场的这两年，便利店从加油站走出来，做直销店，并不是陕西销售的特例。近两年，各个销售公司的直销店出现在社区里、机关大楼里、炼化机关办公楼内，屡见不鲜。

而在陕西销售，直销店也并非长庆宾馆这一家。那么，这样的模式能否复制推广？最大的弊端在哪？是否有突破的可能？陕西销售非油品整体的战略发展方向又是什么？为此，记者专访了中国石油陕西销售副总经理王斌全。

➢ 时机不成熟　直销店要慎重

Q 记　者： 王总您好！便利店脱离加油站做直销店，您认为这种方式可以复制和推广吗？

A 王斌全： 能推广，但要慎重。当时“昆仑好客”能开到长庆宾馆里，最大的原因就是在推广品牌的同时可以通过大单销售支撑起经营业绩。此前开在中国石油陕西宝鸡销售分公司机关大楼门口的“昆仑好客生活馆”，也是这个道理。综合来看，在顾客对“昆仑好客”品牌认知还没那么强的时候，要想做直销店，必须满足一些重要的条件，就是要有闲置资源，包括店面资源、人员资源和团购资源。以上这两个店正是满足了这些条件。

反之，我们要慎重。因为不是每个直销店都能靠团购业务做起来。因为团购业务貌似营业额比较大，其实毛利比较小。真正的直销店把零售做大，才是正道。还是那句话，顾客在品牌认知较差的情况下，如果把直销店开到社区、开到商业区去，没有固定的客户群体的加持，在这种情况下，我们要承担大部分的成本，所以一定要慎重。

Q 记　者：做直销店有助于提升顾客品牌认知度，但目前做以零售为主的直销店时机还不成熟，那有办法突破吗？

A 王斌全：从大的层面来讲，我认为有两个方面一定要突破。一方面要把自有商品做大。目前，我们的自有商品销售比例远远达不到50%，大部分需要供应商供货，毛利非常有限。另一方面，物流配送环节效率要大大提升。京东为什么做得那么成功？物流快是最大的原因，能给顾客带来良好的消费体验。

➤ 加大自有品牌　店销再提升

Q 记　者：这两年中国石油整体上也在紧锣密鼓地抓店销，咱们整体店销怎么样？

A 王斌全：2019年，集团提出以店销为主，店销也是高质量发展的必然手段。而事实上，陕西销售高层领导一直以来的理念就是做大店销。从2018年的业绩来看，陕西销售完成了10亿元非油营业额，店销占到7.2亿元，纯利润为9000万元。整体来看，陕西销售店销收入可以占到70%以上，这个占比还是比较高的。今年陕西销售下达的任务是要完成12.5亿元的非油营业额，计划完成利润1.25亿元。但我们按照以往的经验，收入和利润应是配套的，所以我们计算下来，利润占总收入的15%是可以完成的。于是我们自加压力把非油营业额提到了13亿元，这样才能完成利润1.25亿元。

➤ 三管齐下品类全

Q 记　者：2019年完成非油品任务有信心吗？具体的措施是什么？

A 王斌全：既然设定这个任务，就一定要完成。我们店销占比较高，就是因为我们抢抓先机，介入得比较早。比如，我们很早就打出了武夷山水的旗号。“昆仑之星”系列也是，原来市场没有那么普及的时候，陕西销售的“昆仑之星”销售收入就能超过整体收入的20%，毛利可以占到30%，1/4的收入均来自自有产品。

下一步要想进一步加大店销的质量，最重要的需要从几个方面将自有产品进一步做细。第一，将“昆仑之星”产品不断丰富，有意识地加大销量。比如，原来非油品销售达到5亿元收入，保证产品销售占到20%；现在非油品销售达到10亿元，同样要保证产品销售占到20%，一定保证同步增加，不掉队。第二，“昆仑好客优选+”系列，相对毛利高一些，要进一步加快这方面的工作。第三，原来我们都是在各个分公司进行采购，现在非油公司成立了，我们要加大力度从非油品公司进行采购。第四，就是加大员工的考核力度。比如，原来规定员工销售非油收入一万元，可能就给一定数额的奖励；现在要求不仅卖出一万元，还要达到一定的毛利要求，才能给其一定数额的奖励。

➢ 多条腿走路　选对商品是关键

Q 记　者：店销一直在提升，未来千万元便利店的前景应该也不错吧？

A 王斌全：目前，陕西销售的非油千万元便利店有6座。其中，包括开在长庆宾馆里的“昆仑好客”，开在宝鸡销售分公司机关大楼门口的“昆仑好客生活馆”，再就是依托润滑油公司的大兴加油站，2018年营业额都能达到几千万元。其余的几座千万元便利店依托地理位置的优势，通过油品销量带动非油品销量。未来，千万元便利店肯定会越来越多。从未来品牌推广的角度来讲，直销店肯定还会有，但一定要满足以上说的特定条件。另外，随着特色店、改造完成的站会越来越多，改造加油机、增加一些智能软件、营造良好的周边环境都能助力千万元便利店的诞生。

Q 记　者：千万元便利店会越来越多，您觉得从陕西销售整个非油品来讲，持续做大的关键是什么？

A 王斌全：还是要选对商品，这是最大的基础性工作。当然，这也是最难的，需要持续改进。前些年，我们总是追求便利店品种全、种类多，一个便利店的商品有时达到二三千种。这两年，我们认识到便利店最重要的是追求差异化——高速公路、国道上的店所卖商品不一样，城市与县城和乡镇的肯定又不一样。有的便利店商品有200种就足够了，根本没必要达到上千种。最重要的是这200种商品都是什么，是我们需要研究的。我们坚持推进便利店规范化、标准化、信息化建设，持续打造新的业务增长点。2019年，我们对有发展潜力的朱宏路加油站进行了信息化改造，升级和刷新了顾客的消费体验，加油站非油品收入日均增长57%，预计年底又将产生一座千万元便利店。

11

“菱角”花开　湖北香来

利用10年时间，中国石化湖北石油武汉分公司“菱角湖”加油站便利店走出了一条创新求变、自我革新的赶超之路。学习进取，抽丝剥茧，一个个发现，一次次创新！今天，它将目光聚焦于更为长远的未来……

营销现场

一个便利店的十年自我革命

这是一个便利店持续求索的故事，荡气回肠间映射出武汉石油融入骨血的革新精神。

文/王海坤　王开黎

鄂东武汉，九省通衢之地，素以“百湖之市”闻名，市内湖泊荡漾、莲荷摇曳。外人至此，哪怕是盛夏时节，暑热中亦能从内心生出一丝清凉。

2019年，记者实地走访的一座加油站千万元便利店便坐落在武汉市这百湖之中的菱角湖畔。

但见，绿荫廊道侧修竹丛丛，掩映着一个临水平台，数把阳伞、几张休闲桌椅点缀其中，伞后隐约露出油站便利店的侧门一角……

如此出场的加油站顷刻间颠覆了记者对加油站的一贯认知——这难道是一个湖畔的休闲水吧?

然而，当记者绕到加油站的另一侧，触目所及尽是排队加油的车辆、林立着的加油机，穿梭其中的油站工作人员正将一箱箱、一袋袋货品搬向车辆后备厢……记者这才确认，这就是我们此行的目的地——菱角湖加油站!

“2019年以来，菱角湖加油站启动了一场店销变革。”中国石化湖北武汉石油分公司非油品分管领导告诉记者。

“目前，菱角湖加油站便利店的店销，平均每天都有1万元，周末甚至能达到1.3万元！”中国石化湖北武汉石油汉口分公司经理、党支部书记陈军说。陈军指着那些搬货的店员说：“看见没有，现在便利店的商品都是一箱一箱、一袋一袋地往这些车主的后备厢搬！这都是缘于这场店销变革。”

➢ 漫漫十年，几度求索……

对于菱角湖加油站来说，今时今日店销领域能再一次飞跃绝非偶然。回顾历史，革新、求索的精神始终与这家加油站的成长相伴而生。

2010年3月，正式营业的菱角湖加油站给所有客人最深的印象就是，人们能在它临湖的水台上品咖啡。近10年前，这种前沿的探索引来了系统内众多兄弟单位的参观，其便利店非油品业务因此而显得与众不同，业绩也在系统内轻松凸显。

然而，2014年，菱角湖加油站便利店业务遭遇了第一次严重打击，烟草业务受政策影响出现明显萎缩，店销随即缩水。

为了适应新的发展需要，菱角湖加油站开启了便利店改造。2015年，委托7TT上海总部的设计师对便利店重新设计后，便利店的服务台进门即可直视，所有业务办理可在一条直线的台面上完成；仓储设计在柜台左后侧，与便利店的后门临近；圆形的石膏吊顶、漂亮的小射灯……

“可以说，当时菱角湖加油站便利店超前的内部装修和外观设计，是一种突破性的存在！”湖北武汉石油分公司非油品部新业务项目经理詹祺说。

与此同时，菱角湖站率先走上了异业合作的探索之路，最先介入的是旅游、餐饮、保险、广告等业务。易旅行、太平保险、品牌餐饮7TT等为菱角湖加油站便利店带来了可观的流水。当年，其非油品业务营业额实现了翻倍增长。

而这一年，应中国石化号召开启的“水世界”活动，也刺激了菱角湖加油站的非油品业务销售。从4月起，持续到10月，菱角湖加油站的员工将各种品牌的水及饮品，成箱成箱地堆在两个加油箱之间。这种地堆的四周还贴着醒目的宣传语、品牌标识和相应的形象广告，开车进站的司机远远地就能注意到这种醒目的地堆。车主加完油之后，便会以最优惠的价格将自己喜爱的饮品装上车。

“那个时候，菱角湖加油站便利店作为第一代‘样板站’，迎接系统内各兄弟单位的参观学习。”詹祺说。

2016年，素有明星站长之称的刘伊云竞聘到了菱角湖加油站当站长。85后的刘伊云出身理工科专业，却善于观察、思考，理性思维极强。她发现菱角湖加油站还存在不少问题，而把员工不思进取、小富即安的意识转变为主动竞争、敢于竞争的状态最为迫切。

在上级领导的鼓励下，刘伊云开始尝试员工激励机制革新。菱角湖加油站设计了阶梯式激励模式，员工完成的工作量越多，工资越呈加速度增长。“员工下班以后，通过阶梯式奖励表格就可以知道今天自己销售了多少油品、非油品，可以拿多少工资，非常明确。”刘伊云说，“变革之后，员工如果在一天内没有卖出任何油品和非油品，当天就没有工资；如果员工在一个月内没有完成分配的任务，就只能拿最低生活标准的工资——1408元；如果连续三个月都拿最低生活标准工资，那么这名员工将会被末位淘汰。”

变革之后的2017年，菱角湖加油站便利店非油业务销售额达到了1100万元。然而，这个“千万元”并没有给大家带来应有的兴奋，因为当年店里非油品业务的利润和员工工资都没有明显增长，由此菱角湖加油站便利店的异业合作进入了低迷期。

时至今日，只有能为便利店持续引流的异业合作仍处于“双赢进行时”，如易旅行。易旅行是一家主打私人定制、特种旅行的旅行社。易旅行常常利用菱角湖加油站特殊的区位优势将这里作为散客集散点——每周几次周边游、省内游出游的大巴都会停在这里。游客们一来，在准备出发前便会在店里采购水、零食以及路上的餐食等，对于便利店店销上量极有帮助。“最关键的是，每一批游客都来自四面八方，他们在此汇集出发，就会对我们菱角湖便利店熟悉起来，对我们持续引流有好处。”刘伊云说。

进入2018年，作为中国石化湖北武汉石油分公司明星站点的菱角湖加油站，虽说非油品业务销售额依然达到了千万元，但仍延续了2017年非油品业务利润和员工工资双双没有明显增长的态势。对此，刘伊云心里焦急万分。

然而，2019年年初，一场突袭而来的政策变化直接加重了菱角湖加油站的销售压力。

➢ 2019，重压下的变革

“2019年年初，受国家烟草资源政策性减缩影响，我们武汉石油分公司的烟草进货量比去年同期减少了7000万元！非油品业务市场形势空前严峻。”中国石化湖北武汉石油分公司非油品业务部经理程斌说，“过去一两年，虽然烟草进货量也偶有下降，但从来没有这么大幅度。”

“2016年到2017年，菱角湖加油站便利店的烟草销售占到店销的30%到40%；2018年这个数字减少到20%；进入2019年，这20%一下子就降到了地板上。”谈到年初烟草减量给菱角湖便利店造成的影响，菱角湖加油站站长刘伊云说，“店销水平立刻出现断崖式下跌。过去烟草销售几乎一直都是油站便利店店销中的重头产品，利润也最为丰厚。”

面对迎面而来的巨大压力，菱角湖便利店店销任务却一点不减。“今年给我们的店销任务仍然是400万元。”刘伊云说。

“武汉石油正处在一个紧要关口，是愈进愈难、愈进愈险而又不进则退、非进不可的关键时刻！”危机中，中国石化湖北武汉石油分公司负责人给出了明确而精准的判断。他在年初的大会上指出，武汉石油要进一步解放思想、主动求变、直面挑战，坚决破除思维定式的束缚。这就需要从实际出发，大胆探索！要以“杀出一条血路”的勇气，啃最硬的骨头。

该负责人所指的“那根最硬的骨头”，就是加油站便利店的店销。眼下，千万元便利店中店销占比大的寥寥无几。

“我们认为，做实店销才是我们非油品业务或者说加油站便利店业务真正的发展出路！”武汉石油分公司非油品分管领导说，“要想员工增收、企业见效，必须增大店销。”

于是，一场店销变革拉开了帷幕，菱角湖站就是急先锋。

➢ 打开一扇崭新的门

“变革虽然难受，但它是希望所在。”刘伊云说，要落实400万元店销任务，必须有新思路。

加油送优惠券活动是店里最初的尝试。每周一到周五开展加200元的油送“满50元减25元的优惠券”活动；每周六、周日则开展加200元的油送“满30元减20元的优惠券”活动，命名为“周末巨惠”。

“活动开展以来，店销就有了变化，原本每天仅有两三千块钱的店销变为三四千块钱。”刘伊云说，“遗憾的是，送券活动虽好，顾客兑券比例却很低，只有不到20%。”

不久之后，一场“及时雨”来临——湖北石油组织的各地市公司负责人和非油品经营人员赴广东公司学习考察，取得“真经”的人员在店销领域拓宽了思路、打开了视角，掀起了一场轰轰烈烈的店销革新——

打造时尚简洁的地堆货架，摆放日常受顾客欢迎的粮、油、奶等商品，形成醒目突出的粮油专区，给客户以强烈的“视觉冲击”；

粮、油、奶商品均为湖北石油精选的特色优质产品，启动油非互促劲爆价格，实行全员“开口营销”，吸引顾客进店消费；

引导司乘人员个体消费向“家庭式”打包采购延伸，推行关键路径——“把客户后备厢装满”！

特别设“重点商品销售专班”，提前备好实惠、能快速精准满足客户需要的30元商品包，专攻每周六、日的“周末巨惠”活动，让顾客感觉便利、省心、实惠、周到……

“这次变革后，我们积极推行‘开口营销’。很快，优惠券兑券率达到了80%！”刘伊云说，“而店销销售额也飙升到平均每天一万块钱，周末则能达到13000块钱！店员税后工资也几乎翻了一倍，从2000块钱跃升至接近4000块钱。”

"还不止于此，眼下这些数据还在不停地往上涨！"刘伊云兴奋地说。

"过去我们的店销思路是盯车主。车主进店来，也就是买一瓶水，买一盒方便面。这种零散销售很难扩大营业额。现在我们要变盯车主为盯他背后的家庭消费。我们要想办法把他的后备厢装满，让他每周到加油站加一次油，就顺便把他家庭所用的一周物资采购好。"武汉石油分公司非油品分管领导说，"打地堆就是要激发和刺激顾客的购买欲，让顾客的消费成倍增长。开口营销则主动告诉顾客我们加油站便利店的特色产品有哪些，价格优惠有多少，直接打破了顾客的盲区。"

"最主要的还有一点，就是空间优势。顾客到周边的大卖场、商场购物，首先要面临停车难、车位收费、购物排队、远距离将所购物品拎到车上，耗时、耗力、耗成本。我们店销的革新则将顾客这三耗降为零，一步到位，装满他的后备厢。"

"这种新思维下诞生的新模式，就像打开了一扇崭新的门，我们已经看到门内风光无限！"武汉石油分公司非油分管领导面对记者说。

➢ 新机会，必须抓住！

2019年7月1日，湖北石油App上线，刘伊云兴奋不已。

"这是我们今年必须抓住的机会！这个机会抓住了，我们今后几年的店销上量就不是眼下这个水平了。"为此，她紧急让得力干将王小梅将App系统里的商品目录要来，对照自己店内的商品，凡是缺货全部补齐，以便在App上下单的线上客户能够优先选择菱角湖加油站便利店来线下取货。"App才刚开始推广一个月，我们便开始培养这些线上下单的客户到菱角湖便利店取货的习惯。这种取货惯性一旦形成，这些客户就很可能会成为我们便利店的忠实客户。"在刘伊云看来，推广App并不是个苦差事，它对于今后的店销意义非凡。

在刘伊云的设想里，她打算把油站便利店目前暂时关闭的临湖侧门打开。油站便利店的正门正对着武汉有名的万达广场商圈，门前主干道连接着武汉市天河机场二通道的主要入口。如果能让便利店正门和侧门之间形成一个便利的通道，那么侧门连接的环湖绿道上的人流就可以通过该通道去往便利店正门所连接的万达广场商圈，而商圈里的消费者也可以通过这个通道前往环菱角湖的绿道临水休闲……这样油站便利店的区位优势将会得到史无前例的挖掘，一改过去形成的两个客流“闭环”，最重要的是能让周边所有的消费者都知道，从便利店内的这个通道走省时省力。这是万达商圈与环湖绿道之间最近的通道。“时日一久，这种导流一定会带动我们便利店店销的可持续增长。”刘伊云说。

2019年年初，曾经与菱角湖加油站合作得如火如荼品牌餐饮7TT成了过去时。“从前早餐、夜宵都很火爆，对我们便利店的引流也很有帮助。”刘伊云回忆与7TT的共享时光兴奋地说，“可惜7TT一方内部发生了变故导致合作终止。”

这么好的店中店位置不能空置浪费。眼下，店里和公司领导都在积极部署，重新启动餐饮区域的合作。据刘伊云说，目前思路有几条：一种是依然和品牌餐饮进行异业合作，另一种是大胆探索员工持股自行销售消夏冷食的模式，当然还可以探索员工承包的模式，等等。总之，就是要换思维，因地制宜，大胆改革。

“最近我们正在构思菱角湖加油站夜晚的销售亮点，比如在周围的树上或竹子上挂上星星灯，做成‘海边休闲水吧’的场景。目前，每天环湖绿道上就有2000人到3000人的客流，如何把他们吸引到加油站便利店来是我们重点思考的问题。这些夜晚休闲的人基本上都来自周边核心区的高端住宅，都有中高端消费能力。我们要着力于挖掘他们在便利店里继续消费的可能。”中国石化湖北武汉石油汉口分公司经理、党支部书记陈军说，“距便利店600米左右的湖边有一条沿湖的休闲商业街，另一侧紧挨着金融街，那边的客流有不少通过环湖绿道会走到便利店这边来。这个客户群体非常好，挖掘他们进店消费，或者在临湖的水吧消费，是一个很有前景、潜力空前的举措。”

“实际上，目前我们店里的客群已经有了明显的变化。店销中烟草销量占重头的过去，客户群体相对单一；随着眼下店销爆款商品种类越来越多，客群覆盖面越来越宽，客户也更加多元化了。”刘伊云认为，“便利店似乎已经找到了一条长久生存、持续发展的路，因为便利店的店销业务已经深入了周围老百姓的生活。”

炎炎午后，便利店内一角的休闲桌椅旁，零星地坐着一些客人，有带着孩子的爸爸，玩手机的年轻人，一边喝饮料、一边歇息的老年人……个个显得清爽、惬意！还有一位女士一直在和一位男士聊天。终于，聊天结束，男士离开。记者这才抓住机会与女士攀谈起来。原来女士姓殷，是周围高档住区的住户，也是店里的常客，今天是到店里来充加油卡的，顺便约了一个朋友在这里谈点儿事情。“这里充加油卡会送券儿，还有积分，可以兑换东西。积分多了，我就会兑些米和油回去，这些家里总是要用的嘛！有时候也会兑换一些小零食、口香糖什么的，总之很实惠。”殷女士说，“我在这里买东西的时候也常会在这儿休息一下，等丈夫开车来接我回家。”

显然，殷女士已经把菱角湖便利店当作了她生活中不可或缺的一部分。

店销“井喷”的背后

“专家型”店员、大客户“牌”、中央仓配送以及武汉石油的匠心独运，都是店销巨变彰显出后发优势的深层、浅层因素。

文/王海坤　王开黎

短短几个月，店销变革后的菱角湖加油站便利店巨变如此：日销售额飙升到平均每天10000元，周末则能达到13000块钱；店员税后工资翻了一倍——从2000元跃升至4000元！

这不得不让各方深思：在店销学经验、打地堆、选优品这些看得见的因素外，究竟还有哪些变革的因素促成了这家店店销的“井喷”？

➢“专家型”店员

菱角湖站站长刘伊云说：“我首先在店里打造了一个专卖燃油宝的‘榜样人物’，以他作为标杆带动大家火热投入店销。”刘伊云选的榜样是一个男店员，叫辜小国，一直以来非常有吃苦精神。刘伊云引导他往汽车维修技术的专业性上发展，让他逐渐成为这个领域的专业人士。顾客只要有该领域的问题都去请教辜小国，辜小国为他们解决实际问题的同时也销售了燃油宝。辜小国从刚开始每天能卖五六瓶燃油宝，到不久以后每天可以卖到十几瓶燃油宝，再到后来一个月就可以卖600瓶燃油宝，月工资直接猛增到一万元以上。受这个“专家型”榜样力量的带动，便利店重点商品燃油宝的销售量逐渐增多，很快呈现出“井喷”之势。

王小梅是菱角湖加油站有着七八年经验的老员工，长于研究客户心理。店销变革伊始，刘伊云就鼓励她在这一领域继续深挖。王小梅针对不同客户的需求，能快速进行最佳商品组合，然后推荐给客户。客户对于王小梅推荐的组合商品十分满意，到店里反复消费的回头客剧增。

由于对客户心理、客户需求的深入研究和精准把握，王小梅还赢得了一批大客户。这些大客户的背后已不再是一个家庭，而是一个团体甚至几个团体。这些反复团购的需求成了店销上量的重要支撑。

➢ 大客户“牌”

“经过几年有意识的营销，目前我们的大客户资源已经有800个左右。这些大客户经常会通过微信群，提前沟通订货，再约好时间到店里取货。2019年店销变革以后，店里的粮、油、奶产品促销活动增多，这样的大客户团购行为呈现井喷式增长。”刘伊云说。她还给记者举了一个例子。一次，微信群里的一个网约车司机到店里来开票，看到刘伊云和店员们正在打地堆，准备粮、油、奶产品，一问原来是第二天要搞活动。他问清活动规则以后非常高兴，第二天一早就带了一个车队近百辆的网约车来到站里加油，然后参与活动，一次的消费额就将近2万元。

相对于不少企事业单位组团来参加活动，由个人消费者带动的团体消费越来越多。菱角湖便利店里有一个员工的孩子在上幼儿园。活动开始之后，该员工在幼儿园的妈妈群发布了活动消息，引发了一系列的连锁反应：从一个妈妈带着孩子到店里来参加活动买粮、油、奶，到几十个妈妈带着孩子一起到店里消费，最后发展到这些妈妈的邻居、同事也组团到便利店里来参加活动……那种发展势头让店长刘伊云目瞪口呆。因为和四周商圈的商品相比，便利店搞活动的产品质优、价廉，具有绝对竞争力！到店里来例行安检的安监人员，看中了店里易捷的自有品牌水，以活动价团购到对面万达商城的安监局会议现场使用；户外达人以活动价团购店里的饮品提供给一场又一场的户外活动使用……这样的例子不胜枚举。

“大客户的订单常常一次就1万多元。”王小梅说。

“目前，如果加上大客户的销量，店里每个月的销售额都在2万多元以上。”刘伊云说。

刘伊云没想到，当初店里为了更好地服务客户、让客户提意见而设的微信群，经过几年的发展，竟然会逐渐演变成一个大客户群，在这场店销革新中释放出了巨大的购买力。

➢“我买，我就不信你不买！”

除此之外，刘伊云还有一招店销“狠手段”。

当每一次活动规则出来以后，刘伊云都会组织便利店员工进行“学习”。她的“学习”从来都不教条，而是从实操层面入手，让所有店员利用规则进行一场自己最心仪的商品组合。然后，她号召大家将这种商品组合推荐给每一个进店的客人，将每个进店的客人当作自己来推销。

“我买，我就不信你不买！”刘伊云对记者说。

刘伊云认为，这是菱角湖加油站“贴心、实惠服务”的源头，也是革新后店销上量的秘笈。

于是，菱角湖加油站便利店就出现了这样的场景——顾客进店，店员立刻通过简短对话分析把握顾客心理，然后快速推出有针对性的商品组合；顾客觉得商品组合正中下怀，完成“优惠券+优惠价格”的购买；店员将购买商品搬入顾客车的后备厢。

这种贴心又实惠的服务，就连中国石化系统内的“自己人”也常常被吸引过来。

“我每周都会有一两天下班后到店里来，我也在这边加油。然后让他们帮我搞一个优惠的商品组合带回家，这比旁边的卖场要实惠得多。”陈军说，“50元组合的商品中通常有油、盐、酱油、豆瓣酱、卫生纸等每个家庭的必需品。”

➢ 后备支撑——中央仓配送

随着菱角湖站店销变革后货品的不断上量和快速周转，特别是呈喇叭口式的销售趋势，能否保障物流供给就成了关键问题。一旦物流不畅，客户购买体验感下降，接续购买就会变成“浮云”。

“我们有自己的中央仓，并委托京东在帮我们做全省的物流配送。”中国石化销售湖北石油分公司非油品中心经理李少民告诉记者，“这是目前店销革新的后备支撑。”

“我们利用废弃的油库建了中央仓，并在2017年年底投入运营。我们认为，在物流配送领域，最好找专业的人来做专业的事儿，不论是成本还是其他方面都将达到最优效果。这是我们和京东合作的原因。”李少民说。

为了优化物流配送，进一步降低成本，湖北较边远的三个地区——十堰、恩施、宜昌，湖北石油已经设立了三个物流配送的分仓，利用分仓缩减二次物流配送的半径。“据我们预测，即使全系统货物销量增长3倍，我们现在的物流系统都能够很好地支撑。如果销量继续上涨，我们也不会面临任何物流配送瓶颈，因为我们已经在武汉黄陂预留了相应的地块，如果需要扩大仓储，预计3个月就能完成建设投入运营。这些都为未来持续的增长提供了保障。”李少民说。

自店销革新启动以后，湖北石油的中央仓物流配送已经达到了一周一配和一周两配的频率。“一周两配的油站在武汉石油分公司已经接近20座。”中国石化湖北武汉石油分公司非油品业务部经理程斌说，“我们中央仓的理念是，主动将货物配送到加油站便利店，同时将加油站便利店一些不好卖的或者是过期报废的商品带回中央仓。另外，总公司实施统购统采，采购量大，价格就会降下来，十分有利于我们提高店销。还有，地市公司可以推荐一些好卖的、优质产品，由总公司来统购统销，会更为采购加分。”

➢ 匠心独运

以上这些，还都是浅层次的因素。菱角湖加油站店销之所以能在革新中产生巨变，与其先天所拥有的独特“基因”是分不开的，这才是店销“井喷”的深层因素。这一点尤其映射出武汉石油的匠心独运。

“菱角湖加油站是一个置换站。”中国石化湖北武汉石油分公司非油品业务部经理助理钟华介绍说，“建站初期，它的对面并没有万达广场，也没有周围的商圈，更没有通往机场的高速路。当时，武汉石油分公司的领导却一致看好这里，花了大量的精力来协调置换、打造门店；请了四个设计公司，对加油站精心设计，为此出了十几个设计方案来优中选优，最后选出了目前加油站的这个设计方案。”

“在当时，这就是一个十分超前的设计。当下来看，它不但不过时，而且仍然代表着一种未来的方向。”钟华说，“菱角湖加油站及便利店的设计，既考虑了有限面积的充分利用，更考虑了与湖区休闲功能的衔接及最大化。与菱角湖原有的绿道相连并融会贯通，才有了今天我们看到的几位一体的菱角湖加油站。”

谈起武汉石油分公司当时选址、设计的匠心独运，武汉石油分公司非油品分管领导表示：“这是无心插柳，有心打造！”

虽远在10年前，武汉石油分公司已经以独特的眼光预计到这一区域将会崛起的商圈和高速路规划，以及加油站设在这个点上将会具有天然的区位基因。这种基因在将来的加油站竞争中不是对手随便可以具备的。而濒湖的一面，地理位置独绝，它具备了加油站融入百姓生活、融入湖区休闲的先天条件。这就是今天，我们若从湖区一侧远眺加油站，但只见修竹丛丛、临水平台及店门一角，恍若一休闲水吧坐落湖畔……几乎不会让人想到这是一个加油站便利店的背影。

因为菱角湖加油站珠玉在前，武汉石油分公司将这种“匠心独运”还复制到了月湖桥加油站。月湖桥站位于享有高山流水觅知音佳话的汉阳古琴台风景区，便利店依湖而建，几乎颠覆了人们对传统加油站的认知。便利店不仅有美景，还有古韵，更有深厚的文化底蕴。在便利店与月湖公园相连的亲水平台上，撑一把阳伞，闲坐饮茶，远处荷香阵阵，人们在融入生活的同时，也融入了自然。

如今，依据武汉市得天独厚的一些要素，并将这些要素凸显出来做到极致，已经成为武汉石油分公司加油站投资、改造、发展的重要理念。

目前，武汉石油分公司的加油站改造工作已经实施了一年多时间。“实际上，在眼下加油站的大改造中，我们已经把这种先进设计理念、前沿设计风格、独特文化要素融入了改造后的加油站中。”武汉石油分公司非油分管领导说。

➢ 后发优势

“2019年5月，自我们启动店销变革以来，第一批试点不只有菱角湖加油站便利店，还有头道街加油站便利店、关山二加油站便利店，后期又将月湖桥加油站便利店纳入试点。试点效果十分突出，各个站都发生了巨变！”中国石化湖北武汉石油分公司非油品分管领导告诉记者。的确，有诸多深层次、浅层次的优势因素做支撑，武汉石油分公司的第一批试点站都出现了店销“井喷”。

在这位非油品分管领导走访头道街加油站时，该站站长杨旭汇报该站便利店日均店销额仅为800元。店销变革后——

6月22日，该站非油品日销售突破5000元；6月25日，非油品日销售突破8000元；6月29日，非油品日销售15680.3元；6月30日，非油品日销售11162.5元；7月1日，销售13246.3元……店销额仿佛洪水一样涨了上去！

“真的难以置信！我自己都没想到现在我们站也能一个白班店销达到8000多元。”杨旭说，“店销改革后，第一个月（6月），店里人均从非油品业务中的返利跃升至300元；第二个月（7月）跃升至600元。”

而据记者了解，过去这个数字只有少得可怜的50元，而且同样是在该站各种异业合作红红火火、销售额达千万元的前提下。

与菱角湖加油站类似，头道街加油站也处于核心商圈，周围的消费人数至少有10万人。眼下杨旭脑子里整天想的就是，如何将这10万人的消费人流切一大块下来，渐渐凝固为自己店里的消费者。

关山二加油站的巨变相比头道街站更令人瞠目。数据显示，店销变革后的第一个“周末巨惠”活动，关山二站两天的电子券兑换率达到82%，发券3.5万元，用券2.9万元，带动率超过180%，带动非油品销售额2.3万元；店销变革以来，日均店销15000元左右，最高达到过2万多元。

店销变革后短短两周，几个试点门店非油品日均销售额由原来的1000多元增至1.3万元，成品油销售量日增长2吨至3吨。结合“周末巨惠”等营销活动的开展，周六、周日店销突破2.5万元，店销水平比店销变革前增长了10多倍！与其他地区、其他省份系统内兄弟单位相比，显现出明显的后发优势。

“目前，从市场占有率来看，我们的油品占到湖北市场的60%左右，但是我们的非油品业务占比不足湖北全社会零售总额的1%。非油品业务的增长空间和潜力非常巨大。”湖北石油分公司非油品中心经理李少民说。数据显示，湖北全省有车680万辆，如果加上这680万辆车主的家庭，人数则近1500万人，占湖北总人口数的四分之一。李少民接着说道：“只要我们将思维打开，满足这部分人的消费需求，我们的非油业务前景将十分可观。”

据了解，湖北武汉石油分公司2019年上半年非油品实现全口径营业额2.6亿元，同比增加2352万元，增幅为10%。这可是在2019年年初遭遇前所未有的重压下给出的成绩单。

“这个成绩只是湖北石油后发优势的一个起点。”李少民对记者说。

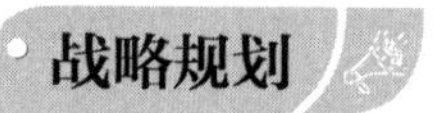

改变生态，布局未来！

——专访湖北石油分公司非油品中心经理李少民

“星星之火”已被点燃，湖北石油把目光凝聚于更长远的布局……

文/王海坤

包括菱角湖加油站在内的一批试点站的店销变革，自2019年以来，已正在湖北全境开启，仿佛“星星之火”，眼下已呈现燎原之势。为此，记者专访了湖北石油分公司非油品中心经理李少民。

➢ 湖北全境点燃“星星之火”

Q 记　者：李经理，您好！2019年以来，据说湖北石油在全省加油站便利店店销领域进行了革新，您能谈谈湖北石油做了哪些工作？有什么上量秘笈？要达到一个什么样的目标？

A 李少民：2019年以来，湖北石油高度重视加油站便利店的店面零售业务。2018年，全省1800个加油站便利店，平均单店营业额只有2200元，在整个中国石化系统处于中等偏后的水平。从2018年年底开始，我们针对非油品业务启动了打造“核心门店+核心商品+核心能力”的措施！2019年4月、5月份，在主管领导的带领下，我们连续派了几批油站站长或店长到广东石油考察学习，“零距离”观摩，“全天候”学习。到目前为止，参与的同志覆盖了湖北10个地市油站的基层领导。在学习的过程中，他们理念一新，业务提升速度非常快，回来后立即投入对油站店销业务的整改。仅仅几个月，一批试点站便利店店销业务就有了突破性的改变。

在店销的品类方面，我们做了相应优化。例如，一直以来，湖北石油在全省搞“易捷水世界”活动。2019年，我们特别导入了奶制品。导入后仅仅一个月，全省“易捷水世界”活动的销售额比去年同期翻了一番。

我们希望这些能够成为“星星之火”。

Q 记　者：这些成绩的取得非常不容易！这是怎么做到的呢?

A 李少民：首先我们对全省300多家重点门店进行了强制铺货5万件，然后组织各门店员工“开口营销”。由于奶制品是刚需产品之一，我们提供的奶制品具有大品牌、质优价廉的鲜明特点，在“开口营销”的助力之下销量大增。

我们还深入顾客需求的细微之处，特别搞了“后备厢行动”——让前来加油的顾客，几乎一步的距离就可以完成对货品的采购，而且以周围商圈所有商家都没有的优惠价格。我们尝试用方便和便捷培育车主的新消费习惯。

➢ 特色商品增黏性

Q 记　者：据了解，2019年5月份以来，不少试点便利店店销销售额与2018年同期相比发生了10倍甚至20倍的增长。这样的飞跃，湖北石油还有哪些有针对性的措施?

A 李少民：我们重点推出了一些特色商品。除了中国石化在全国范围内推广的一些优品外，我们还采购了一些“荆楚优品”，如秭归的脐橙、黄冈的艾草等。在粮、油、奶制品方面，我们也瞄准当地的优质产品。湖北是鱼米之乡，菜籽油产量占全国的六分之一，质量非常好，比我们日常吃的花生油、橄榄油味道要香，那些进口的转基因食用油更是不能和它相提并论。我们把这个产品挖掘出来，联合当地农科院，采取低温压榨工艺，不破坏它的营养成分，虽然出油率低一些，但是其质量达到了最为上乘的效果。我们要让顾客从每一滴油中都能感受到我们的承诺。因为顾客是反复消费的，这样会增强顾客的黏性。

Q 记　者： 在激励机制方面，湖北石油采取了怎样的措施？

A 李少民： 从2019年6月份开始，我们评选湖北“易捷之星”，并对其进行相应的奖励，同时对我们的先进门店、先进站长进行深度挖掘报道。

我们还依托一些先进人物，建了销售工作室，把好方法不断地复制给其他人员、其他店面，以便更快速提高店销水平。

2019年店销大幅度增长以来，不少店面的月人均返利比2018年同期的300元增长了50%。还有一部分店面发生了几倍的增长，员工甚至月工资都在1万元以上。

➢ 描画未来消费场景

Q 记　者： 面对未来，湖北石油非油品业务在店销零售领域有怎样的规划？

A 李少民： 我们希望今后的消费场景是——顾客在来加油站之前就已经在线上下好了订单。当他的车开进加油站的时候，站里的智能摄像头可以直接识别顾客的车牌。顾客在加油的同时，店里就已经把顾客的订单产品准备好，并搬到顾客汽车后备厢里。顾客加完油就可以直接开车离开。

Q 记　者： 这样的消费场景如何实现？需要多长时间能实现呢？

A 李少民： 围绕实现这个场景的工作已经展开，第一步就是湖北石油App的上线。接下来还需要四步走：大量的顾客进入App平台；顾客使用App平台下单购物成为习惯性购物方式；加油站能够通过智能摄像头识别客户，并且与海信后台连接；便利店备货，并将货物送至客户的汽车后备厢。我们预计，这一消费场景在3～5年内将成为现实。这一场景的实现，将对湖北省零售业有着颠覆性的意义。

➢ 着眼于长远布局

Q 记　者： 能谈谈湖北石油非油品业务的销售目标吗？

A 李少民：省公司早已制定出3310的目标，即计划用两个三年和一个十年左右的时间，分阶段建设“一流的现代化综合服务商”，开创湖北石油高质量发展新时代。第一个三年即2018年到2020年，为“夯实基础、稳步提升”期，2019年的目标就包含在这里；第二个三年即2021年到2023年，进入“梯队领先、转型升级”期；再用10年左右的时间，实现“迈进一流、高质量发展”。

Q 记　者：实现这些目标的关键是什么？

A 李少民：这些目标虽然重要，但我认为最关键的还是改变生态、改变工具。

最近，湖北全省应国家环保要求在进行加油站油罐的改造工程，要把过去的单层油罐改造成双层油罐。在这个改造过程中，加油站便利店都要停业，我们希望借这次改造让加油站便利店以崭新的面貌出现。这个工作大概要三年左右完成，需投入几十亿元。2018年已经有400多个加油站改造完成，2019年改造800多个加油站，2020年还有700个加油站待改造。

也就是说到2020年年底，我们所有的加油站便利店将改造一新。借这个机会，我们正好把线上平台打造起来，让改造工作和线上平台同步进行。

“工欲善其事，必先利其器！”我们不拘泥于眼前的销售数据，更注重长远的发展战略和布局。

12

老城墙下的千万元新星

从过去的黄金位置不愁销量，到转型升级、创新发展，怀远门加油站不断调整自身定位，收获了一大批忠诚的粉丝。

营销现场

“航空母舰”怀远门

辽宁销售沈阳分公司怀远门下的旗舰站，商品品类全、员工干劲足、顾客口碑佳。

文/曲绍楠

怀远门，位于沈阳市方城内沈阳路西端，俗称大西门，为沈阳老城垣的重要标志。如果说始建于1631年的怀远门见证了沈阳作为盛京老城的历史轨迹的话，那么它也同样见证了毗邻于此的中国石油辽宁销售沈阳分公司怀远门加油站从无到有、从小到大的发展历程。

占地面积4263平方米的怀远门加油站，拥有9台加油机和36把枪，

92号、95号、98号汽油及柴油品类齐全。同时，该站卡销比达到58%，进店率为60%。

1999年建站至今20多年，怀远门加油站被沈阳的石油人亲切地称为“航空母舰”。

➤ 乐在怀远门

来加油，“夏”一秒更精彩。

怀远门加油站便利店门口的大堆头上，硕大的字体吸引了大家的眼球。这个创意堆头是由两个后备厢组成的，上边摆放了很多瓶装水、饮料等商品，车旁的地面上铺着草坪，支着一把大大的遮阳伞，摆着两把休闲靠椅——浓浓的夏日风情。

“每一个节庆日，我们都会布置一个相应的主题，情人节送玫瑰花，母亲节送康乃馨，儿童节给小朋友集赞送玩具，等等。”怀远门加油站经理朱琳说。三八妇女节的时候，站里提出一个“世界美女千千万，怀远门加油购物最好看”的口号，不仅送花给女性顾客，当天销售的商品还打八折。大横幅和液晶显示屏大量宣传，让不少女性顾客当天在店内消费得超开心。

走进便利店内，“您好，欢迎光临”的问候声十分可爱。

原来，这是店内的智能机器人油宝在与进店的顾客热情地打招呼。油宝可是一个具有人脸识别功能的小家伙，与互联网相连，可以准确回答顾客提出的问题，十分逗趣。

说到乐事，中彩票可以算作一件。想收获一份幸运的顾客，还可以光顾一下怀远门店内的自助彩票销售机。

“这个可以节省人工，现买现刮。顾客微信扫码即可兑奖。”售价20元一张的彩票曾让站内员工收获了1000元奖金的喜悦，还有位车主在这里中过1万多元。笔者也现场享受了一下刮奖的乐趣。

朱琳介绍说，一位外国友人去年在这里加油后获赠了一张彩票，中了100元。自此，来加油的外国友人越来越多。员工笑说：加油站都走入国际化了！

店内另一大休闲特色是图书类商品。

以前，员工不太懂怎么卖书，只是盲目销售。后来，员工通过实践找出了窍门，进货前会先上网查查时下什么书最畅销。慢慢地，店内的网红图书销量越来越好。朱琳说，等待办理IC卡的客户会坐在这里随手翻阅一下，然后买几本带回去。

“只要有新鲜的商品，怀远门加油站便会马上引进。”沈阳销售分公司业务运作部副部长吉利介绍说，“怀远门便利店属于中高端门店，如米面油、纸巾、牙膏牙刷、洗发水等商品基本上可以做到与商超同价，甚至在打折的时候比商超还便宜。一些进口商品、高端电器以及花王、戴森等紧俏商品，这里都有它们的身影。”

➢ 食在怀远门

民以食为天！300平方米的怀远门便利店自然少不了各种美食。

该店拥有22大类近2000种商品，动销品占76%。随着加油站防渗改造，便利店进行了同步升级，增加了果蔬、冷饮、放心厨吧、茶艺和进口食品。

在商品选择上，该店下了很大功夫。目前，中央仓内有1800多种商品可以实行单品配送，极大地减轻了店内的库存压力。

说到店内的果蔬商品，除了店销之外，员工还会在客户微信群进行线上销售。“我们会把商品信息发到微信群或朋友圈内，客户就会主动联系我们。员工只需将客户的电话、地址等信息上报公司，即可为客户配送到家。”朱琳介绍说，“目前，果蔬商品每隔两三天会更换一次，占店销的比例达到4%左右。”

果蔬专区旁放置着几个冷冻专柜。年节时，这里会存放海鲜大礼包、羊肉卷、汤圆、粽子等速冻食品，占店销的比例达到3%左右。

每店标配的米面油专区，以中粮系列商品为主，价格优惠，且经常有免费品尝活动，占店销的比例达到了23%~25%。

自2019年7月开始，早餐可以在怀远门加油站解决了！

“这是我们新上的好客好食专区。在这里，顾客只需花费5元即可任选三样餐点，包括包子、茶叶蛋、豆浆、烤肠等。”吉利介绍说，“怀远门加油站的快餐区是沈阳分公司唯一的。因周边有很多学校，这个放心厨吧可以为学生、上班族提供便利。加油送早餐，可以提升顾客进店率。”

➢ 饮在怀远门

“心清可茶，茶可清心；若要清心，唯有香茗。”在怀远门的茶叶专区，黑茶、普洱茶等品类齐全。未来，该区域将设定为自有品牌普洱茶销售专区，同时会摆放自有品牌的武夷山水堆头，搭配出售。进口食品专区，包括一些网红食品等，深受年轻人喜欢，占店销的比例达到7%。

“获得过国际金奖的咖啡豆，要不要尝一尝？咖啡豆是在云南种植的，很地道！”这是好客咖啡自己的产品，一天可以卖出30多杯。

店内影响美观的两根大立柱，该站对其进行了合理利用。“这里现在变成了红酒和玩具的陈列柱，新颖且美观。”目前最流行的中粮奔富红酒407和389均在这里陈列销售。2019年年初，店内售出了一瓶6000多元的2015年的拉菲。节假日期间，红酒可以销售四五万元。

对酒当歌，人生几何！除了红酒，白酒的店销占比达到7%左右。主打品牌“好客之义”于2019年6月售出42瓶，回头客较多。

在饮料销售专区，同样可以觅到武夷山水的踪影。2019年6月，武夷山水第二箱半价，7月时整箱七五折，吸引了众多回头客。当时，站内所有立柱设置了360度的广告。店内瓶装水的店销占比高达25%，12个中间货架上的包装食品店销占比达19%。

2019年6月，该站的自有品牌水售出了600多箱。而原浆45度的自有品牌啤酒3天内就卖出120箱，还有不少顾客喊着没喝够，积极地预订了第二批。

➢ 惠在怀远门

福临门东北优质大米、麦芯粉、蓝月亮洗衣液、黑芝麻糊、花王洗衣粉、昆悦纸巾等等，是2019年“十惠”期间怀远门加油站送出的超值大礼包。

每个月的“十惠”，怀远门加油站都是最忙的时候，从早7点到晚12点都有顾客进店。沈阳销售分公司还会在以往电子券活动的基础上再申请一些活动，搭配积分或满减券使用，优惠力度大，十分受追捧。

“9.9元？这款添加剂原价50元/瓶呢，这么实惠的价格只有在怀远门加油站了。”一位正在结账的顾客说。记者循声看去，原来是前台摆放着优惠换购的添加剂商品。朱琳说，现在一个白班就能卖出120~150瓶添加剂。

除了充值有赠礼、换购有优惠之外，怀远门店内的自有品牌商品也是优惠满分。

比如，2019年5月，顾客加满218元油可以获赠4瓶武夷山水；6月，武夷山水第二箱半价。其间还发生了一件趣事。顾客觉得不赠送了不划算，但员工给他们算了一笔账：513毫升大包装的武夷山水第二箱半价后，相当于1.25元/瓶。算起来还是比商超其他高端水便宜得多。东北冰源也如此，算起来折合0.75元/瓶，也很划算。就这样，该站自有品牌水6月超额完成任务280%。

朱琳还联系了一些企事业单位、养老院的食堂，定期给对方提供米、面、油等商品。由于对方的需求量较大，他们还可以享受到一些额外的价格优惠。

➢ 有干劲的怀远门

全国青年文明号、沈阳市工人先锋号、万吨级党支部……满墙的荣誉，见证了怀远门加油站几代员工不懈努力的成果。

怀远门加油站地理位置尤佳。西侧2公里为原来的市委、市政府所在地，东侧紧临沈阳市著名的中街步行街，北面有沈阳故宫、张氏帅府，南面是辽宁省最大的批发市场五爱街。

2016年以前，怀远门加油站从没愁过销量问题。2016年，沈阳市委、市政府搬迁，站前封路改造，该站销量削减了30%，从最高峰时的双万吨站降到了不到70吨的汽油日销量，非油品店销全年也只有三四百万元。

2017年8月，朱琳来到怀远门加油站任站经理，压力很大。“我来的时候正赶上低谷时期。双层罐刚改造完，门前南北快速干道封道也刚修好。在这期间，公司实行360度绩效考核，按加油量计算工资。由于销量下降，员工的收入减少，工作积极性不高。”回忆起当时的情景，朱琳十分无奈。

看到这一情况，朱琳找每名员工谈话，给他们打气。朱琳语重心长地告诉大家，要想提高收入，一定要做好服务，多跟顾客沟通。

火车要想跑得快，车头一定要“给力”。朱琳身体力行，带着员工跑市场，深度挖掘大客户。针对不同客户的需求，站内开展了小额配送业务，并在附近发放传单。同时，油站根据“十惠”的充值信息从后台调出客户电话，挨个联系沟通，光微信群就建了4个，每个群有两三百人。

在这个过程中，老客户发挥了重要作用。站内的一名员工通过与老客户沟通交流，了解到对方是一家铁路单位，需要很多机油、轮胎等非油商品。多次沟通后，客户非常信任这名员工，仅2018年就在店内订购了100多万元的商品。

这件事对其他员工触动很大。大家纷纷开口营销，尤其在年节时都会主动联系老客户推销月饼、汤圆、粽子等特色商品，收效显著。

在推销过程中，员工们总结出了一套自己的开口秘诀：三笑、五勤、七声。三笑：眼笑、嘴笑、面笑；五勤：眼勤、嘴勤、手勤、脚勤、脑勤；七声：客来有迎声、客走有送声、见客有问声、客叫有应答声、服务不周有歉声、服务不前有提醒声、顾客帮忙或表扬时有谢声。

此外，员工们还总结出了润滑油两看法：第一看人，如果是先生的话就极力推销，同时把品牌和价格优势介绍给客户；第二看车，新车不推荐。

朱琳说，在客户犹豫不决的时候，员工会给他们进行一个对比：“大哥，您看我们的高端润滑油200多元，虽然你可以在汽配城买到，但质量和品质没保证。我们做活动，买一桶润滑油赠送燃油精、玻璃水，还减现金。”活动开展3年来，顾客非常认可该站的润滑油产品。曾经有位顾客当场没买，但第二天骑着自行车来买了6桶回去。

在员工激励方面，怀远门加油站的方法可不少。

“根据公司政策，我们做了一个小卡片。”朱琳口中的小卡片，是一个奖励累积卡片。按照公司的非油品奖励办法，员工销售商品可以获得销售额4%的奖金，如果直接把奖金打到工资卡上的话，员工可能没有强烈的感受，但是在月底站务会上，拿着全月的卡片现场兑奖的话，对其他员工的带动作用也会非常明显。

“你看，排名靠前的人比靠后的一个月多了800元。”交接班后，员工会把当天的销售情况发到工作群里，而且店内也有销售展板，每个班组会互相对标。

“刚开始的时候，各班组的水平参差不齐。我来了之后，就把班组打散，让不愿意开口的员工有机会向愿意开口的员工多学习。”朱琳说。公司还会定期举办竞赛活动，比如夏天的包装饮料销售竞赛，冬天的海鲜礼包和玻璃水销售竞赛。慢慢地，站里的油非业绩一点点好起来，员工越干越有劲头，甚至喊出了“千万任务全站挑，人人肩上有指标”的口号。一时间，班组之间、员工之间铆足了劲地冲销量。

“除了正常的绩效考核之外，省公司还拿出1亿元的大红包作为销售奖励。其中，非油品奖励达到3000多万元。如果分公司超额完成任务的话，毛利超额的部分可以获得相应奖励，激发员工多卖多得。”辽宁销售分公司非油品业务处副处长王峰介绍说。

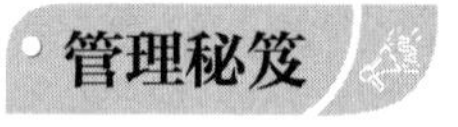

抗疫中的加油站力量

疫情突发，怀远门加油站力保油品不断供、便利店商品不涨价。

文 / 曹君华　敦心旸

2020年年初，新冠肺炎疫情袭来，如何延续千万元门店的辉煌成了摆在怀远门加油站面前的难题。在站经理朱琳的带领下，怀远门站的员工们“逆行而上”，从迎风斗雪到迎着春雨疾行，第一时间向广大消费者郑重承诺，加油站24小时正常营业，站内员工放弃休假坚守岗位，确保油品不断供，便利店销售商品保证质量、不涨价。

➢ 安全营业准备

怀远门加油站为保障对员工和客户的卫生防护，前期对在岗员工进行了全面、细致的摸查，按照防疫要求对有疫区接触史的员工进行隔离观察和情况跟踪；对有感冒、咳嗽或发热等症状的员工进行隔离，做好病情排查。

通过微信群，即时通对全体员工进行疫情防护知识普及，对上岗员工每4小时测量一次体温，严格填写消毒和体温测量记录。温度达标的员工，佩戴防护用品；体温超过37.2℃的员工，立即上报并隔离观察，最大限度地保证员工安全。

站内加大了通风、喷洒消毒液的频率，当班员工每4小时用84消毒液对营业室和办公区域进行消毒并通风，对消费者接触到的加油枪、密码键盘、门把手等部位用酒精消毒。实行分餐制、设置废弃口罩集中投放处等方式防止病菌传播，为消费者营造安全、健康的消费环境。同时，员工们积极向消费者推荐一次性加满油品、线上充值线下自助加油等有效减少人与人之间过多接触的加油方式。

➢ 便民多点发力

“疫情特殊时期，推荐您在外卖平台搜索‘昆仑好客便利店’，线上下单，与平日同价同样品质，商品安全送到家。”怀远门加油站内，员工正向客户推荐线上购买渠道，以此减少人和人之间的直接接触。

怀远门加油站灵活运用线上线下双渠道服务，努力调配资源，增加包装水、米、面、粮油、方便速食、乳制品等生活储备商品、家庭装商品以及消毒防护类商品的储备供应，保障客户需求。

同时，加油站要求站内员工使用昆仑好客标准购物袋对外卖平台订购的商品进行封装打包。商品交送配送小哥前，员工对外包装进行清洁消毒，并在对外卖小哥进行手部杀菌消毒后，在购物袋外包装粘贴“外卖安心卡”，注明便利店打包员和配送小哥体温、联系方式等信息。

便利店内迅速为速热米饭、方便面等设立速食专区，并在醒目处设置24小时营业不断供、不涨价承诺牌，减轻新冠肺炎疫情给消费者带来的恐慌心理。同时，通过设立“防疫救助绿色通道”，确保为防疫、救护车辆等应急车辆进站后第一时间提供加油服务，专人值守，达到及时加油、快速通行的防疫助力作用。

➢ 安心菜“1元”购

油麦菜、茼蒿、小白菜、水培小番茄……2020年2月末开始，怀远门加油站内新增设的蔬菜货架上品种丰富，堆得满满当当。一名李姓客户挑了一包2.5元350克的油麦菜和一包3元350克的菠菜，手机“扫一扫”结完账，把菜放进了后备厢。他说："加油顺便买点菜，很方便。"

公司携手沈阳副食集团推出了以市民平时接受度高的时鲜蔬菜品种为主的安心蔬菜组合，考虑到家庭需要，还专门搭配了不同规格、不同价格层次的组合礼包，包括西蓝花、土豆、黄瓜、香芹、尖椒、胡萝卜、绿茄子、圆葱、油菜和葱姜蒜等，搭配配料销售的礼包，让客户买的是"一组合"，到家是"一桌菜"。

同时，为了更好地实现买菜不接触的防疫销售效果，客户可通过微信、饿了么、美团订购，并自主选择到站自提、快递直配、外卖下单三种配送方式。

不仅如此，怀远门加油站还是沈阳分公司精选5座安心蔬菜"1元"换购活动加油站之一，在加油现场、收银台、体温检测台等显著位置布置了"1元安心蔬菜"换购区。活动期间，加油满158元或便利店消费满58元即可以1元换购1袋"安心蔬菜"。客户选择换购蔬菜后，员工立刻推介与之搭配的菜品或调料。

"1元换购"活动带动的不仅是便利店内米面粮油的销售，随着自驾出行的客户数量显著增长，便利店内各类防护用品、消毒用品和车用商品的销量也增长明显。

➢ 3·15"云"开放

新冠肺炎疫情期间，很多工作转向线上，公众开放日也不例外。面对消费者关于"疫情期间还能正常加油吗？""油价涨没涨？""油品质量怎么保证？会有安全隐患吗？"等提问，2020年3月15日，沈阳分公司在怀远门加油站特别举办了一场"'质'敬消费者"的3·15主题活动，联合沈阳交通广播FM98.6进行了一场"云公众开放"活动，回应公众关切的问题。

怀远门加油站通过邀请FM98.6的记者及新媒体团队对活动进行全程直播，让公众开放走向"云端"，不再受时间、地点、人数限制，消费者足不出户，便可解除心中疑惑。

活动当天，怀远门加油站宣传员在直播中为大家教授油品基础知识及加油注意事项，帮助大家学会快速鉴别油品质量，买到真正的好油，并对日常工作中油品质量验收操作、加油机防水滤芯进行讲解。另外，怀远门加油站还结合复工复产期间消费者的关注点，向媒体展示了疫情期间加油站员工自身防护和加油现场、营业室环境的消杀力度。

➢ 助力复工复产

随着辽宁省省内疫情防控成果显著，复工复产加速，阶段性刚需显著增长，终端消费逐渐回暖。怀远门加油站紧抓市场契机，全力以赴扩销增量，积极助力全社会复工复产。

随着站内流通车辆逐渐增多，怀远门加油站严格落实车辆有序进出、保持距离、倡导加满的要求，坚持员工上岗规范佩戴口罩、测量体温、定时消毒，切实减少病毒的传播感染，着力打造“安全放心”的消费环境。

“只要您有需要，我们就为您送货上门!”每天，怀远门加油站经理都会在朋友圈里转发便利店内的促销活动和商品价格，为客户解决“米袋子”“菜篮子”等实际问题。针对疫情防控期间市民需要的米、面、油、菜等生活必需品，以及洗手液、洗衣液等除菌消毒系列产品，增加配送量，丰富进货品种，扩大进货渠道，确保近千种商品不间断供应。丰富民生商品种类，为市民出行、购物提供更多无接触服务和安全保障，把昆仑好客便利店变身百姓身边的“粮店”“菜店”和“生活超市”。

百尺竿头，更进一步。虽然苦难重重，但怀远门加油站从不服输。他们坚信，只要做好服务、创新营销、送货上门，就不怕顾客不来、销量不增。对于继续保持千万元门店的业绩，他们很有信心!

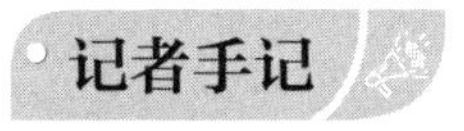

求变创新方为发展之道

文／曲绍楠

“内治外攘，抚近怀远。”漫步盛京街头，这座历史悠久的城市给记者的感觉十分厚重。而怀远门加油站孕育其中，既受到历史底蕴的熏陶，又有着当代的创新管理理念。内外兼修，风生水起。

与其他两座位于新城区的千万元便利店不同，怀远门加油站的历史更久，地理位置更得天独厚。一提到所在的加油站，员工们都很自豪："守着怀远门这个优越的地理位置，我们的销量从不是问题。"

但是，从"未知愁滋味"的怀远门加油站，随着市委市政府的搬迁、市政道路的改造以及疫情的影响，销量大幅下降，压力前所未有。

站经理朱琳是位很有想法的年轻人。他想着法儿地提销量，卖商品。在怀远门便利店内，先后卖起了彩票，卖起了图书。逢年过节，站里还会提出像"世界美女千千万，怀远门加油购物的最好看"等许多吸引人的口号，而且大胆尝试了水果、肉蛋等商品的线上销售。

疫情特殊时期，怀远门加油站更是化身便民服务代言人。蔬菜、水果、方面面……怀远门加油站内的商品满满当当。记者见到，当客户挑选蔬菜和水果，用手机完成支付后，朱琳便带着员工把菜给客户搬进了后备厢。"加油顺便买点菜，不仅方便了顾客，也让我们开拓了一条新的创效渠道。"朱琳说。

看着全国青年文明号、沈阳市工人先锋号、万吨级党支部等一整面墙的荣誉，记者感触很深。正是怀远门加油站的几代人用努力和拼搏书写了这些辉煌的过去。厚积才能薄发，面对新形势、新挑战，怀远门加油站人从不畏惧，他们有想法、敢实践、敢拼搏，因为他们相信，爱拼一定会赢！

13

二号站的No. 1之路

坚持“品牌+服务”的经营理念，专注于竞争的差异性，追求专业的精益性。深耕细作，打造业界标杆。

当机会来临，中油首汽二号加油站便利店快速反应、启动改造、立定目标，走上了一条店销飞跃之路……

未来店销之路，云谲波诡，充满变数，这一次中油首汽又该如何选择？

研究商品“卖点”，直击消费“痛点”，不让任何一个潜在需求溜走！

营销现场

提前13个月！它飞越了千万元

2016年，店销仅为600万元，两年后突破千万元大关！

文／王海坤

北京，出西直门3公里，一片摇曳的紫竹虽置身于冬日之下，依然沁人心脾。这里曾是皇家故园，有名曰“紫竹院”。院内亭台水榭、奇石修竹都曾格外用心，以至经历无数岁月风雨，仍透着雅致气息。

记者此行走访的加油站便利店坐落在紫竹院南路上。院舍南门有一座天桥，天桥的西南角不远便是记者此来的目的地——中油首汽二号加油站便利店。

拐入一条窄窄的挤满了车辆的街道向南再行几十米，走进加油站就可看到这座业界闻名的便利店了。据介绍，2018年11月25日，这座加油站便利店店销突破了千万元，提前近13个月实现了该站一年多以前定下的非油品销售过千万元的目标，以京城No.1的姿态傲视中油首汽所有加油站，也以翘楚之姿享誉整个行业。而此前的2016年，该便利店的店销只有600多万元，短短两年时间里销售收入增长近80%……

尤为值得关注的还有这个加油站便利店店销的千万元，利润率竟高达23% ~25%！

那么，在这一年零十一个月里，这家便利店究竟发生了什么呢？

➢ 顺势而为，一场匠心独运的改造

2016年，一股整顿风潮扑面而来。随着疏解非首都功能，北京市大街小巷的餐馆、店铺数量急剧下降，中油首汽二号加油站附近的餐馆也急剧减少。中油首汽看清势头，紧急调研后敏锐地发现，不仅一些规模较小的餐馆不见了，就连一些的士餐厅也不见了。这导致出租车师傅的午餐受到不小的影响。“我们必须让出租车师傅们吃上优质的午餐啊！”中油首汽石油销售有限公司副总经理李向群告诉记者。当时，中油首汽的领导班子立刻意识到这是一个新商机。由于到二号加油站加油的车主有大比例是出租车师傅，给这些师傅提供早、午餐鲜食将会是加油站便利店店销的新增长点。

“实际上，2016年以前，我们二号加油站的油品增量已经存在一个‘瓶颈’了，不能再做什么大文章。所以，几年前，二号加油站就将增长点移向了非油品业务领域。”李向群说。

据中油首汽的加管部副经理史铁柱介绍，中油首汽合资公司自2004年成立以来，由于油品业务突飞猛进，一直忽略非油业务。直到2008年，二号加油站才开始发展便利店业务，当时便利店商品也仅是香烟和一些食品饮料。多年以来，香烟占店销的比例始终在四成左右。但是2016年，受政策影响，香烟销售的比例开始明显下降，而且这种下降趋势几乎不可逆转。

此时，加油站便利店的店销已经是中油首汽万众瞩目的增量点，绝不能呈一再下降的趋势，公司在2018年提出了做精纯枪、做大非油品业务的工作方针，千方百计地扩大便利店销售能力。当务之急是抢抓新机会，创造新增长点。

于是，一场匠心独运的加油站便利店业务重塑开始上演！

“便利店改造之前，我们公司的管理层特别去参观研究了7-ELEVEn、罗森、全时等国外大牌便利店，从中汲取先进连锁企业的经验和做法，融入这些大牌便利店的设计理念、装修风格以及区域分割。”史铁柱说，“当时甚至想和这些大牌便利店搞一些合作。”虽然后来合作没成功，但是经过认真的学习、借鉴、研究，二号加油站便利店的整体水平上了一个大台阶。

便利店改造期间，二号加油站便利店适时拿下鲜食区的营业许可。

当改造一新的便利店重新迎接顾客的时候，不仅店内空间放大了一倍，整个装修和布局风格也参考了国际便利店品牌全家，而且辟出了专门的鲜食区……

➢ 以最低成本撬动鲜食合作商机

“刚开始，我们就鲜食这个区域试验了好几个版本。”据李向群介绍，在这个摸索的过程中，他们反复对快餐产品、价格、服务覆盖的对象进行研究和定位，在实践中反复思考论证。“我们最关心的是快餐产品的品质！公司倡导的品牌意识要体现在方方面面，便利店商品和供应商，要在市场和客户群体中营造知名度和良好口碑，中油首汽便利店要成为品牌商品的汇聚地、名优商品的售卖场。决不能让引进的快餐供应商砸了我们的牌子。”李向群说。为此二号加油站便利店先后引进了中粮等三四家餐饮合作商。所有餐饮合作供应商最先都是只给3个月的运营期，不符合公司的目标和理念就更换。

“最后我们的合作供应商选定了空港食品公司。”中油首汽加管部经理曹杰说。其实，此前就连空港食品公司也被中油首汽下架过一次。“刚开始合作的时候，空港食品供应的快餐品质虽然非常有保障，但是相对价高量少，到二号站加油、吃中饭的出租车师傅根本吃不饱。”李向群说，“在我们这儿吃中饭的出租车师傅能占到店里快餐消费的60%。所以，我们必须得想办法让师傅们能在吃饱的同时有一个能被接受的价格。”

之后双方继续谈判，空港食品公司又出台了契合中油首汽实际情况的方案。新方案在保证品质的前提下增量降价，自此双方才开始了第二次合作。空港食品公司也是大品牌，一直以来都为中国国际航空公司和诸多外国航空公司提供餐品。其生产车间采取的是全封闭式无菌车间，食品生产管理也完全对标药品生产管理。面对这种高标准、高规格、大品牌的餐饮供应商，在谈判中中油首汽的底气来自哪里呢？

中油首汽秉承“品牌+服务”的理念是个重要前提。2018年中油首汽依据本企业特征，将国宾队指定油品供应商的铜牌悬挂在便利店门口，它不只是简单地推介自己，更是向客户的宣誓和承诺。但光有理念不行，特别是在现实中，要始终如一地践行理念，就要有独特的视角和解决问题所需要的智慧。中油首汽虽然在北京市场上颇有影响力，但是它毕竟只有18家加油站，体量相对较小，餐饮配送成本不容易降下来。在这个前提下，却要追求餐饮合作供应商供应的快餐物美价廉、品质上乘，这本来就是一道不好解的难题。但是，中油首汽的领导班子经过多轮磋商将它轻松化解。

这以后，二号加油站便利店对店内用餐人群、用餐数量、用餐时间进行细致研究，精准定位。到目前为止，便利店只开早餐和中餐，几乎没有晚餐。这并不是中油首汽的领导班子拍脑袋想出来的，而是反复实践形成的精准服务。虽然航空快餐可以储存48小时，但是中油首汽力求食物的新鲜，依据当天的消费量精准配餐，绝不出现任何剩余。就这样，鲜食区开启后，二号站便利店每天鲜食区销售额最少在2000多块钱。

➤“品质至上”与加压供应商

“首汽这一品牌在京城已深入人心，这恰恰是我们非油品销售的一个捷径。2018年，我们的工作重点之一就是打造中油首汽独特的服务品质。”史铁柱说，“就拿时令水果来说，我们的水果走的是礼品水果的路子，追求品质至上！”史铁柱给记者举了个例子。比如北京平谷的桃儿，每天都是早晨在平谷桃园里现摘装盒后运到二号站便利店里，当天即售完。“我们卖的桃不仅口感鲜，而且非常好吃。因为刚采摘下来的桃都是熟到恰到好处的，口感达到了巅峰状态。”史铁柱说，“我们店里就只卖这样的桃儿，而且每年都只是在桃的成熟期卖！”

二号站便利店卖的时令水果还包括北京大兴的麒麟瓜，也和桃一样追求口感的巅峰状态，所以，只能在大兴真正的麒麟瓜成熟的那半个月卖。“我们在麒麟瓜成熟的季节，要到大兴的基地去认真走访，找出品质口感最好的麒麟瓜田，然后指定供应。”史铁柱说。只在麒麟瓜成熟的那半个月卖这个产品，并不是一个亏本的买卖。因为顾客体验了二号站便利店的时令水果品质，回头率极高。年复一年，很快就会形成良性购物流。

“在盒装水果的包装设计上，我们加压供应商，就包装细节反复与供应商谈判。只有供应商的包装有了独具一格的创新，而且能随着时间的变化不断创新，我们才会长期与他们合作。”史铁柱说。

“我们经常会给供应商一个月的试运营期，并且在合同里清楚约定，如果试运营期达不到销售目标，不仅要结束合约，而且要有相应的不达标补偿。”李向群对记者说。

在追求“品质至上”原则下，二号站便利店卖的盒装水果价格虽比超市或水果摊儿略微贵点，却依然能受到消费者的欢迎。因为北京市场中高端消费者居多，对品质的要求极高，对价格不是非常敏感。在销售平谷桃的季节，店里每天都能卖几百盒；北京大兴产的麒麟瓜，4～6个装一个礼品盒，通常一天就能卖200多盒。

当然，二号站便利店经营的时令水果还有很多，像新疆的阿克苏苹果、库尔勒梨，海南的杧果、四川的软籽石榴等等。为保证这些异地水果的品质，二号加油站便利店给经销商加压，要求必须在产品品质上下功夫。中油首汽二号加油站经理张建说，2018年腊月二十八那天，二号站便利店的一个销售人员光卖水果就卖了2万多元。

➢ 一种极致追求——新品策略

商品品类差异化是便利店的核心竞争力之一，为了让商品品类能够可持续地刺激和吸引顾客，二号加油站便利店开启了独特的新品策略。

目前二号加油站共经营商品7大类33小类近3000种商品，始终坚持新品策略。二号加油站对供应商的考核之一，就是寻找有卖点的新品数量。每个月二号加油站便利店都要有若干新品上架，完不成任务的供应商将被终止合作。如果该站发现了某种非常不错的新品，也会让供应商去找相应的供货渠道。供应商实际上是二号加油站新品战略的有效支撑方。

海滩上散养海鸭鸭蛋，就是二号加油站便利店推出的一个新品。这个鸭蛋不仅是无污染的有机产品，而且腌制方法独特，用土法腌制而成，特别保持了传统的口味。“我们向顾客一介绍这个鸭蛋，顾客就很接受，销得非常好，而且回头率高。”中油首汽二号加油站便利店主管马娜娜说。

沂蒙山区的土蜂蜜，也是二号加油站便利店推出的新品。不少顾客看到这个产品很惊奇，因为在北京的众多卖场和零售店里，看不到这个产品。而且，土蜂蜜是用非常传统而有特色的小坛子盛装。一盒里装四坛，只卖108块钱，价格顾客们都能接受。很长时间以来，土蜂蜜销得非常好。

“要想在店销上胜出，我们必须塑造自身的特色。”李向群说。有一些特色商品，还推出了相应的礼品券，像查干湖的鱼等。但是这种季节性新品销售的时机稍纵即逝，开发这类新品时要有针对性的策略。自从查干湖“洗澡鱼”的说法出现后，中油首汽非油品业务的领导层高度重视，密切关注这一产品的动态。一旦发现鱼的品质有瑕疵，随时做好预案下架，以严格遵循公司商品“品质至上”的原则！

2019年9月26日，夜幕降临，二号加油站内依然车水马龙，几个不当班的加油员，也干劲儿十足地加入了引导、指挥车辆的队伍，排队车辆仍在有序地加油。便利店内人声鼎沸。一些车加完油后，暂停在路边空隙中，快步进店来充卡，顺便买一些东西放入后备厢，然后驱车离去。记者与居住在加油站附近的郭先生攀谈起来。郭先生也是站里的老顾客了，今天到这儿加油顺便到店里来充卡。“别看这车多，但排队其实用不了多长时间就能加上油，我今天实际上也就排了两分钟。”郭先生告诉记者。二号加油站油品的质量好，不伤车，多少车主都是为这个到这儿来加油的。“在这儿买东西质量也很好，特别是盒装的水果，虽然价格比别处稍微高点儿，但是口感好、特新鲜。”

在盒装水果区域，一位女士正在向店员询问价格。记者得空和她攀谈起来，得知女士姓武，并不住在附近。“我去年在这儿无意中买过盒装的库尔勒梨，印象特别深，又大又甜，非常好吃！所以今年就还想再买点儿。”武女士说。她住的地方离这里还是挺远的，但是有几次到这个店买东西，发现这个店的商品质量特别好，而且有很多别的店没有的新品，所以后来就常常到这儿来定点采购。“这不马上要国庆了，我们要出去玩儿，就先到这儿来买一些零食带在路上吃。”说这话时，武女士笑得格外甜。

飞越千万元的“秘密武器”

依靠精准营销、动态调整、激励变革以及数据思维，二号站实现飞跃。

文 / 王海坤

仅仅一年零十一个月，中油首汽二号加油站便利店店销就产生了史无前例的飞跃，甚至迎来了不少想要取经学习的业内公司！在所有人的视野中，二号加油站便利店抓住了鲜食商机、推行了新品策略，通过加压供应商确保商品品质至上……然而，这些都是可视的变化。究竟是哪些不易为人所见的深层因素引发了这一飞跃呢？

➢ 独特“基因”长出的千万元

2019年9月26日，中油首汽二号加油站现场。

记者尽量踮起脚尖，望向眼前一排排正在排队加油的车辆，车辆早已排到了马路上，队尾模糊不可见。现场工作人员打着手势引领着车辆加油，并没有丝毫混乱感，一切井然有序！

中油首汽的加管部副经理史铁柱告诉记者，二号加油站的这种场面由来已久。他们统计过加油车辆的数字，平均每天都要有2700辆的车来加油。而实际上在二号加油站周边，各大品牌的加油站少说也有五六家，但这么多年下来，到这里加油的车辆从来没有减少过。

“二号加油站在那一带，是很被认可的一个加油站，这种状态由来已久！”据中油首汽石油销售有限公司副总经理李向群说，过去二号加油站的车辆排队是常态，天天排队，从来就没有不排过。就连很多住在大兴的车主都要到这里排队加油，很多在三环附近上班的北京电视台记者、中央电视台记者，也都要开车绕个弯儿到这儿来加油。

谈起这一点，李向群认为，这都是品牌的效应。中油首汽的前身是成立于1993年的北京市首都汽车油料公司。这是北京首汽股份有限公司下属的一家全资子公司。若干年来，这家公司一直是“国宾车队”的指定油品供应单位。其油品优势在消费者心目中树立起诚信、优质的良好口碑，并在北京市成品油销售市场上占据了独特的地位。“原来中国石油、中国石化的加油站都没有97号汽油的时候，中油首汽是第一家有97号汽油的油品供应商。”李向群告诉记者，“至今国宾车队的那些防弹车还停放在公司大院儿里。所以，在北京这个区域，中油首汽有着独特的品牌效应。这是一种难得的‘基因’优势！”

“中油首汽合资公司成立，这是一种典型的强强联合、优势互补——原油料公司已构架的销售平台，加上中国石油先进的管理理念和管理模式。”史铁柱说，“我们却始终坚持‘国宾服务理念’。在加油站管理和运营的各个环节都突出一个‘严’字，到现在为止，我们的加油员仍然是上岗就进入‘站立式’服务——不是车到人到，而是风雨无阻始终站立在加油机旁等着客人。这也是我们一直以来的‘国宾服务理念’之一。”68年来，中油首汽同国宾队一起成长，经历了无数次的重大活动保障任务，零差错靠的就是始终如一“严”字当头的纪律和精益求精的工作态度。实际上，到目前为止，中油首汽仍是“国宾车队指定油品供应商”，始终将“为京城数万加油客户提供始终如一、品质上乘的油品”作为公司追求的目标。

中油首汽合资公司有一个口号：品质至上，国宾服务！不仅适用于油品业务，更适用于非油品业务。中油首汽把这个口号定为永恒的追求之一。不难看出，正是这样的独特“基因”促使中油首汽在加油站便利店店销上开出了“千万元”之花。

➢ 精准营销是店销关键

在中油首汽内部培训中，很重要的一点就是围绕着“卖”和“摆”两个字进行，也就是围绕着“销售”和“营销”来进行，不仅关注销售的“卖点”，更要关注消费者的“痛点”。

炎热的夏季，进店的顾客多半对冰柜中冰镇的冷饮有需求。但从人体保健的角度来看，实际上这个时候顾客要先喝一些常温的水，再喝冰镇的水，才能对自己的身体不会有太多负面影响。所以，中油首汽加油站便利店的销售人员，会首先推荐顾客选择一小瓶常温的饮品，再建议顾客选择一瓶冰镇的饮品。这样就形成了一个销售组合——“一小瓶常温饮品＋一大瓶冰镇饮品”，解决了销售“卖点”和消费者的“痛点”！

“店销是细活！”李向群告诉记者，“需要研究每一个细节，要对细节的研究细到不能再细。”

如香烟的销售，中油首汽对便利店的一线员工培训精准而细致。当烟民进店买烟时，销售员就会适时问顾客“一天能抽几盒烟？”如果这个时候顾客决定只买一两盒烟就走，销售员就会建议顾客多买几盒。显然，只买一两盒烟，顾客抽到晚上就没有烟抽了，晚上再找买烟的地方非常困难，只能忍受无烟之苦。销售员把“无烟之苦”适时地点出来说服顾客，通常都会起到非常好的效果。中油首汽加油站便利店的香烟销售直线上升。

正是这些细到不能再细的细节，直击顾客“痛点”，同时为香烟销售找到了“卖点”。

李向群还举了一个销售盒装苹果的例子。新疆阿克苏的糖心苹果个头不大，味道却极好；中原地区产的苹果外表漂亮、个头大，味道却不如阿克苏的糖心苹果。中油首汽培训加油站便利店的销售员工，顾客进店后首先要观察、询问对方的需求，比如买苹果是用来慰问员工还是送亲戚朋友。如果是前者，就建议对方买中原地区产的大苹果，因为这能充分彰显慰问效果；而如果是后者，则建议买阿克苏的糖心苹果，因为这款苹果不仅绿色、天然且味道极佳，最能打动人心，达成送礼的“心意”……实践证明，往往顾客接受销售员建议购买之后，回头率极高。

为了研究商品的卖点，中油首汽的领导班子经常带领机关人员到加油站便利店去挑商品，然后召开现场分析会，就各自挑的商品谈卖点。“在举办‘大米节’期间，我们会对各种品牌的大米深入研究和探讨，找到不同品牌大米的卖点，然后优中选优。‘大米节’后，店里只留下最具卖点的几款大米作为长期销售商品。”史铁柱说。记者在二号加油站便利店的确只看到了少量的几款大米产品，其中就有5千克装的有机产品五常大米。

“全面满足顾客的消费心理十分重要，这是我们不断对营销进行研究的重点之一，也是加油站便利店营销和销售的一项极致追求！”李向群告诉记者，“获取顾客更多的信息并且及时沟通，是店销增量的关键点。”对此，他举了一个例子：有一个顾客进店后一次买了两件饮品，直接引起了销售员的注意。经过主动询问得知，这个顾客要开生日派队，销售员立刻建议对方可以多买几件饮品，价格上也可以跟公司申请最优惠的价格。结果对方一次性的买了30件饮品。

类似的例子在二号加油站便利店的店销中十分常见。

➢ 冷区不再冷，热区持续热

“对于便利店里冷区商品和热区商品的分布要独具匠心，特别是考虑季节的变化、消费群体消费习惯的形成、消费人群的精准细分等因素，要随时进行调整。”李向群指出，“夏季便利店商品的销售，有不少是冲动型消费。比如冷饮、冰激凌专柜，夏季一定要摆在顾客进店马上能看到的区域，以快速满足其冲动型消费，也就是一定要放在销售热区最醒目的地方；到了冬季，这样的专柜就必须挪到那些不被人注意的角落，也就是销售冷区最冷僻的所在。”

对于像方便面、火腿肠之类的商品，消费群体相对固定，且是反复消费者居多。这类商品在消费者的消费习惯成熟之后，完全可以挪到冷区商品中，其消费曲线根本不会下降。而空出来的热区，可以留给更多热品的打造。这样就形成了一种良性循环——不断有热品被打造成功后进入冷区，冷区越来越多的商品消费热度不减；热区却在一批一批地“产出”热销产品。这不仅使冷区不再冷，更使热区持续热。

李向群告诉记者：“传统意义上的商品热区和冷区并不是一成不变的，有些时候，商品热区和冷区甚至可以互换。一直以来，我们针对儿童商品销售格外用心。”“经过细致观察，儿童到便利店消费通常是在周六日和节假日，随同父母家人一起来的时候顺便进店消费。”李向群分析道。儿童的身高与大人的身高有明显差异。便利店的六层架，在通常的情况下，上三层属于一般意义上的销售热区，那是因为成年顾客的身高决定了他们在上三层货架选购商品非常方便，通常在下三层货架上选购商品则非常不方便。这也就便利店中货架的下三层一般都会被视为商品冷区。然而在节假日和周六、周日儿童进店消费的时候，这种冷热区的界定就将截然相反。对儿童而言，下三层货架才是他们的商品热区。所以，二号站便利店随着节假日和周六日的来临，会随时调整，始终保证儿童商品处于下三层货架，以便进店的儿童消费。

➢ 不让任何一个潜在需求溜走

“问、答、赞”，是店销培训的核心点之一。为了让加油站便利店的销售人员通过“一问”“一答”“一赞”这样的具体细节迅速拉近与顾客的距离，公司全员要反复推敲、不断精炼，务求精益求精，能够瞬间拉近与顾客的距离。这是中油首汽要求基层员工都要练习的开口营销的第一道基本功。

“‘问、答、赞’必须灵活生动、生活化、直击人心，让所有顾客有回到家的感觉。”中油首汽加管部经理曹杰说。每天，不论是管理层还是基层员工，有好的“问、答、赞”都要在线上贴出来，与全体员工共享，让大家都有不断精进的机会。店销是块难啃的硬骨头，突破它必须下硬功夫、细功夫！二号站在店销的每一个细节上下功夫，钻研顾客心理，挖掘进店顾客的所有潜在需求，不让任何一个潜在需求随意溜走。中油首汽要求所有基层销售员，特别注意观察顾客的行为方式——当顾客进店后，能根据顾客选购商品的特点，马上判断他的潜在需求。如果一个顾客拿起一件商品之后又拿一件商品，然后继续拿商品的话，那么基本上可以判断这个客户有着一定的潜在需求。这个时候，作为店员要主动送上购物篮，并同顾客瞬间拉近距离，以便进一步沟通，挖掘和刺激他的潜在需求。

➢ 让员工在竞合中自我超越

“现在，我们每天早晨一睁眼就有3万多元店销指标要完成。”中油首汽二号加油站经理张建说，“不少人觉得这很有压力，但我们觉得这是动力。”

二号加油站便利店店销之所以那么快就飞越了千万元，和绩效考核制度的变革直接相关。新的绩效考核一改过去只重视油品忽略非油品的现实，将非油品的考核纳入进来，并且加大了对于非油品销售业绩考核的比例，同时变过去单纯的“班组考核”为“班组考核+个人考核”。

油品的销售增量和员工个人的主观能动性关系不大。非油品销售增量却不是这样，与员工个人的主观能动性关系密切。史铁柱告诉记者，新变革后的绩效考核，有一个非常关键的特点，那就是在竞争与团结合作中间达到了最佳平衡效果。“所有人的薪资都要与整个班组的业绩挂钩，同时和自身的业绩挂钩。”

在新的绩效考评机制实施以前，便利店里的销售员月薪只有3000元。现在，每个人的月薪都在四五千元，拿到七八千元的员工大有人在。中油首汽二号加油站便利店主管马娜娜说，她本人就曾经拿过若干次1万块钱的薪水。但其实，比马娜娜销售业绩好的员工越来越多，大有层出不穷之势。“因为大家都在自我超越！新的激励机制下，我们是越干越有劲儿，拿得钱多，心里也高兴啊！”马娜娜说道。

中油首汽二号加油站值班经理侯德印是个典型的90后，在站里已经做了4年的值班经理。新的激励机制下，拿1万元的薪水对他来说也是常有的事儿。“还是很开心的！”侯德印告诉记者。

新绩效考核实施后，二号站非油销售人均销量立刻跃居公司第一！单班次最高销售纪录达6.7万元，单日10.8万元，单月最高达到118万元。

➢ 用“数据思维”驱动店销

2017年，中油首汽有意识地强化“数据思维”，以数据化运营助推非油业务飞跃。

为了加速店销上量，中油首汽一方面通过对非油商品销售数据的分析，综合考虑促销价格、市场趋势和陈列位置等因素，强化对库存商品的分类管理，充分有效利用店面空间；另一方面，通过对非油商品淘汰、新增、动销率的分析，调整商品结构，优化商品组合，提高商品周转率；同时，完善招投标程序，成立供应商招投标项目小组。仅2017年全年，中油首汽就召开了7次专项小组会，审核了13家供应商资质，对2000多种店销单品进行价格对比，大大降低了采购成本，也降低了违规操作的发生。

“我们经过一系列的调整和优化，非油商品库存周转天数由48天缩短至32天，商品动销率由82.5%上升至93%，采购成本则降低了2%左右，店销额和利润随之实现了双增长。”史铁柱说。这之后，中油首汽又开启了强化“生态思维”的尝试，开发运营了“加油站+互联网”线上平台，实现了客户“不下车、不扫码”加油和购物的手机快捷支付，并为提升客户体验对平台持续升级。目前，中油首汽线上注册用户已有近50万。中油首汽正在尝试进一步整合首旅集团麾下资源，像美食、酒店、旅游等产品，达成生态协同、互利共生的营销联盟体……

千万元的辉煌时刻已走入历史，中油首汽二号加油站仍在路上。二号加油站的所有人都明白，唯有持续奋进才能开拓出令人瞩目的明天！

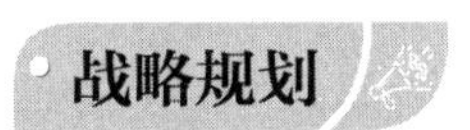

锻造人才，赢得未来！

——专访中油首汽石油销售有限公司副总经理李向群

面对新冲击，中油首汽力抓未来商战的核心要素以及店销根本……

文 / 王海坤

加油站便利店的店销，无疑是一块最为“难啃的骨头”。但是，中油首汽二号加油站“明知山有虎”，却“偏向虎山行”！

加油站非油品业务的持续发展充满变数。中油首汽的非油品业务如何把握未来的航向？怎样奋进才能赢得可持续发展？带着这些问题，记者专访了中油首汽石油销售有限公司副总经理李向群。

➢ 必须进行新突破

Q 记　者：李总，您好！中油首汽非油品业务的领导班子在店销上下了大功夫。在此之前，公司没有想过便利店发展要走其他路子吗？

A 李向群：我们也想过其他路子，比如网上销售，但是我们自身有配送的“瓶颈”。中油首汽的加油站只有18家，整体规模较小，在物流领域没有优势，网上销售也就没有很快做起来。后来我们也考虑是否就便利店周边区域顾客进行“网上订单+网下取货”的销售，目前在往这个方向做。这个领域需要大量的技术支持。我们在加油站便利店的分布上，以及技术支持上都有一定的短板，所以目前的模式还不成熟。

Q 记　者：今后，来自各方的冲击也会层出不穷，中油首汽将会如何面对这些已有和将有的冲击呢？

A 李向群：在深化改革的今天，公款消费不仅会逐渐缩水，甚至很可能会最终消失。这对我们加油站的非油业务是一个不断演进的冲击；2019年11月1日，外埠车在京限行管理新政正式实施，大量的外埠号牌车辆都将返回各省去，也会对加油站的油品业务带来新的冲击。越来越多的新要素产生，并处于不断变化当中，我们必须未雨绸缪，在非油品业务上开拓新的思路，以面对越来越多的竞争不确定性及越来越大的竞争压力。

2019年以来，我们已经在尝试开拓新思路，与一些品牌过硬的老字号合作，比如北京的全聚德等，在便利店里设立专柜或者店中店。2019年年初，我们还特别引进了华为产品的专卖。目前仅9个月左右，就有了近300万元的销售额。这可以说是目前中油首汽在实践中的一个非常有益的探索。总之，保持目前的销量，甚至让店销继续增量，都需要探索新的业务，不断进行突破性尝试。

➢ 培训从不间断

Q 记　者：2020年，中油首汽对麾下的18家加油站便利店将会采取哪些新的措施？

A 李向群：2020年，中油首汽将把“培训”作为重头戏，实施站级培训常态化、公司培训制度化以及外部交流专业化。站级培训常态化是指中油首汽的培训要做到一级培训一级。首先是管理层的培训；管理层培训达标后，由管理层向下一级培训。公司培训制度化是指每年的春秋两季都要集中安排培训。外部交流专业化就是要“走出去，请进来”，走出去学习先进单位的先进管理经验，并定期邀请外部专家对公司内部人员进行多维度培训。除此之外，我们还要加强公司的制度化，形成一个体系，不论管理层还是基层执行人员如何变化，制度体系都能保证公司加油站便利店良性有序地运转。

Q 记　者：能否介绍一下目前中油首汽的培训模式和培训特点？

A 李向群：目前我们所做的培训，主要向培养自己的内部培训师倾斜。公司针对内部培训师制定专门的审核制度，只有达到规定标准，内部培训师才有培训资格。内部培训师的筛选过程是极其严格的，很多员工反馈，筛选标准太高，备课压力太大，但这是有效推进培训工作的基础和关键！没有一批高标准的内部培训师，我们公司基层的培训，就是“纸上谈兵”。所以，再难推进我们都不会降低标准。

为了培训出高水平的内部培训师，中油首汽建立了有针对性的打分制度。每个培训师在对基层培训后，都要有基层受训人员的打分。公司会将打分进行排名，还会对后期受训效果进行跟踪。而且这一工作是持续进行的，从来不间断。

经过数轮培训，业绩仍然不能达标的员工，通常会被转岗。由于加油站基层员工的流动性很强，我们的人员培训必须是一个常态化的事情，不能松劲儿，只有这样才能保证各站人员的营销成熟度，从而成为店销的有力支撑。

➢ 对标7-ELEVEn

Q 记　者：未来的店销之路，充满变数，中油首汽追求的目标是什么？

A 李向群：我们一直认为，我们加油站便利店店销水平仍不是很高。当然，我们不能跟各大品牌加油站系统的便利店来做对比，所以要对标外部那些专业做零售的社会化的便利店，比如7-ELEVEn。为此，我们领导班子将不遗余力地向外部便利店学习，把那些没有任何资源背景就能做强做大的便利店作为标杆，不断研究它们的各项要素，不断揣摩学习。

实际上，我们经常到7-ELEVEn、罗森去现场走访学习，研究它们的客户群体特点、货品调整，分析它们的销售策略。这些品牌对于我们来说是先行者。它们在零售这个领域已经非常成熟，又都是国际上的大牌零售商，代表国际级的水准，对标这些国际水准的零售商才会有前途。

➢ 人才是根本！

Q 记　者：面向未来，您认为非油品业务只有拥有优秀、成熟的人才才能赢得可持续发展？

A 李向群：是的。因为加油站便利店店销的营销是一个动态调整的过程，涉及的要素是系统的，需要考虑季节的变化、人们对于货品认知的变化以及其他诸多因素的变化，随时进行动态的调整。这就需要我们进行系统研究，把所有要素系统研究后形成体系化的成果。这对培养接班人提出了高要求，也使得人才成为店销可持续发展的根本。

我们现在最紧迫的任务就是在短期内培养出优秀的业务后备管理团队。因为公司要持续发展，我们必须培养出优秀的人才梯队，推动高素质专业化人才战略，建立与企业层级类别相适应的管理人员岗位体系，保障干部体制改革平稳顺利实施，才能在复杂多变的市场环境下，不断开拓创新，保持非油品业务持续增长，为公司高质量发展提供坚实助力。

14

这个站的千万元，难度系数最高

18年万吨站保持者的红山路加油站，非油品销量终于破千万元，靠的是持续不断的促销、调整商品结构，以及过硬的员工队伍。未来，新疆销售培养顾客的消费习惯，调整商品结构，依旧是主旋律。

营销现场

新疆也有千万元便利店

七成以上的店销，三成以上的团购销量，18年万吨站保持者的红山路加油站，2018年非油品终破千万元。

文/周志霞

这里美得不像人间！

这里美得让人无法呼吸！

这里美得能把摄影师逼疯！

这里是新疆。说起新疆，除了它的大，就是它的美了。

赛里木湖、喀纳斯、天池、禾木村、五彩滩，白哈巴……那是一个造物主偏爱的地方，关于它的美，一天一夜也说不完。

在大美新疆，坐落在乌鲁木齐市中心的一座加油站，却是以另一种美存在着——

在中国石油新疆销售有限公司首破万吨且截至2018年年底已连续18年保持万吨纪录。

2016年，非油品销售收入达到800万元，2018年更是突破千万元……

它就是红山路加油站。

➢ 店销逾700万元

刚过完十一，也是新疆最好的季节，记者一行来到红山路加油站。

在这个时间节点来到红山路加油站，是比较运气的，因为这个店借双层罐改造的契机，刚刚进行了形象提升。

改造后的便利店，四处透着宽敞明亮。"现在我们靠墙摆放的货架覆盖率达到85%以上，所以并不拥挤。"红山路加油站经理温莲梅说。

说话间，记者看到，一位女士伸手正要拿起货架上一袋小零食，这时零食货架上的灯居然亮了。"在货架上装光感灯也是这次便利店形象提升的一个亮点。只要有人一走近拿起商品，货架上的灯就亮，会增加顾客进一步购买这个商品的欲望。"温莲梅说。

除光感灯之外，记者注意到，货架上的商品似乎与其他加油站摆放得满满当当的商品不同，这里的商品摆放简单而又大气。

也难怪，坐落在乌鲁木齐市中心的红山路加油站，是一座纯汽油站，且周边的居民小区多达二十几个，居民达到六七万人，面对的客户群体都是相对高端的私家车顾客。

针对这样的顾客群体，加油站便利店商品主要包括车辅产品、日常用品、家庭用品、特色商品、饮品几大类，可以说商品不多，但比较集中。

别看只有简单的几大类商品，红山路加油站近几年店销是非常不错的。"因为这是18年保持万吨站纪录的加油站，所以油品销售在一定程度上带动了非油品销量，但是最关键的非油品销量的上涨还是靠近些年便利店不间断的促销活动取得的。”温莲梅说。

记者看到，便利店门口顶部的长条大屏幕上实时滚动显示着：“非油品商品满5元加1元换购好吃点一袋（108克），汽油满200元加2元换购茶派一瓶……”

“无论是小额购买非油品商品还是现场加油达到一定的金额，我们都有一定的换购政策，而且会不定期变化。”乌鲁木齐销售公司营销部（客户管理部）副主任范峻阳说。

不仅如此，在红山路加油站加油达到一定金额、加油卡充值达到一定金额，顾客都将获赠电子券。比如，2019年推出的加油卡充值3000元赠送500元电子券，里面包括汽油券和非油品商品券。如果顾客加满240元的油品，那么他便可以使用一张，能抵消18元钱。

“刚刚一位顾客买一袋大米，原价84元，用了两张代金券，只用40多元就拿走了。”温莲梅说，“红山路加油站的电子券有一定期限，过期作废，这在一定程度上加大了顾客的黏性。”

顾客愿意来便利店购买非油品商品，还有一个重要原因。随着近几年乌鲁木齐市汽车销量快速增长，大型商场除了给顾客带来排队结账的困扰之外，还带来停车难的问题，所以更多顾客喜欢在加油的过程中顺便买非油品商品。

“我们便利店商品的价格不会比其他超市的价格贵，这是我们和其他便利店不太一样的地方。”范峻阳说，“再加上中国石油的商品一向有质量保证，顾客没有不来的道理。”

优惠力度加大、加油站好停车，再加上商品价格不贵，红山路加油站2017年店销就达到500多万元，2018年店销达到近700万元。“这两年香烟、车辅商品、家用商品销量都非常好，仅香烟就能占到便利店销量的30%。”温莲梅说。

在温莲梅看来，以后店销这块应该还会上涨，因为在这次加油站形象提升之后，便利店又增加了很多功能，比如新增了顾客休息区域，为不着急的顾客提供短暂的休息；另外还增加了新鲜的商品区域，包括面包、牛奶区域。

“便利店以后还要上自动结算的设备，在不开票、不用现金结账的情况下，顾客只需在自动结算机上刷一下就可以了。”温莲梅说。

➢ 团购逾300万元

红山路加油站2018年非油品销量能够突破千万元，和诸多加油站便利店一样，团购大单销量也占了一定的比例。这里的团购大单销售占了便利店店销的30%，达到300多万元。

肥水不流外人田，自是不用说。新疆销售内部员工的劳保用品，每年都由红山路加油站负责提供。

除了这一部分少量的销售额外，外部单位大单销量是红山路加油站员工共同努力的结果。

红山路加油站目前有员工22名。“根据实际情况，加油站采取四班两运转的排班模式，每天在加油站上班的员工一般都有八九名。其他员工在保证正常休息的状态下，就会和站经理一起有计划性地跑大单业务。”温莲梅说。

跑什么样的单位，红山路加油站员工心里有数得很。一般针对政府部门，近两年又加大力度针对自治区政府国资委下属的附属单位地方国企。

“这样的单位，员工比较多，而且福利比较固定，比如单位每年会下发劳保用品，比如肥皂、洗衣粉、洗发水等。”温莲梅说。

红山路加油站大单销量2017年只有100多万元，2018年能够达到300万元，主要得益于新疆销售公司的政策扶持。

比如，站里员工将外部单位的需求信息带回来后，分公司会制订一个前期计划，再上报到省公司开会进行讨论。“讨论的点无非就是价格。公司会适当降低毛利，如果店销普遍毛利是25%～30%，那么大单销量的毛利有可能控制在10%。”范峻阳说，“拿到比商场更便宜的价格的单位，就像一个个活广告，让更多单位主动找上门来做团购，再有准时配货、送货的支持，红山路加油站每年都会有新增的非油团购单位。”

除了针对各单位大单销量，店里的大单销量也非常可观。新疆人爱喝酒，且无人不知伊力的小老窖酒——味道纯香、绵长，远近闻名。然而，红山路加油站位于餐饮密集区，假酒却特别多。对此，新疆销售公司将这种现象变成自身商机，与伊力老窖公司签署了独家经营权。这样一来，所有的顾客都知道中国石油加油站卖的伊力小老窖百分之百保真。

“小老窖酒大单销量非常好，2018年7月一个月就卖了200多箱。”范峻阳说，“遇到黄金周的月份，更是能销到300箱。”

说到饮品，除了酒之外，水的销量在红山路加油站也很可观。

无论是外部单位的大单销量，还是自身便利店的大单销售，红山路加油站均不放过，大单销量能够达到店销30%也就成为必然。

➢ 扶贫商品也有量

世界那么大，都想出去看一看。景点如云的新疆，每年都会迎来全国各地的旅游爱好者。

红山路加油站便利店里的一个区域，专门设置了一个特产区域，包括察布查尔大米、吉木乃县有机面、塔城红花油，各地的核桃、大枣、巴旦木……这些特产除了能够吸引一些旅游者前来购买外，也会成为加油站顾客买来送给亲朋好友的选择。

可是你知道这些特色商品都出自哪里吗？

扶贫，近些年各大国企都不陌生。早在10多年前，中国石油一直在响应中央的号召和政策，积极履行社会责任。特别是近年来，中国石油在新疆累计投入扶贫资金超2亿元，帮助定点扶贫的托里县、察布查尔锡伯自治县、青河县、巴里坤哈萨克自治县、尼勒克县、吉木乃县6县实现脱贫摘帽。

“2019年是扶贫攻坚战的关键一年，中国石油部署新疆销售统筹管理中国石油定点扶贫新疆6县的脱贫攻坚工作。”新疆销售非油业务中心科长亢杰说，“事实上，自2018年开始，我们已经开始把这些扶贫县的特色产品引进便利店了。”

很多顾客对特色商品的品质不了解，认为扶贫商品都是小地方来的，质量不好。其实，新疆销售对接的160个扶贫单品来自17个厂家，这些厂家很多都是几十年老厂，还有一些国企，质量都是有保证的。

“很多商品，顾客只要购买一次，就会成为回头客。”温莲梅说，“比如，以往一说大米，人们就说东北五常大米好吃，但这两年有些顾客尝试着吃察布查尔的大米，没有说不好的。察布查尔大米在我们店经常断货。还有红花籽油，很多顾客吃了，都感觉有助于抑制‘三高’。吃上几个月，有的人‘三高’都消失了。”

扶贫商品受到顾客喜欢。近两年红山路加油站便利店不断加大扶贫商品的销售力度，利用加油站渠道打通扶贫商品销售渠道。

“只可惜类似这些商品还没有走出新疆。我们也在想，不能把扶贫当成任务完成，更重要的是，要借助中国石油平台让更多的扶贫商品走出去。”亢杰说。

自2019年6月开始，新疆察布查尔县大米、红花籽油和吉木乃县有机面粉、牛羊肉等农副产品便在“好客新疆”商城售卖。中国石油有意识地将新疆贫困县的有机绿色农产品送到全国餐桌。

2019年8月，中国石油消费扶贫对接会在乌鲁木齐举行，来自全国58个国家级贫困县的108家厂商参展，吸引了各销售企业纷纷下单采购，达成贫困地区农副产品购买意向超过1.5亿元。新疆察布查尔县大米、红花籽油和吉木乃县有机面粉等农副产品广受欢迎。

“目前我们正在努力把这些扶贫商品全部做成中国石油自有商品，也努力想把这块业务打造成一个成熟的产业。”亢杰说。

顾客进不了店，照样做店销

突破千万元靠的是持续不断的促销、调整商品结构和过硬的员工队伍。

文/周志霞

依傍着新疆令人魂牵梦萦的美景，红山路加油站销量看上去也很美。

然而，在美的背后，或许很多人并不知道，新疆销售公司的便利店突破千万元，要比其他销售公司非油达到千万元不知要难上多少倍。就是这样，新疆销售公司红山路加油站克服一切困难，不断调整商品结构，依靠过硬的员工队伍，最终实现了来之不易的千万元。

➢ 来之不易的千万元

“新疆销售公司便利店年营业收入突破千万元，比疆外便利店实现千万元，估计要难上50倍都不止。”此前，同样一家销售公司高层领导这样表示。

“太难了！”介绍完红山路加油站的经营现状，谈到近些年所付出的努力时，范峻阳表情有些复杂。

“2013年开始，乘客是绝对不能进站的，只有司机可以进站。”范峻阳说，“虽然司机可以进站，但因为乘客在外边等着，他们加完油就匆忙地走了。即便司机没有乘客陪同，在那样的氛围下，很少有司机进便利店买东西。”

加油站便利店没有顾客进店，显然对于非油品销量的影响是非常大的。

由此，新疆销售公司提出了两方面的解决方法：一方面所有加油站便利店员工要走出去进行跨栏销售；另一方面，有条件的加油站，要将便利店部分商品推到加油站门口进行销售。

“你看，这就是当年陈列商品的柜子，还保留着，不只是红山路加油站，很多加油站都有。”范峻阳指了指红山路便利店一侧摆放着的几个木制柜子说。

“从2015年开始，乘客可以进站了，但和司机一样都需要刷身份证。”范峻阳说，“刷身份证看似一个简单的事情，但很多顾客也嫌麻烦，为了避免麻烦很多顾客选择不进站。”

也正是由于这种情况，顾客进店率一直也不高。为了吸引更多的顾客进店，红山路加油站便利店可谓费尽心思。

这些年，红山路加油站便利店持续加大促销力度。前些年便利店做的促销没有现在形式丰富，虽然也有电子券，但也只是两种，一种是汽油券，另一种是通用券。现在除了电子券外，便利店还推出了各种换购的方式。这还不算，电子券使用方式上也精细了很多——不断降低通用券的使用比重，提高各种专项通用券的使用比重，比如润滑油券和家庭食品券等。

“以往那种通用券，顾客使用起来没有感知，是广泛而普遍性的。现在用专项通用券，是想通过精准促销，让顾客因为某一件商品而进站。”范峻阳说。

不仅促销形式多种多样，促销力度也越来越大。比如，加油卡充值到一定金额的，可享受加油打折优惠；加满一定量油品的客户，可享受到站内送出的代金券；购买金额较少的客户，可以参与换购活动。如果这几样同时进行的，就可以享受折上折。

这还不算完，红山路加油站便利店所有商品都保持和外面的超市一样的价格。“所有努力，就是想加大顾客的黏性，从而改变他们的消费习惯。”范峻阳说。

付出就会有回报。2016年的时候，红山路油站每天销售额八九千元；2018年的时候，销售额平均每天可以达到1.5万元左右，赶上节假日有时还可以突破2万元。

即便是这样，在范峻阳的眼里，他们还需要持续努力。“看到站外的人了吗？他们是等待司机加油的乘客。以往不让乘客进站的习惯已经养成，有些乘客还是习惯于在外面等司机加完油直接就走，这种影响是深远的。”范峻阳说。

为了解决顾客不爱进站的问题，新疆销售公司这两年也在想方法。好消息传来，2019年，新疆销售公司联合自治区政府和润德科技开发公司研发了一套“刷脸”系统，马上将在红山路加油站进行试点。

具体来说，顾客先在“中油好客e站”登录注册进行“扫脸”，再到加油站加油就不用刷身份证了，直接扫一下脸就完成安检了。

红山路加油站之前做过测算，顾客从刷完身份证进站到加油这个过程需要45秒，但如果“刷脸”进站，至少可以节省20秒。无论对于加油站整体的效率，还是顾客消费体验，“刷脸”系统都会更好。

“我们还是很期待的，不久的将来，进站率会有一个改观。”范峻阳说。

➢ 调整商品结构

为了让顾客进站，红山路加油站持续加大促销力度，销售额有了一定的增加，但不得不说促销力度大，毛利额就会减少。如何让销量增加得更有质量？红山路加油站便利店不断地调整商品结构。

由于和外部超市价格相当，中国石油的进货渠道又有保障，香烟在红山路加油站一度保持霸主的地位，几年来均可占到整体店销的40%以上。

但随着这两年“健康中国”战略的实施，控烟工作受到党和国家的高度重视。红山路加油站的香烟销量2019年有所下降，目前占到整体店销的30%。

减少的10%的销量如何弥补？红山路加油站从调整香烟自身的结构出发。比如23元的玉溪烟，原来便利店一个月可以销出100条，但在相对供应紧俏的情况下，一个月供货量只有50条。那么，便利店就将缺货的部分调整为与其价格差不多的其他品类香烟，尽量把这方面缺失的销量弥补回来。

除了香烟自身结构的调整外，红山路加油站还进一步从客户需求出发，调整整体商品结构。红山路加油站所在的乌鲁木齐市，常住人口有300多万。加油站附近的顾客群体年龄偏大，他们的消费习惯和对商品的选择相对比较保守。对此，便利店加大对家庭商品的销售力度，比如米、面、油，还有一些零食小吃。

“以往，买这些商品，顾客都需要去超市；如今，我们培养了他们进站购物的习惯。顺便将商品放在后备厢，他们就不用去超市购买了。”范峻阳说。

除此之外，乌鲁木齐冬天寒冷，有时温度可以达到零下三四十度，这对销售玻璃水是一个绝佳的机会。“在别的地方买玻璃水可能质量没保证，出去没多远就冻住了。我们的玻璃水质量有保证，天冷的时候一定要全力供应。”范峻阳说。

不仅从顾客需求出发，调整商品结构，红山路加油站便利店还在调整商品结构的同时，加大自有品牌商品的推荐力度。“特别这几年，我们促销活动都倾向于对自有品牌商品的推广，比如武夷山水、扶贫的一些特色产品，还有一些车辅产品等。”温莲梅说。

通过这两年的努力，目前红山路加油站便利店自有品牌商品可以占到店销整体的20%以上。个别单品占比更高，比如包装饮料在红山路加油站便利店店销占比达到21%~23%，其中自有品牌包装饮料占到60%左右。

➢ 五星站的传承

“在乌鲁木齐市，只要是开车的，没有不知道红山路加油站的。”温莲梅说。

红山路加油站的名气来自多年以来一直秉持的“顾客至上”服务理念和“亲情化”服务牌。

在十几年前甚至更早，很多加油站还不太注重服务理念的时候，红山路加油站员工就将服务贯穿在工作中，在“微笑多一点、嘴巴勤一点、关心多一点、腿脚快一点”的“四个多一点”上不断努力。

对顾客服务真诚，也换来顾客对这个站的高度认可。“就是在双层罐改造期间，这个站关停了一个月，很多顾客只要路过加油站就会问，什么时候开业呀！我们也告诉顾客，他们可以在周边中国石油站点消费，但很多顾客还是坚持要等。”温莲梅说。

也难怪，红山路加油站在顾客心中有多大分量，从这些年所获得荣誉就可以看出来。作为1998年开业的老站，这些年获取的荣誉多得拿到手软。它是曾先后获得“百面红旗单位”“全国用户满意明星班组”“十大标杆加油站”，共青团中央授予的“青年文明号”等省部级荣誉9个，其他荣誉44个的五星级加油站。

众多荣誉集于一身的油站，离不开素质过硬的员工队伍。温莲梅告诉记者，她是这个站的第九任经理，包括她和之前的八位经理，都有带队伍的意识，先后培养出的50多名管理精英和技术能手分布在各个加油站。温莲梅更不寻常，2019年还获得全国零售行业协会的金牌站长。

“几十年来，加油站文化就是这样传承下来的，第八任站经理也是这样带我的。我们要以身作则，员工也要服务过硬、业务过硬。”温莲梅说。

毋庸置疑，素质过硬的员工队伍是这个站连续18年保持万吨站业绩的基础保障。红山路加油站员工的排班模式是四班两运转的模式。“这个站是24小时营业的站，而新疆的加油站夜班是绝对不允许员工睡觉的。为了保证员工能够休息好，白天的时候，加油站现场也就两三个人，便利店的员工也不多，否则员工安排不开。”温莲梅说。

这样一来，白天员工的劳动强度特别大，按照2018年完成的16800吨的销量计算，每位员工每天持枪量一般都在1500次左右。与此同时，站里要求员工在站前服务时，实行跑动式服务，而且在保证快速操作中，还不能降低服务水平，“十三步曲”必须规范到位。

“就是这样，员工在空闲时也不忘向顾客推荐非油商品，有意识引导顾客进便利店，加大油非互促的作用。”温莲梅说，“在便利店里的员工更是不用说了，他们对商品的特性更是了如指掌，能够说到顾客的心坎里，让顾客满意而归。”

当然，员工工作的热情还来自新疆销售公司近些年不断加大的激励政策。在红山路加油站，每月非油品营业收入一般在50万元左右，销售非油品商品1万元，公司会给320元的奖励。这些奖励加起来会分摊到每位员工身上。不仅如此，在50万元的基础上同比超出1万元，个人还有一定的奖励。

“这样的激励政策每年都在调，以前是销售1万元商品奖励180元，后来提到240元，2018年开始增加到320元。”温莲梅说。

为了进一步激发员工工作的积极性，红山路加油站制定了以“劳动竞赛我最棒”为主题的各班每日销量对比表，以更加精准的数据激励每位员工的竞争斗志。

激励到位，员工的干劲十足。2018年，车辅产品卖爆了，特别是玻璃水，一天能卖近300瓶，一年卖了40000多瓶，光玻璃水店销就近100万元。

“加上非油的奖励，现在我们加油站的员工每个月减去五险一金所扣除的部分，都能领到四五千元。”温莲梅说。

2019年10月18日，乌鲁木齐下了入冬以来的第一场雪。虽然天气要转冷了，但红山路加油站的员工心里却是暖暖的。因为销售车辅产品的最佳季节就要到了，这里的员工又进入了备战状态。

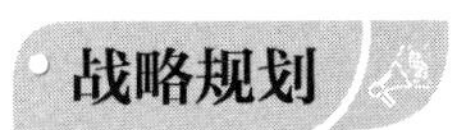

在店销上要效益

——专访中国石油新疆销售非油品公司副经理陈平

不断培养顾客的消费习惯，调整商品结构，新疆销售非油品发展依旧是主旋律。

文 / 周志霞

与其他省区加油站非油五花八门的发展方式不同，新疆销售加油站非油品发展长期受当地安保形势的困扰，只能以店销为主。

就是这样，新疆销售千万元便利店已经达到了5座。那么，新疆销售整体非油品业务发展的情况怎样？它们的加油站非油品发展又有着怎样的特点？下一步又将有哪些规划？对此，记者专访了中国石油新疆销售非油品公司副经理陈平。

➤ 店销占比64%

Q 记　者：陈经理您好！红山路加油站2018年非油品收入突破千万元，

店销占比比较高，请您介绍一下咱们新疆销售整体的便利店发展情况。

A 陈　平：新疆销售目前有862座便利店，开店率达到98%。除了红山路加油站外，2019年千万元便利店达到5座。未来一两年，能达到千万元便利店还会有近10座，年收入五六百万元的便利店有近百座，100多万元的便利店有148座，剩下就是300多座农村站，年非油收入不到100万元。整体业务构成方面，门店销售能占到64%，还有一块占比比较大的是农产品方面，主要是化肥，占比达到26%；剩下的8%是车辅产品、润滑油之类的。

Q 记　者：就发展非油品业务来说，其他省区油站可能会根据自身情况，与第三方合作，包括开展汽服业务等，但在新疆销售似乎看不到，这是出于什么原因?

A 陈　平：还是受安保的限制。首先，新疆的加油站只有10%可以24小时营业，一个地区，政府只给几座站的名额，其他加油站晚上12点必须关门；其次，新疆的加油站，排队加油的情况非常普遍，且有的加油站停车也有困难。基于这两方面的原因，新疆的加油站与外部合作的基础非常差，所以很难有第三方单位愿意和我们合作。所以，新疆的加油站，更多地还是要靠做大店销和农资业务。

➤ 加大自有产品

Q 记　者：基于新疆特殊的安保形势，顾客不愿意进站是最大的问题。为了提高进站率，新疆销售已和相关公司合作，未来可实现在加油站“刷脸”进行安检。除了这方面外，还有其他办法吗?

A 陈　平：顾客进站率不高，的确是我们新疆销售面临最大的问题。不止这个问题，仅2018年一年，乌鲁木齐市就新增了500家社区店。虽说我们加油站便利店主要针对油品客户，但毕竟受安保形势影响，进站相对比较麻烦，所以这500家社区店在一定程度上还是会给加油站非油业务造成一定的冲击。对此，我们也在积极想办法。不久的将来，我们会在加油站全面铺开“刷脸”系统，来缓解这一问题。除此之外，各加油站都在千方百计提升油非转换率。我们的目标是100位顾客来加油，至少要有30位顾客进站买非油品。这就需要持续培养顾客的消费习惯。一方面，我们采取以各种加油站卡、电子券的促销方式来吸引顾客；另一方面，我们一直强调中国石油质量第一的理念，所有商品质量都是最棒、最好的。与此同时，从2019年开始，新疆销售所有加油站便利店实施的都是平价战略，进一步吸引顾客进店。总之，在培养客户的消费习惯方面，我们是有足够信心的，因为加油卡持卡的客户都是我们的会员，我们的客户基础还是比较好的。

Q 记　者：吸引顾客进店，还需要不断地打造自身品牌。咱们自有品牌非油品商品卖得怎么样？

A 陈　平：自有商品销售这方面，新疆销售2012年就开始了，到现在已经7个年头了。自有商品主要体现在特色商品这块，有干果、坚果、牛肉干、蜂蜜等36个单品体系。目前，除了在新疆销售的800多站外，疆外16个省的加油站都在销售我们的产品。从销售量来说，自有商品疆内一年销售额在1200万元左右，占整体非油收入12亿元的1%左右。

为了加大自有商品销售力度，2018年我们成立了自有商品运营中心，随之我们的发展思路也越来越清晰。一方面，我们认为，自有商品发展不能再以省区为单位来做，应更加细化到与公司进行合作，因为有些合作公司这几年自有商品发展得非常快；另一方面，我们认为自有产品不能盲目开发，因为自有商品牵扯的问题很多，包括地区选场、质量把控等，所以我们也比较谨慎。后期，我们计划开发一些新疆的面粉和大米，当然这方面有一个较长的运作过程。另外，我们还要测试产品在市场整体的销售情况。非油品跟其他的商品不一样，它有生命周期，包括从上市到巅峰再到消亡的过程，所以我们要通盘考虑，并不是自有产品发展得越多越好，而要以务实和规范为主。

➢ 调整商品结构

Q 记　者：公司的整体非油品发展未来还有哪些具体的规划？

A 陈　平：从几个方面不断地优化店销，这是一个长期的过程。第一就是加大集团层面的集采商品（好客咖啡、武夷山水、东北冰源等）的集采力度。第二就是加大省区之间互采商品的力度，包括将各个省的特产商品引入加油站，我们目前已经和19家省区企业签署合作。第三就是加大扶贫产品销售力度，主要针对新疆特产商品。总之，我们不能让加油站便利店成为杂货铺。以后，我们会在便利店进一步设置各种专柜，根据其自身特点，调整好商品结构。目前，我们已经计划在100多家便利店进行试点，包括国道的、省道的、市区的便利店，以后会更加细化，通过这些措施将店销优化到位。

Q 记 者：其实调整产品结构也是为了提高毛利额，目前新疆销售非油品发展毛利额是怎样的？未来哪些商品有提升毛利额的空间？

A 陈 平：目前，从非油品整体收入来看，完成2019年任务没有问题，但是毛利额和计划相比有点落后，不过同比还是有7%的增长。如果从非油结构来看，最大特色是农资。化肥销售占到农资销售的26%左右，这块规模在全国排第一，但是毛利额相对比较差，平均的毛利率只有1.36%。化肥毛利低的原因和化肥整体市场有关系，原来卖的都是尿素，而尿素这块的市场利差很低。

从2019年开始，我们也意识到，化肥业务不是加油站员工或者非油品部门想做就能做的，一定要找专业的合资公司或化肥农资站。一方面，我们把对方的技术、人员、信息和我们的渠道这两部分资源整合，从而提高化肥的整体毛利。另一方面，我们计划将农户拉进来，对他们进行一些培训，向其推广绿色化肥，加大复合肥的销量。总之，如果我们能把化肥的结构调整好，那么化肥销售至少可以达到3%的毛利率。

扫码看专家点评

15

扫码看现场

中国石化东南站，刷新你的认知

十年积淀，中国石化森美东南加油站始终走在求新求变的路上。面对未来，它要继续在激烈的竞争中走得更深更远。

营销现场

始终求变的“千万元”店

这是一家有着特殊基因的加油站便利店，始终走在求新求变的道路上。

文 / 王海坤

福建漳州，海峡西岸城市之一，地处“闽南金三角”，一片上天恩赐的平原，亘古以来孕育、盛载了这里独有的文明……

漳州境域，在历史的长河中曾属闽越国，唐朝的女皇帝武则天敕建了漳州，至今漳州古城中的几座石牌坊仍诉说着这里的千年风雨。

记者走进这片古韵迷人的文化之地，坐落在市属芗城区东一号与马灶路岔口上的一座加油站便利店正是此行的目的地。一间时尚的肯德基汽车穿梭餐厅首先映入了记者的眼帘……

“就是这家站的非油业务销售额从2015年的455万元增长到2017年的1173万元，一跃成为福建石油首座千万元便利店。2018年销售额继续增长，达到1328万元。”中国石化森美（福建）石油有限公司漳州分公司零售管理部经理林银海告诉记者。中国石化森美（福建）石油有限公司是由中国石油化工股份有限公司、埃克森美孚中国石化有限公司、沙特阿美中国有限公司分别按55%、22.5%、22.5%的股比投资设立的合资公司，于2007年注册成立并正式投入商业运营。眼前的东南加油站，便是合资公司成立后十几年来的先行试点站。一直以来，创新、求变是该站的“灵魂”。2019年，在油非互促资源投入同比减少近90%的情况下，销售额仍然达到1350万元。这其中，微信爆款平台的“井喷”继续刷新着人们对它的认知。

➤ 求变之路

在中国石化森美（福建）石油有限公司漳州分公司零售管理部副经理陈奕航的记忆里，求新求变的东南加油站在短短的十年间经历过三个版本的便利店改造。2008年，合资带来了海外经营的新思维，加油站便利店开启了第一次改造，即1.0版本。此后的2010年，东南加油站突破性地增加了肯德基汽车穿梭餐厅，一时间成为站在风口上的加油站！其后，加油站肯德基的业务逐年增长。

到了2015年左右，增长开始面临“瓶颈”——年营业额已经在500多万元的肯德基向上增长的空间已经微乎其微。于是，加油站启动了第二次便利店改造，即2.0版本。在当时新思潮的冲击之下，中国石化森美积极寻找新的增长路径。海峡对岸在台湾零售业界始终居于前三的莱尔富成为中国石化森美首选的学习对象。这一时期，莱尔富为东南加油站便利店门店运营提供了全方位的改造理念，双方还签订了对赌协议。莱尔富对店内商品的品相、陈列、营销方案以及店内的设计风格等进行了全要素改造。在莱尔富的思路设计下，东南加油站便利店更倾向于走社会便利店的路子，采用传统的客群分析方法来设定便利店里的商品品类，便利店的商品摆放，都要根据客群的需求来进行针对性地设计。遗憾的是，由于营商环境以及多重因素的影响，尤其是顾客的消费习惯培育不理想，前来加油的车主进店率没能大幅提高，双方最终没能达到预期目标。

此后，培育顾客的消费习惯成为东南加油站便利店的主攻方向。面对这块“难啃的骨头”，东南站开始继续求新求变的探索。

2016～2017年，东南加油站便利店的业态模式逐渐增加，服务功能也不断加多，不但有了生鲜、熟食、鲜花、水果板块，周围的居民、加油的车主都可以到便利店来缴水电费。这之后，加油车主的进店率虽有所提高，但顾客消费习惯的培育仍不理想。于是，2017年第三次改造启动，即3.0版本。

“这一次目标直指‘综合服务站’，便利店的规模扩大了将近二分之一，由过去的80平方米左右扩大到了110平方米。”中国石化森美（福建）石油有限公司漳州分公司副总经理余光宇说。改造之后的便利店非油品业务当年即突破了千万元，一跃成为福建石油首座“千万元”便利店。虽然，此后的2018年，该站非油品业绩还在不断上涨。“但就目前这个情形来看，便利店的规模还是相对较小，未来我们计划把二楼也利用起来，做一个电动扶梯上下楼，打造真正的综合体概念。”余光宇说。

➢ 权力下放

门店所有员工都是任务指标的承载者、非油品利润的创造者、经营成果的分享者，做到这一点并不算一种突破，能让员工变为股东才是一种真正的突破！而这种突破在东南加油站从2008年就开始了。

2007年埃克森美孚、沙特阿美和中国石化共同参股合资公司后，各方都没有快销品营销的经验，更没有这个领域的人才储备。没有一个十分有经验的指挥中心指挥非油品销售时，该怎么办呢？当时，合资公司高层一致认为，要将经营权彻底下放到门店，让门店自由地接触市场，让市场来带动门店的发展。只有这样，在市场的洗礼下大浪淘沙，门店的非油品业务才能真正地成长起来。而在这样残酷竞争下成长起来的门店经营才是坚实的、牢不可破的。

“我们中国石化森美关于非油品业务的权力下放是独树一帜的。”中国石化森美（福建）石油有限公司漳州分公司总经理郑添火说。由门店店长承包门店的经营权，并带领门店所有的员工进行参股，这使得在门店经营中，所有员工都抱着一种主动的姿态，把非油品业务的经营当作是自己的事情，而非公司交代的任务。这是一种内生的动力！“在这种动力之下，各门店经营轰轰烈烈地展开。时至今日，这种内生动力依然是支撑各门店非油品业务经营、发展的最大潜力。”郑添火说。

曾任东南加油站站长的陈奕航，如今已担任漳州分公司零售管理部副经理，却仍然对自己那段“激情燃烧的岁月”刻骨铭心。2008年，他带领东南加油站的所有员工承包了加油站便利店的快销品业务，由员工变成了股东，带领大家从零起步不断尝试，走上了一条曲折的探索之路……

“实际上，省市公司层面，为了激发门店活力，挖潜内生动力，这几年来划给门店一线员工的利润是很丰厚的。特别是2017年以后，省市公司层面只留7个点（7%）的利润，而将剩余的20多个点（20%）的利润都划给了店面。”林银海说。

➢ 单品策略

2017年以后，东南加油站在培育顾客消费习惯领域继续进行大胆尝试。在兄弟省份便利店醉心于异业合作、店中店的大背景下，东南站推出了重点单品策略。

“2017年东南站便利店再度改造之后，便拿出了一块区域做葡萄酒单品。那之后，葡萄酒这一单品的销量不断‘井喷’。”郑添火说。东南加油站便利店的葡萄酒单品主要和中粮集团合作，品质上乘、口感独特，其价格却是很多普通家庭都能接受的。两瓶原产西班牙特殊香型的干红葡萄酒活动期内才售120元，只要喝过一次，口齿中留存的香气能迅速锁定客户的忠诚度，回头客激增。

顾客林先生是东南加油站七八年的加油卡老客户了。记者在门店恰遇前来加油的他。“这个便利店里卖的米特别好，在别的地方根本买不到，特别是河龙香米，5千克装的只要38元一袋，味道很香，吃起来有嚼劲。我们家最近吃的都是这个米。”林先生说。这个米的香味非常独特，吃过以后让人记忆深刻。漳州人的日常饮食，中、晚餐两顿都要吃干饭，实在是缺不了米。遇到这样好吃的米饭，他们一家不愿意再换别的牌子了。河龙贡米也是中国石化森美公司特别开发的一个扶贫单品，是福建地区一个独特的米种，极有竞争力。

最近几个月，东南加油站便利店又引进一款中粮集团的米——丝苗米。这是一种价格较低、品质却很有保证的大米单品，在店销上迅速走红。店里的员工李燕霞告诉记者，她家就吃店里热销的丝苗米，她的左邻右舍和亲朋好友也都吃这个米。“这个米不仅价格低，而且品质好，吃起来口感也好，你在同等价位的米里绝对找不到这种品质和这种口感的米。”李燕霞说。

如今，李燕霞虽然每天下班都要给附近一家快餐店送自己店里热销的丝苗米，却一点都不觉得累。“这个快餐店是我的客户，我每天给它送米都会有提成，下班时间我也在赚钱呀！”快言快语的她已人到中年，说这话时，浑身上下依然洋溢着一股青年人式的热情。

“最近几天，我们正在召开务虚会议，就是研究如何将这个重点单品策略推开。”余光宇说，“我觉得这是一种尖刀策略！我们就要把钢用在刀刃上。”据悉，下一步，便利店还拟划出一块专门的区域，给河龙大米这个单品做专营，要继续将大米单品生意做大。

“围绕做大基础品类营业额，加大力度推进千万级单品培育计划，力争年内打造一个除自有品牌、烟草和服务类商品以外的千万级单品，增强门店竞争力。”这是记者在2018年中国石化森美（福建）石油有限公司年终总结报告上看到的一句话。看来高层领导的目光更为深远，千万级单品的出现，必将会给东南加油站非油品业务带来全新升级版的未来。

➤ 微信小程序爆款平台

在最短时间内将新技术转化为生产力，是东南加油站非油品业务营销方面最为突出的特点。因此，东南站曾是漳州分公司最早开启线上业务的门店。

2019年，东南加油站依托漳州分公司新推出的微信线上爆款平台，成为第一个客户门店自提点。

“我们的微信线上爆款平台是通过便利店员工发动周围的客户和人群，以拼团购的形式线上下单、线下提货。员工每人一个二维码，借助社交媒体发线上爆款消息，锁定员工的老客户和周边熟悉的人以及这些人的朋友圈，稳扎稳打，一轮轮、一圈圈地向外扩张、开拓新消费者。而线上下单的销售额提成直接进入员工微信零钱，又不断激励员工扩大拼团购人群的圈子和范围。”郑添火说。

2019年3月12日，中国石化森美（福建）漳州分公司官方微信公众号推出爆款订购平台后，24小时内就销售便利店商品4万余元。到2019年8月，漳州分公司微信公众号粉丝达2.3万人，爆款平台月均访问人次超过5万人次。爆款平台月均销售额从2019年3月的44万元增长至下半年的月均近160万元，之后还在持续增长中。“目前，该业务同比增幅已经占到了东南站纯店销的60%。”陈奕航说，“平台上目前销售的商品仅有35种，主要是一些适销的奶、油、米、纸、水等，精准推送给一些加油的车主。”

小程序的浏览和下单购买商品是开放式的，即任何人，不管车主还是非车主，不管是否注册会员，都可以选择直接下单购买商品。“甚至是外省的顾客，都可以在我们的小程序上下单，我们会通过配送直接邮递给客户。”余光宇说。

半年多来，微信线上爆款平台使用人数快速增长，可以预计，这种“井喷”趋势如果持续下去，线上下单销售额将持续快速翻倍增长……就像是一道曙光，乍现在中国石化森美漳州分公司加油站非油品业务发展的清晨。所有人都看到，它已翻开了漳州加油站非油品业务全新的篇章。

变革是由下至上的，小程序的研发、推出和使用是漳州分公司自行构思、自行尝试的结果。看到这样一道曙光乍现，省公司层面也在调研和总结经验。“我们认为，非油品业务零售没有‘线上’终将走进死胡同。”中国石化森美（福建）石油有限公司零管中心副总经理兰伟说，“目前，京东、苏宁都在积极布局线下店。我们有自身的优势，我们利用好这些优势资源进行线上开拓，很可能会达到‘1+1 > 2’的效果。”

➢ 社区风暴

“我们目前正在考虑把微信线上爆款平台的分销权限，移交给一些社区的‘楼长’‘街长’，由他们完成一些爆款商品的消费引流。”林银海说。其实，这是受之前的一些实践启发的。一些便利店员工在他们居住的小区里推广爆款平台上的爆款商品，取得了很好的效果。这些推广对象几乎都是员工们的邻居、朋友，他们尝试下单之后，很快发现我们的爆款商品确实性价比高。这样就形成了持续购买的良性循环。“这种实践激发了我们的灵感，才有了向‘楼长’‘街长’放权的设计思路。”林银海说。

“我们将‘楼长’‘街长’管理权力全部下放给基层员工。同样，商品的一部分毛利也下放给一线员工，由他们去自主与‘楼长’‘街长’分享毛利。”陈奕航称，“这个思路在东南站已经尝试了半年左右，反馈效果极其好。”每个一线员工都有一个自己的二维码，通过二维码来记录爆款商品的销售数量、毛利额。按照这个思路运作下去，当一线员工手握的客群逐渐增长，不久的将来他们很可能将会出现一个新的身份——新型的片区分销经理。

东南站的店员周莲金，2017年刚到加油站便利店工作时，基本工资只有1800元，加上销售提成和分红，一个月满打满算也就3000元的薪水。可是两年后的今天，她的基本工资并没有提高多少，但是加上销售提成和分红常常会超过5000元，有的时候甚至能达到6000元。

如果，不远的将来，一场依托微信线上爆款平台的“社区风暴”被掀起，当线下的“楼长”“街长”向邻居、熟人圈推荐爆款商品，和线上的“拼团购”叠加，东南站非油品销售会有怎样的未来，就更值得期待了。

“井喷”的背后

独特“基因”、即时激励、“智能”监控，都是微信线上爆款平台销售井喷的因素。

文／王海坤

仅仅半年多，东南加油站便利店微信线上爆款平台销售就能“井喷”如此：销售同比增幅已经占到了目前东南加油站纯店销的60%！店员们的销售提成也快速地跟着水涨船高……

不得不让各方深思，究竟是什么引发了这家店的“井喷”？

➢ 独特“基因”引发叠加优势

“2017年前，中国石化森美的所有加油站便利店，采取的都是自主采购的模式。”中国石化森美（福建）石油有限公司零管中心副总经理兰伟对记者说。省公司层面只提供给便利店一些中国石化系统的优势商品，约200种。门店采购各具特色、百花齐放，东南站便利店也不例外。然而，今天的零售业，品牌已经成为无形资产，成为独特的竞争力。为了践行“万店无假货”的承诺，2017年后，中国石化森美再度大幅改革，首先把便利店的采购权收回，升级为公司统采。

“过去的自行采购是中国石化森美独辟蹊径开拓出的一条路，给我们今天的公司统采融入了独特的基因。”兰伟指出。过去各便利店的自主采购非常灵活，不仅能快速捕捉到最新的市场价格，而且能多渠道接触社会经销商，对各地市商品的底价十分清楚。以此为基础，公司统采的议价能力轻而易举地就增加了。只需要公司统采前向各门店发一个商品询价单，就可以将全省各地市该商品的价格摸得清清楚楚，然后以最低价格公开招标。这样的统采凸显出叠加优势——既保证商品质量，又能在规模效应之下拿到比全省最低价格还要低的价格！

➢ 即时激励根除“被动卖”

“主动卖”与“被动卖”有天壤之别！

通过植入新技术，2018年东南加油站已率先实现了员工个人销售业绩跟踪，通过员工个人数据分析报表的运用，在非油品销售领域可以进行即时奖励，即员工非油品销售业绩当班可见、抽成奖励当日兑现。这将过去还残存的一些“被动卖”思想彻底根除，门店员工开口营销率激增，全面开启“主动卖”。

“我们要让员工每天下班的时候就能够兑现自己一天的劳动成果，拿到钱！”中国石化森美（福建）石油有限公司漳州分公司总经理郑添火说，“这也是漳州公司式的‘做实’。”目前，在东南加油站实践后，基于新技术的“即时激励”已经在整个漳州分公司推开。

“公司预先将备用金拨到每一个站里，以备站里员工当日提现。”郑添火说。早晨上班的时候，门店的每个员工都会有一张小卡片，上面清晰地显示着今天员工卖一桶油会有多少提成，卖一袋米会有多少提成……当下班了，员工背上包包走的时候，一天的努力成果已经变现进入了手机微信的零钱。

福建的闽南人有“爱拼才会赢”的理念，许多年来这样的理念已经渗入骨髓。在即时激励下，这种理念被激活、放大，让“比学赶超”有了独特的土壤。这种土壤生发出的力量让人震撼。

在东南加油站便利店，已经是中年妇女的周莲金笑声爽朗。“同是店员，今天她比我做得好，她提成比我多了几十元，我不嫉妒，因为我会努力，我明天要比她做得更好。”她说这话时，眼里闪烁的光芒几乎烫到了记者。她那细弱的身躯里仿佛有一种记者无法认知的力量汩汩流淌，随时都可能喷薄而出……

“原来，我们引进一些新品的时候，都在想如何把它们推出去，现在却是店里主动要货，经常都有热销的单品缺货。”兰伟说。记者在中国石化森美（福建）石油有限公司漳州分公司零售管理部副经理陈奕航的手机上看到了相应的页面，整整几个页面都显示着漳州市各加油站便利店缺货的情况。“这里一显示缺货，我们马上就要备货配送给这些加油站便利店。”陈奕航说。

➢ 智能监控利器

过去，经营便利店最耗时间的就是盘点。经过数年探索，漳州分公司在2018年推出了技术十分成熟的手机微信端盘点系统。这一“智能”监控利器在微信线上爆款平台销售中发挥了不小的威力。

“这个系统，依托微信端的扫描识别技术，可以让员工只拿一部手机登录微信端，就可以轻轻松松地进行便利店商品盘点。”郑添火告诉记者。管理层还可以通过这个系统随时随地监控每个加油站便利店的商品结构，掌握正常商品和临过期商品信息，以便随时调整营销策略。同时，通过系统后台分析，管理层对门店盘点频次、盘点质量能有效进行监控，做到“有盘点、无盘点、商品溢余和损耗”一目了然。

“这个系统也起源于东南加油站，在东南加油站成功实践后，才向漳州全市推开。目前该盘点系统依然在不断技术升级中，随着它更加成熟，其推广面将更广。”中国石化森美（福建）石油有限公司漳州分公司零售管理部经理林银海说。随着门店商品品类数量逐年增多，常规的定期手工盘点及实物核对已无法满足便利店管理需求，必须通过科技手段为员工减负，同时为企业增强竞争力。

“我们统一收集商品条码、属性、品名等信息，并建立商品信息数据库，利用手机微信端扫码识别功能，将微信手机端读取的商品条码数据与数据库端比对，直接展示对应商品信息，由盘点人员核对品名后，输入现场商品数量，就能实现实物信息快速识别与录入了。”陈奕航说，“这样盘点既快捷又无死角。”

“工作中，我们还可以设置盘点数据24小时内实时提报功能。加油站便利店日常工作繁杂琐碎，门店员工临时有事中断盘点，也可选择提交保留已盘点数据，等事情处理完后接着盘点。”中国石化森美（福建）石油有限公司漳州东南加油站站长王惠娇说。

记者在东南站看到，目前应用的手机微信端盘点系统，针对商品的三种时间属性——正常商品、临期商品、过期商品设置三个模块。加油站在盘点时，可对商品有效期情况进行标注，便于后台数据导出后进行分析。

“这个功能让管理层能根据系统显示的临过期商品数量结构，制定对应政策，从而降低各门店运营风险。”陈奕航说。

据介绍，盘点系统上线前，品项数过千的门店，每次盘点需15人3.5小时才能完成实物核对；盘点系统上线后，10个人就可在1.5小时内完成实物核对。而对于小站的便利店来说，原先3个人手工盘点12小时才能完成制表，现在用该系统盘点每次2个人仅需3小时内就可完成实物核对和报表填制。

➢ 一票否决：4名站长下课！

“2019年9月，不到一个月的时间，我们就有4名加油站站长被解聘。”林银海说。只因为在便利店里发现了继续上架的过期商品，一票否决，4名站长马上“下课”。

据介绍，这4名站长日常工作一直做得不错，但就是忽略了盘点复核。其中，有一名站长在盘点时漏盘了临期的日化品，另一名站长用微信端盘点时漏查了一货架的食品保质期，还有一名站长在盘点前没排查保质期，导致货架上有过期的商品……

提及此事，郑添火掷地有声："中国石化的最大竞争优势是什么？就是追求'安全'的理念！在加油站日常经营上，我们对'人身安全'和'油品安全'的追求，近乎苛刻！在非油品经营上，商品'安全'就是我们的底线，必须仔仔细细地看每个商品的保质期。"

"从2019年10月起，我们漳州加油站的食品和饮料销售额一个月就同比增加了100多万元！我觉得这是我们努力的结果，更是客户们对中国石化森美易捷便利店的认可。这个认可不仅是对价格的认可，对质量的认可，也是对我们在品牌、口碑、'安全'上坚持的认可！"陈奕航告诉记者，作为漳州分公司专门负责非油品业务的管理层，因为这件事他特别写了一封信——《致所有兄弟姐妹的一封信》。信中，他@那4位被解聘的"兄弟姐妹"：解聘不是结束，人生失落时，恰恰是夯实自己、蓄势再发之时，不要放弃希望！

当记者看到这封信时，"夯实自己、蓄势再发"8个字瞬间刺激了记者的眼睛。这或许正是中国石化森美时刻保持势能、时刻内生动力的缘起。

➤ 缩水的车后市场"蓝图"

在不断探索和求新求变的力量推动下，2017年，在第三次改造时，为了走出一条有特色的车后市场开拓之路，漳州分公司对东南加油站便利店和肯德基汽车穿梭餐厅进行了细致调研，最终将目光盯在便利店和肯德基餐厅之间的一块空地上，希望利用这一块特有的空间做一个"枢纽"，在这个"枢纽"区域设置汽车快修、汽车保养美容、品牌车代售、车检及车险代办等一系列车后市场服务。有别于外部的道路设施，这里将设置一个特别的通道，灵活而巧妙，既可将加油站便利店一方的客源引入通道接受车后市场服务，并引向肯德基；同时，也可将肯德基一方的客源引入通道的车后服务市场，进而引入加油站便利店，形成一个互相联通、三位一体的"大型综合体项目"。

遗憾的是，当地市政部门最终没有全部审批，这个综合服务体的"蓝图"只能以一个缩减版的形式出现。

“在缩减版中，我们分几步走，最终的目标是要构建一个以加油站为核心的生态圈。客户到了加油站，不仅能够加油，而且能够享受到餐饮、休闲等服务，同时还能体验车后市场服务。”中国石化森美（福建）石油有限公司漳州分公司副总经理余光宇说。

当记者在午后和煦的阳光下，站在油站便利店楼上的办公区向下望去，触目所及的正是火热改造中的东南站缩减版“蓝图”……

➢ 一个新方向

在与郑添火总经理的谈话中，记者获悉，中国石化森美（福建）石油有限公司漳州分公司在东南加油站便利店新一轮的尝试和飞跃后，正准备在零售领域开启一个崭新的方向……

他们正在积极推进社区店的试水和布局，首选目标是一些人口密集的高端社区。这些试水的社区店经营虽然要向社会便利店看齐，但是会充分凸显自身特色，将在深挖中国石化森美独特基因的基础上打造独特的竞争力。

“布点这样的便利店，资金额度相对较小，品牌效应却能加倍凸显。这种新方向、大量布点的社区店会与目前公司推出的微信爆款商品平台无缝连接。这样‘线上+线下’威力会倍增，很可能会开启一个崭新的零售新方向。”郑添火说。目前这个工作正在试行，漳州分公司已经尝试开启第一家。

以当地特产为主打商品的旅游景点便利店，也将是漳州分公司尝试的一个新方向。因为，这类便利店更容易助力其开拓市外和省外的客户。同时，漳州分公司可以借力微信爆款商品平台，将这些客户最终转化为中国石化森美的线上忠实客户。

无论是线下业务还是线上业务，面对未来可能急速膨胀的业务规模，物流能否跟上将是其中最为关键的因素。“我们目前正在研究是否可以走‘一键代发’的模式，将物流彻底交给专业的第三方或者厂家来做。”兰伟说。

实际上，从2019年年初开始，省公司就已经在加大中央仓软硬件改造，以提升自身系统的仓储物流功能。只是高层领导觉得，在物流配送领域还要打开思路，更具前瞻性。

创新不止，谋求未来

——专访中国石化森美（福建）石油有限公司零管中心副总经理兰伟

变革和创新永无止境。中国石化森美依然在谋求更加高远的未来……

文 / 王海坤

2017年，是一个特殊的节点。以此为起点，东南加油站便利店的新一轮尝试和飞跃引爆了漳州分公司的崭新实践，继而导引中国石化森美在非油品业务的开拓中迈入了新的发展轨道……

一切都来得太快！一切还都在动态地发展行进中！

处于动态发展中的中国石化森美，如何把握非油品业务未来的航向？选择什么样的路径才能赢得可持续发展，走向真正有竞争力的未来？带着这些问题，记者专访了中国石化森美（福建）石油有限公司零管中心副总经理兰伟。

➢ 未来：构建线上销售综合平台

Q 记　者：快销品的商品种类十分繁杂，中国石化森美如何能够在自身商品结构的设计上更有特色，以增强竞争力？

A 兰　伟：我们选择几个层面的特色产品。首先，我们充分征询地市公司意见，鼓励它们推出带有地缘特色的商品，并帮助它们培育好这些特色商品。其次，省销售公司推出带有全国特色的商品，供各地市选择。我们鼓励各地市公司先尝试销售这些特色商品，在试行较好的情况下再进行推广，不选择用行政指令来鞭策分公司。

目前我们已有的商品品类很多，要加强相应的数据分析，带来流量的商品要特别保留。要格外深挖那些在外部市场销售火爆而在我们的便利店系统内却依然“坐冷板凳”的商品，分析自身系统的原因，找出差距进行弥补。对于那些滞销商品，即便是贴运费也要立刻淘汰，绝不能让它们继续残留在我们的订购目录里。快销品行业是一个快速变化的行业，我们不但要随时监控其动态变化过程，还要做到不墨守成规，不断推陈出新。不论是线上还是线下商品，都需要快速淘汰，快速培养。

Q 记　者：这些特色产品更倾向于在线上推广和尝试，还是线下？

A 兰　伟：我们是想在线上线下同时推，实行“两条腿”走路。未来，我们还将突破现有的快销品领域，把福建其他特色产品也引入我们的加油站便利店系统，比如服装、鞋帽、厨卫用品等等，甚至福建水仙药业的一些药品（比如风油精等）也会被引入系统销售。我们的目标是形成一个线上的销售综合平台。

➢ 双向拓客：走出去，引进来

Q 记　者：在开拓客户上，中国石化森美有哪些新的思路？

A 兰　伟：现在我们有两个想法，第一，借助中国石化易捷平台，把我们福建的特色产品推广到全国。第二，同样借助中国石化易捷平台，把全国的特色产品引入福建，在我们的便利店内打造全国特色产品专区。像甘肃的苹果汁、海南的春光食品、内蒙古的牛羊肉等，都可以引入到福建来，以此来拓展我们的客户，让福建的老百姓不出省就可以品尝到全国的特色商品。目前海南的特色商品已经在福建有了三年的沉淀，销售状况良好。2018年，仅内蒙古的羊肉单品就在福建全省销售了100多万元，每个地市都销售了10多万元。实际上，市场需求十分庞大。在此基础上，我们将会沿着这个思路继续向全国扩展。

Q 记　者：在省外获客领域有什么新的举措？

A 兰　伟：我们首先增加了与系统内其他兄弟省份公司的互动，在引入兄弟省份特色产品的同时，也将自身的特色产品推出去。目前，中国石化森美已经与浙江、江西、海南、北京、广东、广西、江苏等系统内兄弟省市公司建立了互动关系，比如我们的福建三宝之一——福建白茶。这个茶有个特点，一年是茶、三年是药、七年是宝。我们向兄弟省份单位承诺，3年之后如果这个茶销不出去，我们加价15%回收。在解决了对方的后顾之忧后，对方也会放开手脚帮我们推广，这样就更容易赢得顾客。

➤ 复制进行时：10个月“井喷”超亿

Q 记　者：东南加油站非油品业务的探索很有价值，省公司层面是否考虑过在福建全省或者一些地市的兄弟单位复制呢？

A 兰　伟：2018年，我们总结了漳州经验和泉州经验，于是将其中一些突出的经验开始在全省复制。从2019年2月开始，我们在全省推出了一个“重点商品+爆款商品”的主题系列活动，每个月都推出一些爆款商品和重点商品，以此引流。仅仅10个月，已经产生了近1.5亿元的销售额。

Q 记　者：看来，中国石化森美在探索中已经取得了一些成绩，能不能谈谈最近几年的情况？

A 兰　伟：近三年来，我们的非油品业务中基础品类营业额的增幅，始终在中国石化系统内排名靠前。2017年，中国石化森美（福建）石油有限公司非油品实现业务口径营业额为13.9亿元，增长31.3%，实现利润4019万元，增长33%。其中，基础品类营业额3.5亿元，增长55.0%。2018年，非油品全口径营业额为14.4亿元，增长3.3%，实现毛利8726万元，增长44.2%。其中，基础品类营业额5.8亿元，增长35.5%，在系统内销售公司省市公司中排名前列。2019年，非油品全口径营业额为15.6亿元，增长8.3%，实现毛利9524万元，增长6%。其中，基础品类营业额6.1亿元，增长29.7%，仍然在系统内销售公司省市公司中排名第一。

未来三年，我们还会努力保持这个增幅。

➤“拼团购”我们有信心

Q 记　者：面向未来，中国石化森美在非油品业务领域将有哪些举措？

A 兰　伟：有三个方面的举措。其一，立足门店销售。因为门店销售是非油品业务发展的基石，我们必须把这个基础打牢，做到让客户满意。其二，在门店销售的基础上，搞好网格式销售。即把加油站便利店周边三公里内的原有油品客户充分转化为非油品客户，可以用微利策略促进这一转化。当转化完成后，流量剧增时，我们再通过与供应商合作，争取供应商让利，做一些高毛利的优势商品增加非油品业务的销售利润。我们的目标就是要把这些客户培养成只认中国石化品牌的客户，也就是我们的“铁粉”流量。其三，是“拼团购”。

Q 记　者：在“拼团购”上，中国石化森美有什么想法?

A 兰　伟：有数据显示，现在全国“拼团购”的用户已经超过了3.8亿。我们省公司在目前漳州公司模式的基础上，将锁定三个核心——拼团购、优势产品、优势价格，在全省范围内进行复制推广微信“线上+线下”O2O。中国石化是一个负责任的企业、一个靠得住的企业。中国石化森美倡行“万店无假货”，品牌保障是社会企业不能比拟的，这是我们的优势。在这一轮线上“拼团购”的风口，我们有信心和福建省内的阿里、苏宁、京东一争高下。

2020年，中国石化森美在福建全省的小程序将上线，在与社会企业一争高下的过程中，价格优势这一因素是必须考虑的。当把体量做大，我们统采的优势将更加明显，统采价格也将比现阶段的统采价格更低，这一点社会企业将望尘莫及。

16

十里河站，“购”精彩

年销汽油2万吨、门店连续3年销售千万元的十里河加油站，是一座“老站”，因为它是首都图书馆书友们熟悉的补给站，是早起奔忙的上班族们必备的早餐点。它又是一座“新站”，这是因为它走在了时代前端，既是“一键加油”的先锋站，又是“易捷加油”线上购的自提点。

它身负多项荣誉，身兼多项重任，未来也将创造更多奇迹！

营销现场

玩转线上线下

纯店销千万元的十里河加油站，外有优越的地理位置，内有齐全丰富的商品，线上、线下都能购。

文／曲绍楠

和煦的秋日阳光刚刚穿过云层，便照到了北京市朝阳区东三环南路，红色罩棚下一群人已经开始忙碌起来了。这群早起的人就是中国石化北京石油分公司十里河加油站的员工。

早6时刚过，虽然天刚蒙蒙亮，但加油的车辆已经在站内排起了一个小长队。站长吕锦叶在收银台后忙碌着。

“您好！10号加油机，麻烦开下发票。”一位车主走进店内，发现前面已经排了几位等待付款、开发票的顾客。

十里河加油站忙碌的一天就这样开始了……

➤“易捷加油”线上购

站内这些排队加油的车主中，很多都是被“易捷加油”引进站来的。

“十里河加油站距您2.7公里，现在开始导航。”按照导航，车主李先生顺利到达十里河加油站。与以往不同的是，李先生所使用的是内置于“一键加油”App的导航系统。“从进站、加油到付款离开，全程不超3分钟，连车门都没打开。真是太方便了。”李先生说道。

如今，发生在李先生身上的这个场景正在为越来越多车主所熟悉。

李先生使用的“一键加油”是北京石油研发的一款App。通过这个App，顾客只需注册会员并进行绑定，然后对车牌号码、油品型号、加油金额等信息进行维护后，即可实现“即加即走”。

“如今，堵车已经成为都市生活常态。对于加油站而言，狭小的空间内要应对大量车流，如何提升加油效率和用户的消费体验成为摆在众多加油站面前的一道难题。”北京石油副总经济师贾文利说。

抓住痛点，才能有的放矢。2018年12月底，北京石油针对客户带卡、圈存、排队等痛点，推出了“一键加油”业务，目前已在包括十里河加油站在内的北京石油全部在营站推广使用，交易用户已经突破百万。

“这个App可以用加油钱包充值、消费、开票，从下订单到加油完成全部环节都可以在线上操作。顾客就不用再拿卡片了，也不用下车了，还可以线上开发票。”加油员刘世宇告诉记者。

此外，早在2017年，北京石油就探索开展了非油品商品线上销售模式，推出了“易捷加油”移动电商平台，目前已实现注册用户数超480万人。

“值得一提的是，用‘一键加油’不仅可以在加油时享受优惠，同时还可获得

‘易捷币’，邀请分享好友也可获赠。‘易捷币’可在‘易捷加油’App上购买非油商品，享受更多优惠，让客户切实享受到互联网加油的便利和福利。”贾文利提到。

2019年，北京石油为了方便客户使用，还将“一键加油”软件嵌入了“易捷加油”电商平台中，实现油品、非油品同一个平台操作。

“我在‘易捷加油’上下单的商品，可以直接快递到远在黑龙江牡丹江的老家。这上边的商品都是北京石油精选的，可靠才会上架。”吕锦叶说，“目前这款App在该站试点了一年多，顾客均表示十分方便。”

心里好奇，记者也现场下载了“易捷加油”App，打开一看，记者发现一款原价75元的5千克装八百泉长粒香绿色大米，在线上用易捷币抵扣后只需要44.25元，而另一款130抽的鸥露本色面巾纸则便宜了近4元……在便利店管理员王艳的指导下，记者下单了一款花生油，使用过程同其他主流电商一样，支付也同样便捷，省时高效还划算，而且可以直接加油付款，更省心了。

线上销售做得风生水起的十里河加油站，同时也是公司线下销售的示范站，连续两年成为公司公众开放日的定点单位。

那么，究竟线下的十里河，又有着哪些销售绝招呢？

➢ 前后两座小超市

藕花深处田田叶，叶上初生并蒂莲。十里河加油站的便利店，正如这并蒂莲一般分为前后两座。其中，前面临街的店面是纯便利店，拥有近1300种商品。其正门对着加油站，侧门对着过路客户，类似一个路边小超市，方便顾客进店选购。

后面的便利店是2016年增设的，内有精致的专制酒柜、鸥露纸和茶叶展示区，会摆放一些店内的重点商品。“之前这间屋子只是单纯充值办卡的客户服务中心，改造后功能更完善了。”吕锦叶提到。

为何一座加油站内会有两座门店？这座街边小超市究竟有何魔力备受青睐？

十里河加油站位于东三环南路辅路与弘燕路交叉口，北侧为首都图书馆，两侧均有公交站点，离地铁站也近。目前，该站的油品日销量为55吨，是一座名副其实的两万吨站。同时，2016年便实现非油品营业额1052万元，2017年达到1357万元，2018年为1389万元，连续3年超过千万元。

“我们每年都会有增幅。只要是公司提出的目标，我们就一定会去努力完成，并且力争做得最好。”吕锦叶说，“早晚高峰包括节假日时，店内都会聚集很多顾客。顾客都会习惯性地逛逛十里河站的‘街边小超市’。”

虽然现在客似云来，但说起当初的便利店规模，吕站长还是十分感叹的。

2014年6月，在吕锦叶到十里河加油站任站长时，便利店的日均收入只有两三千元。为了提升非油销售，当年10月，在双层管线更换的同时，该站提出对便利店进行同步升级改造。

就这样，外侧的便利店面积从74平方米扩大至84平方米。同时，内侧又重新打造了一座专业型门店。

改造后，该店营业额增幅超过30%。之后越做越大，最终在2016年实现了千万元的目标。

➢ 堪称综合小卖场

在店内待了3个多小时的记者，真正感受到了“客似云来”这个词的意义。除了加油付款、开纸质发票的顾客之外，买早餐、买烟、买水、买口香糖、买牛奶面包，就没断过人。

“店内的商品，价位可以做到与商超平价，甚至有的会员价商品比商超还便宜。店内主打大众化、生活化商品。其中，烟草卖得最好，占比达到30%。碰到雨雪天气，店里的天堂伞就成了爆款商品。”提起她的易捷门店，吕锦叶笑弯了眼睛。

记者环顾四周，发现小小的店内有着齐全的日常用品，如洗涤剂、洗衣液、充电宝、电池、驱蚊液……据副站长杨永萍介绍，店内目前没有团购业务，就是靠着一瓶瓶水、一袋袋零食卖出了千万元。

“像味全等酸奶商品保质期很短，但在十里河站却从来都不愁销路。”便利店员王艳说。原来，这些鲜食商品都是由供货商直接为站内配送的，并不经过中央仓，以保证其新鲜。以后，十里河加油站还将上马比萨、咖啡等食品。

早高峰时，顾客经过门店会顺手买包牛奶、买个面包。“由于牛奶保质期的问题，其他站不敢进货，害怕出现临期或过期现象不好退换，甚至影响易捷的品牌声誉。不过，我们站不仅有加油客户，还有过路客户，所以我跟领导申请引进了牛奶和面包。”吕锦叶说，“试行一段时间后效果非常好，后来便在整个北京石油的易捷门店铺开了。”

现在店内的早餐品种可谓更丰富了。从早到午，豆浆、肉包子、素包子、茶叶蛋、关东煮、盒饭……店内一直有人提起这些美食。

人间定无可意，怎换得玉脍丝莼？

2019年8月底，店内引进了一家名叫“莎莎粥潮”的店中店。店内特为司机朋友们设置了两款司机套餐。其中，早点套餐5元，包括1包子＋1茶叶蛋＋1白粥；午餐套餐10元，包括一荤一素一米饭。开业短短一个多月的时间，这家小小的店中店便实现了几十万元的月营业额。

酒品方面，店内的赖茅酒、天佑德青稞酒、牛栏山和红星销量都不错。

除了入口的商品，十里河站日用品的种类也十分齐全。就以店内的鸥露纸为例，抽纸、湿纸巾、小包纸巾、有芯或无芯的卷纸全部备齐。

“经过几年的培育，顾客十分认可中国石化‘百城万店无假货’的承诺，因此对店内的自有品牌鸥露纸、卓玛泉水、八百泉米都很认可。目前，有很多回头客在购买这些商品。”吕锦叶说，“十里河站后有一个商住两用小区，很多老顾客在那里打个电话或发条微信给站里员工，就可以享受送货上门服务。”

同时，自助结账设备和电信积分兑换非油品商品等服务，让顾客都称赞不已。“这个鸥露纸很好用的，我都兑换好几次了。”一位老顾客用她的积分兑换了两提厨房用纸，高高兴兴地离开了店。

此外，便利店员张娜还告诉记者：“店内的陈列总在变换，以便迎合顾客需求。一进店的货架，摆放的都是当下的促销商品。而且，该货架会随着活动变更经常更新商品，堆头也会经常变更创意。”店内从陈列布局到员工服务，再到商品品类，都是员工们一点点琢磨、实践出来的。

问起千万元门店的销售诀窍，吕锦叶说，主要取决于客流量有保障、服务做得好、品类特别全，而且店里会根据客户群体需要进行品类增减。

客户进店后，吕站长会观察进店的客户群体，观察他们的需求。“如果顾客进店时没有购买商品的话，我会询问他们有什么需求。此外，我还了解了加油站的周边市场——有一个大型超市，没有纯粹的居民区。”了解了周围的客户群体之后，十里河加油站便可以有针对性地进货。

“目前，店内外的热销商品有瓶装饮用水、玻璃水、机油等小商品。”通过观察，吕锦叶总结发现了一些店内的畅销商品。

➢ 挣多挣少凭本事

首都精神文明单位、先进集体、青年文明号等荣誉挂满了十里河加油站，这都是员工们努力奋进的结果。而对于努力的员工们，公司也给予了充分的激励。

自2018年6月开始，该站实行全额连量政策。员工卖得多挣得就多，不吃大锅饭。员工每卖出100元的商品可以计提6元。吕锦叶靠着这种方式激励员工："目前，员工的平均工资为五六千元，全靠开口营销，因为多说一句话，可能就多卖一箱水。"

此外，该站对于员工还会有一个服务、安全方面的考核。如果神秘顾客评分高，食品、设备、环保安全工作做得好的话，站长会给予二次奖励。班长在卸油期间也会获得一个卸油奖励。

目前，站内包括站长有24人，以80后、90后为主。每名员工都有自己的员工卡，每天下班后可以看到当天加了多少升油品，卖了多少金额的非油品商品。

站长会给每个员工一个台账，员工可以自己记录当天的销售额，月底根据台账核算工资收入。卖得最好的员工月收入可以比同岗位员工多近1000元。

每月月底，站长会给员工算细账，看看油品、非油品和考核三个方面还有哪些提升空间，下个月如何继续赶超。为此，员工会自然而然地付出努力。

春风化雨，润物无声，这一直是吕锦叶奉行的管理原则。站里员工谁家有个大事小情的，她都会主动顶班，以解员工的燃眉之急。

一天，员工偷偷告诉她，站里的蒋海龙班长，最近心气不高，做什么都提不起精神，而且团建也不参加，不喜欢跟人说话。吕锦叶晚上便约了蒋海龙一起吃饭。蒋海龙开始不愿赴约，还问站长为什么只请了他一个。吕锦叶不疾不徐地说道："我一直都把你当成亲弟弟，姐姐请弟弟吃顿饭总可以吧？"

就这样，一顿饭的时间，吕站长就掌握了蒋海龙的难处，晓之以理，动之以情地解开了他的心结。现在，蒋海龙又变成了以前那个开开心心的班长了。

像这样的例子还有很多，在十里河，员工有什么心里话都愿意跟站长说。有难处，说出来有人听，有人帮着出主意解决，员工心里自然就畅快，反映在精神面貌上，也就呈现出了最佳的工作状态。

近两年，北京石油的公众开放日工作一直选在十里河加油站开展，正是看中了员工干劲十足的精神风貌和优质的服务水平。

北京石油总经理佟德健表示：“北京石油作为国有企业，始终坚持以客户为中心，以创新为手段，不断为客户提供优质、高效、便捷的服务。在为客户提供油品服务的同时，我们还利用加油站场地，开设了‘易捷’便利店，方便客户购买非油商品。未来，我们的线上平台也将为客户提供更加优质的服务。”

线上、线下同步发力，北京石油，未来可期！

开启线上新动能

——专访中国石化北京石油分公司副总经济师贾文利

“易捷加油”为北京石油带来了无限可能，未来线上业务将驱动非油品业务新一轮快速增长。

文／曲绍楠

在成品油消费增速放缓、竞争日益激烈的形势下，加油站与用户的关系已经发生了巨大变化——由以产品为中心转向以客户为中心。与此同时，“互联网+”已成为传统能源领域转型升级的重塑力量。在经历了油票时代和加油卡时代，中国石化北京石油的加油站正在进入新零售时代。

“易捷加油”App是北京石油开展的线上业务，是一种创新的商业模式。那么，北京石油为什么要开展这种新的线上尝试？这种尝试又将给公司带来哪些利好？带着这些问题，记者采访了北京石油分公司副总经济师贾文利，让我们听听他的见解。

➢ 驱动非油品第三轮增长

Q 记　者：您好！听说北京石油搭建了一套新零售架构，您能否详细介绍一下？

A 贾文利：确实如此。北京石油搭建了新零售框架，目的是在主动适应市场形势的基础上，驱动非油品新一轮提速增长。

非油品在经历第一轮增店增量和第二轮以油促非的快速增长后，到了2018年，非油品业务发展遇到了瓶颈，线下便利店营业额很难再有快速增长。为此，全系统都在寻找驱动非油品业务第三轮高速增长的动能，北京石油也是如此。

2017年，徐旭日书记到任后提出创新商业模式。转型新零售即以客户为中心，以现代互联网技术为驱动，线上、线下融合，油和非油融合，创建一个全新的商业模式。

为此，北京石油在2018年4月上线了“易捷北京”App。目前，传统的互联网电商企业都在着力从线上向线下延伸，而我们正好相反——我们原来只有线下，现在可以开展线上业务了。开辟非油品经营的新渠道，也是为了适应新零售发展的趋势和客观要求，我认为这就是非油品新的增长动力。

Q 记　者：在加油站，车主们都在使用一款“一键加油”的小功能。您能介绍一下这是一款怎样的软件吗？

A 贾文利：这是线上、线下融合的典型体现。我们开发了一款App叫“一键加油”，于2018年11月上线，实现了加油从订单下达到结算全环节的线上操作。

就像你在加油站看到的，客户只需点“一键加油”，就可以自动导航到加油站，加油的品号、数量等信息就会传给加油员和加油机。加完油线上结算，真正实现了免下车、免卡片、免发票（电子发票），大幅提高了加油效率，客户体验感显著提升。

2019年4月，我们将“易捷北京”和“一键加油”两款App融合，形成了现在的“易捷加油”。

Q 记　者：目前，这两款App融合的效果如何？

A 贾文利：从北京石油的角度来讲，意义非常大。因为加油是刚需，仅仅在北京，每天就有33万人次到北京石油所属加油站加油。“一键加油”不但实现了加油线上化，而且为平台进行了客户引流。2010年，北京石油实行会员制管理至今，已经拥有加油会员400万人。而我们通过“一键加油”已经成功向线上引流160多万人。

同时，在客户等待加油的3分钟内，我们会通过大数据分析，在加油界面向顾客精准推送喜欢的商品和服务。顾客如果感兴趣的话，就可以线上下单购买。这是典型的油非融合、线上线下融合，也是典型的新零售场景，这种模式对非油品业务的发展发挥着越来越大的作用。

➢ 创新的“易捷币”

Q 记　者：在融合过程中，有没有采取一些新的手段？

A 贾文利：2019年4月，在两款App融合之后，我们设计了一个活动，叫“全家巨惠”，设计了平台的虚拟货币“易捷币”。客户加油获得易捷币，加1升油获得1元易捷币，并可在平台购买商品可使用易捷币抵现。

我们平台商品的定价主要参考主流电商，另外，客户在购买时可使用易捷币进行抵扣，所以商品的实际到手价会比主流电商的价格更低更划算。

4月份活动之前，线上营业额不太理想，峰值也只有六七十万元。活动开始后，线上营业额快速增长，目前日均在两百万左右。只做了1年多的线上业务，其营业额已达到了11年的线下非油营业额，增速非常快。

所以，现在来看，这是一种比较成功的营销模式，是推动非油品第三轮高速增长的主要动力。目前，平台的注册用户达到600多万，日活用户20多万人次。不过，每天下单的人数跟商品的丰富度、吸引力和平台的体验等都有关系，这些方面也在逐步完善当中，未来的购买人数会越来越多。

Q 记　者：那么，怎么样发挥线下网点优势呢？

A 贾文利：说两点吧。一个是网购店提。在客户线上下单后来加油或经过加油站时，员工可以帮其将商品搬到后备厢中。这种体验要比客户去超市好得多，省去了排队结账的麻烦。另一个是网购店配。我们拥有500多座加油站，每座站可以辐射周边3～5公里的范围，我们的4000多名一线员工和外卖小哥会成为我们的骑手。客户从线上下单、由骑手配送到家的配送模式比中央仓的配送效率更高、成本更低。

➢ 合作多元化

Q 记　者：除了前面提到的将两个平台有效融合之外，你们是否与其他平台开展了一些合作？

A 贾文利：是的。除了自身平台的融合之外，我们还跟京东进行了合作。

京东主要在易捷门店销售生鲜商品，从加油站向外配送，在提高配送效率的同时，也丰富了易捷门店的商品品类。

Q 记　者：除了电商之外，还有其他形式的合作吗？

A 贾文利：我们的增值服务还有ETC、公交一卡通和电话卡三项服务。彩票等增值服务，对整个非油营业额也是一个很大的补充，也是我们考虑发展的业务。我们还考虑过引进智能厨房，即提供最少4平方米的营业面积，摆放2台智能炒菜机，炒一个菜品只需几分钟，然后将其交给外卖平台进行配送。这都是一些很好的合作模式。

Q 记　者：目前，有哪些合作的特色商品呢？

A 贾文利：目前，我们有国杞天香枸杞、鸥露纸、卓玛泉、长白山等易捷自营特色商品。这些商品是中国石化与西藏、宁夏等贫困地区进行合作的商品，不仅质优、价优，还能带动消费扶贫，一举多得。2019年1～9月，扶贫商品销售额达8000万元。

➢ 打造新的生态圈

Q 记　者：未来的实体店和线上店还将采取哪些提量工作？

A 贾文利：未来，加油站的便利店可能主要用于服务网购店提和网购店配，也可以作为新品展示厅或客户服务中心。

目前，我们还处于起步阶段，要先让客户识别我们的大牌正品比主流电商还便宜，而且还有一些其他渠道没有的自营特色商品。我们已经搭建了新零售中心，目前拥有12个部门。比如汽车生态部，完全是围绕车主需求来搭建的生态圈，专门开发与汽车相关的服务项目，包括洗车、违章处理、年检、保险（车险），甚至未来车主出行的酒店、机票、音乐会、球赛票务预订等。

只要线上平台搭建起来，其容量可以是无限的。我们的思路就是嫁接社会成熟资源，实现优势互补、共同成长。

记者手记

当家人的力量

文／曲绍楠

早上在三环边想买瓶水，买份早餐，十里河加油站的临街便利店着实方便。记者到十里河加油站的时候正是早高峰时间，站内加油的车辆已经排起了一条不短的队伍，店内排队开票的人不少，买早餐的人也是络绎不绝。

“几号枪？怎么支付？下载我们的App吧，以后不用排队支付开票了。”一身蓝色工装，一脸灿烂笑容，说话、办事带着东北人特有的直爽和热情。这位就是十里河站的站长吕锦叶。她在电脑前一边忙着开票，一边指导顾客下载App。

在与吕锦叶的接触中，记者深深感受到“火车跑得快，全凭车头带”这句话的真谛。吕锦叶的笑声爽朗，很有感染力，员工都敬她、爱她。2014年6月，吕锦叶来到十里河站担任站长。作为全国五一劳动奖章获得者，小到加油站站容站貌、货品摆放，大到加油站管理制度的制定实施，她都亲力亲为，成了小加油站里当之无愧的大管家。

有大管家坐镇，全站的年轻人们都有了主心骨。员工说，吕站长对场地人员安排、车辆引导停放等每个细节都会仔细斟酌，力争发挥最大效果；亲自制定符合实际情况的二次分配制度、奖励激励，提高员工工作效率；主动示范带动全站员工开口营销，带出多个销售能手。每一项工作，吕锦叶都力争做到最好，力求做得更好。

在她的带领下，终于迎来了十里河加油站油品和非油品销售的显著提升，连年保持增长态势。“管理员工在于策，亲近员工在于心。”吕锦叶说，“我在这里工作，这里就是我的家，作为家长我要把这个家撑起来，让每一位员工都爱上这个家。”她说到了，也做到了。

疫情当前，与时俱进的十里河加油站又开展了新业务：卖菜、卖口罩。记者随机询问了几位路过的顾客。一位顾客告诉记者：“加油顺便买菜真方便，全程无接触。而且，当时哪里都买不到口罩，加油站里还能有货，真不错！”

在市场形势不容乐观的当下，十里河加油站的千万元营业额真真来之不易。这正是吕站长带着大家一点一点累积、一点一点付出、一点一点努力、一点一点创新所换来的。坚守初心，努力攻坚，相信十里河加油站的未来，会更好。

17

沪外新星环隆站

"螺蛳壳里做道场。"上海石油人这样形容环隆加油站的易捷便利店。50平方米的营业面积，仅用2年时间便创造了1055万元的非油品销售业绩。功在平时的环隆人不惧挑战、敢于开口、精做细做，用自己的努力和汗水实现了跨越式发展，成功跻身中国石化上海石油分公司千万元便利店行列。

营销现场

50平方米卖出千万元

外环路上的中国石化上海环隆加油站，虽没有高大上的经营场地，却有着一张张亲切的迎客笑脸。

文/曲绍楠

外滩的炫目灯光秀、历史传奇，浦东的高速发展、入云的摩天建筑，武康路的名人故居、老派洋房……都成为人们趋之若骛的打卡圣地。

夜幕降临，与繁华的外滩景象相比，20多公里外的上海外环路稍显冷清。

一座中国石化的加油站正在静待客户的到来。

远远地看到加油站的灯光，大型物流运输车的司机们仿佛找到了停靠的港湾、心灵的驿站。因为在这里，他们不仅可以加满油品、短暂休憩，还可购买商品，享受到品质服务。

而他们的到来，也给这座加油站的便利店带来了千万元的营业收入，使其成为上海石油千万元便利店行列的新成员。

➤ 十年走上易捷路

位于上海S20外环高速上的环隆加油站，像一座车马驿站，见证了外环路上物流运输行业的发展历程。

2019年农历新年，物流车驾驶员们如迁徙的候鸟返回各自家乡，享受这难得的团圆时光。而这段时间，环隆加油站也将迎来销售淡季。

“淡季也别闲着！”该站站长瞿岚向所属的宝崇分公司提出申请，在淡季期间对加油站进行防渗改造，同步升级加油站便利店。

农历正月初八，环隆站的改造如期进行。历时28天，更换了5个油罐，并将便利店面积由50平方米扩大至80平方米。

而之前，环隆站便利店正是在这50平方米的面积内创造了年销售额千万元的非油加业绩。

瞿岚告诉记者，改造后，环隆加油站占地面积3107平方米，有3台加油机12把加油枪，主要提供B5生物柴油加注服务。虽然该站客流以大型柴油物流运输车辆为主，但同时也提供92号和98号汽油加注服务。目前，全站汽柴油月销量在2200吨以上。

别看现在的环隆站实力强劲，以前可没这么风光！

说起环隆站的历史，老站长徐青陷入回忆中：“环隆站是2012年6月21日重新开业的。”原来的老站也在外环路上，但由于要新修一条高速公路，该站正好在岔路口上只能拆迁。“不过，现在站前就是外环线，位置极佳。”她说。2018年，该站的油品销量达到24236吨。

迁建后，油品销售虽然不愁了，但非油品业务始终是老站长心中的一根刺。

原来，该站是座联营加油站，存在一些历史遗留问题，导致该站便利店的相关证照一直办不下来，所以长期处于有站无店的局面。

2016年6月，上海石油宝崇分公司组建后，新的班子成员看到了环隆加油站的非油品销售潜力，便将该站开店的相关工作摆上议事日程，将其作为重点工作和一把手工程来抓。

“宝崇分公司层面对整个加油站的布局非常重视。鉴于环隆加油站在S20外环路上的要塞位置，分公司把开店作为整个非油品业绩提升的重要手段，在人力、物力、财力等各方面均给予最大支持。”宝崇分公司党总支书记李霜告诉记者。

经过各级领导和部门的不懈努力，该站最终成功办到了便利店营业执照、食品流通许可证、烟草销售许可证等所有证照。

“前期准备工作包括营业室的改造改建、信息系统联网等均已就绪，就等相关证照办好后便可合法合规经营了。”宝崇分公司副经理陆琰玲提起当年的情景仍十分激动。

2017年1月，环隆加油站便利店终于正式对外营业。用陆琰玲的话说，环隆站用了近10年时间，终于走上了易捷之路。

因为准备充分加之地理位置优越，开业当年，环隆站便利店销售额便达到545万元。第二年（2018年）便以近翻倍的速度增长，达到1055万元，同比增幅94%。

➢ 麻雀虽小　五脏俱全

正所谓小而专，专而精，精而强。

改造后，80平方米的便利店内，各种商品都有了自己的专区。

进门右手边是整个便利店最畅销的商品区，这里有一个创意小堆头，米面油、八宝粥、方便面、咖啡、水饮料等大件畅销品均在这里摆放。而另一种畅销品纸类，则摆放在了便利店最里边。

“因为纸品重量较轻，客户从店里往外拿的时候比较省力，所以重的商品如米面油就会放在门口，而轻的商品就会摆放在店里面。”瞿岚介绍说，“鸥露纸是易捷的自有品牌，比较受欢迎，放在便利店最里边可以吸引顾客进店逛逛。”

作为店内的主力品类，自有品牌的纸巾、水等商品目前销售占比达到20%～30%。

“因为大型柴油车的驾驶员吃住都在车上，所以对日用品的需求比较大。”徐青说。正因为如此，店内的大包装洗洁精、洗衣粉等商品很受客户青睐。其中，在其他站不受欢迎的某品牌大包装洗衣粉，在环隆加油站便利店一个月可以卖出六七百包。目前，该站的日用商品占店销的比例为3%。

润滑油和燃油宝专区旁是啤酒的销售区域。“青岛啤酒的销量最高，很受柴油车司机认可，搭配一些花生米、鸭脖、鸭掌等食品销量很好。”瞿岚说。目前酒水占店销比例为5%左右。

针对客户需求，站内还设置了特产专区，来自全国各地的蜂蜜、银耳、莲子、红枣、枸杞等商品应有尽有，袋装零食也是琳琅满目。

“我们有意识地将商品分为几个区域，如日用杂粮区售卖油盐酱醋，饼干面包专区售卖即食商品。”见记者随手拿起一款面包，瞿岚介绍说，“店内出售的面包等即食商品每两天就要更换一次。不过，送过来的商品很快就会卖完了。”目前，店内最畅销的方便面、八宝粥、面包合计占所有销售品类的12.69%，所有袋装零食占比达到20%。

记者随机问了一位进店交费的客户。他告诉记者，由于信赖中国石化品牌，他已经在该站办理了加油卡，并且经常会用电子券选购一些非油品商品。

瞿岚告诉记者，进站的客户中70%是车队客户。之前，就有一个车队客户主动找他反映：“以前你们店内的大米品牌有五六种，现在怎么越来越少了？而且有一款5千克装的泰国香米非常好吃，用电子券购买还能再优惠30元，能不能再帮忙进点货？”

了解到客户这一需求后，环隆站便利店立刻向上级公司申请，专门帮该客户进了一批货。目前，该站的米面油商品占店销的比例达到13%左右。

此外，该站的柴油尾气处理液仅上半年就卖出7368桶，占店销的10%。润滑油的月零售额也达到1万多元。

➢ 进货前洞察人心

目前店内陈列的680多个品类，都是瞿岚一点点琢磨着上架的。

原来，环隆站便利店刚开业时，营业员比较保守不敢进货，就怕商品卖不出去造成积压，结果导致便利店商品品类单一。“娃哈哈、脉动、雀巢咖啡、红牛、乐虎等饮料在店内比较畅销，但以前一次只进两三箱，一两个小时就销售一空了，又没有其他商品填补空缺，导致货架开了天窗。”徐青说。

发现这一情况后，瞿岚告诉员工，进货这件事交由他全权负责。但当时谁也不知道便利店内哪些商品最畅销。为此，瞿岚决定什么商品都进一些，先保证品类丰富起来。接下来的一两个月里，通过观察，瞿岚逐步摸清了客户群体的需求。

那么，瞿岚是如何发现畅销品的呢？秘诀就是，看商品库存+现场调研。

所谓看库存是指站长负责进货，掌握哪些商品好卖，哪些商品存在积压情况，大概了解动销品种类。同时，站长还在店内主动询问客户，了解他们的真实需求，之后再有针对性地进货。“销售高峰期的时候，我们店内的商品品类可以达到1000多种，其中动销品有500多种。”瞿岚说。

针对员工进货保守的问题，瞿岚专门召集营业员进行培训，教授他们如何进货、如何计算、如何进行库存盘点等。同时，在每次例会上，瞿岚还会给所有员工培训，基本上一个月1～2次，而便利店营业员的培训次数更多。

此外，瞿岚还会带领员工实地参观其他便利店，学习其商品陈列、结构等。宝崇分公司也会经常组织站间的交流学习、特色堆头评选、营业员技能培训等活动。

通过学习，员工们掌握了很多新技能。“比方说，以前加油站便利店内摆货毫无规律可言，现在通过观察客户的购物习惯，我们将方便面、八宝粥、红牛、咖啡等商品尽量摆在一起，方便顾客同时拿取。”环隆站便利店员工说。

陆琰玲告诉记者，该站取得目前的成绩，很大一部分功劳要归功于站长瞿岚：“他会根据加油站的地域特色有针对性地选品。”过节时，很多物流车队驾驶员回乡都要带些上海本地烟馈赠亲友。

所以，每年年底，瞿岚会提前做足功课，备足相关商品。而这段时间的烟草销量也会实现一个迅猛增长。目前，香烟销售占店销比例达到10%。

➢ 创意多才能常保鲜

逢年过节时，由于环隆加油站的销量下降明显，爱琢磨的瞿岚就想方设法地做起了汽油车的生意。他说：“因为司机多多少少会带点东西回老家过年，所以这个时候，我们一般会推出购物赠送电子券的优惠活动。而且，借着顾客进店使用卫生间的时间，我们也会尽量让他们带点年货回去。”

同时，为了更好地销售年货，瞿岚和员工们想了个好办法——用不锈钢专门焊制了一个2米高阶梯状的年货展示架，共有五层。“将一排排年货摆放在上边非常漂亮。”提到这个小发明，瞿岚很自豪。

当记者问起为何会有这个想法时，他解释道：“改造前，便利店内有一个长1.8米、深2.5米的空位。这里原来只摆放了一台饮水机，旁边放了两台冰柜，我觉得十分浪费空间。毕竟便利店面积寸土寸金，如果可以把这块区域充分利用起来的话就更好了。”

为此，他们试遍了站里已有的标准货架，都塞不进去。大家想，不如自己动手做一个定制货架。

就这样，定制货架诞生了。这个货架下面能放很多东西，后面镂空的部位还可以塞下整箱的酒水、牛奶、土特产和年货大礼包。过年期间，环隆站便利店的年货日销售额达到2万元左右。

除了不锈钢展示架外，员工们还有很多小创意。

“我们给便利店中间的所有货架都装上了滚轮。这样更方便移动，可以随时随地调整便利店商品布局，避免卫生死角。而且由于该店的销量很大，这样可以减轻营业员的劳动强度。”员工介绍说，“环隆加油站便利店参照社会上其他便利店的经营模式，经常转换货架位置，让客户每次进店都有一种新鲜感。”

“如果单纯把架子固定好的话，再想换位置就十分困难了，除非员工手动更换商品，工作量非常大。”瞿岚提到，“要让顾客主动来询问商品的新位置，这样才会吸引他们到便利店里面去逛逛。否则熟门熟路，进门就是方便面，拿完就走人，根本不会产生二次消费。”

而且，为了给顾客营造宾至如归的感觉，瞿岚和员工们会在店里贴些窗花、吊饰等装饰品，使得长年奔波在外的驾驶员们能有一个温馨的购物环境，有一种回到家的感觉，从而吸引他们再次进店。

“我觉得环隆加油站的便利店能做到千万元，归根结底还是一线员工用心的维护。”陆琰玲说。

目前该站的进店率已经超过了70%。每天1300笔加油中，客户进店购物的成交率达到55%以上。柴油现金券的油非转换率达到90%以上。

➢ 肯开口就卖得出

朱顺弟是环隆加油站的一位老加油员。他可是站里的燃油宝销售明星。在该站汽油月销量仅有300吨的情况下，他一个月可以卖出二三十瓶燃油宝。“上周我卖了12瓶。”

他向记者分享了开口营销的诀窍，就是加上油后要与顾客攀谈。如果遇到客户说车子已经很旧了，不用添加燃油宝时，他会告诉对方，旧的车子也是要清除积炭的，就好像老年人的身体一样需要保养；如果碰到客户说，车子是新的时，他会告诉对方：“你这么好的车子更要好好保养了，会增加动力的。”

“如果遇到客户拒绝，我也一样会客客气气、开开心心地服好务的。”他说。

除了燃油宝外，柴油尾气处理液也需要做好开口营销工作。环隆加油站的员工提到，站内迎接的主要是柴油车客户，进加油站购买柴油尾气处理液应该说是他们的必要环节。但目前客户的选择面非常广，汽配城、保养店等都可以买到此类产品。那么，环隆加油站的优势在哪里呢?

员工会告诉客户：“我们拥有正规品牌和生产厂家，而且买两桶还可以赠送一桶。同时，我们可以帮您拎到车上并额外赠送一根尿素加注管。”

针对店内的日用品，如餐巾纸、牙刷、牙膏等商品，便利店员工会引导顾客使用手机中的电子券在店内消费。

陆琰玲提道：“我们一直说要做好加油站便利店，而进店率是关键，所以这个时候，整个团队的凝聚力就充分体现出来了。”

她进一步解释说，加油员把客户引进店是第一步，进店后营业员再跟进主动询问顾客，之后要维护好客户，告知顾客接下来的优惠活动，以此培育出加油站的固定客户。“因为我们是做销售的，所以就要留住客户的心。”

同时，为了鼓励员工做好开口营销、多卖商品，站内会对4个班组按照销售业绩进行排名。月初会下达当月的考核指标，10天公布一次排名，月底会有一个总排名，让员工清楚知道与其他人的差距。

月度排名第一的班组会获得上浮20%的奖励，而卖得好的员工可以得到1200～1400元的额外奖励。

➢“走出去”同样出业绩

除了日常店销外，环隆加油站的店外销售同样做得风生水起。2018年，在1055万元的便利店营业额中，有133万元来自店外团购业务。

2017年，环隆加油站就开展了易捷进社区工作。“我们的站内员工以本地人为主。曾经有位叫卢秀娟的员工（现已退休），她在职时会把加油站的米、面、油、纸以及青岛啤酒等商品，推销给邻居和亲朋好友，一个月卖了2万元。”徐青介绍。

站内还有位充值营业员顾永勤，1个月外卖烟酒等商品达到1万元。而她自己也会相应地得到销售额3%的奖励。

说起顾永勤的销售经历，还有一个小故事。

她会利用充值的时间了解顾客需求，寻找销售良机。一天，上海当地一家物流运输企业进站加油后顺便进店充值。顾永勤通过与对方聊天得知，对方单位有大量的柴油尾气处理液和香烟需求。

于是，通过讲解品牌优势和服务优势，她成功获得了客户的非油品订单。目前，该客户的柴油尾气处理液的月销量就在50桶，给便利店带来了每月2500元的收入。

事实上，在顾永勤开发客户的非油需求之前，该客户的油品订单也是环隆加油站通过努力获得的。

之前，该物流企业一直在社会站加油，没有固定在某座加油站。后来，客户无意间看到环隆站的柴油联名卡有10%的促销活动，便抱着试试看的心态来加油。

起初，在瞿岚的努力下，客户承诺先办一张卡试试。后来几次加油后对该站的品质和服务十分满意，最终客户将25辆车都定点到了该站加油，目前的月加油量达到500升左右。

瞿岚的手机里建了两个客户微信工作群，共维系着200多位大客户。他会时常发布优惠信息到群里，也给加油站的外送业务提供了更多可能。

就这样，环隆加油站形成了一个闭环管理的模式：进店客户，通过加油员、营业员一条线拉拢进来；店外客户，通过微信工作群不断吸引过来。“通过这两种方式做好客户维护工作，夯实基础，才会为后面的销售工作带来更大助力。”李霜说。

事实上，环隆加油站的员工不仅能在油非销售上连创佳绩，而且是一支有人情味、有责任心的队伍。有的员工生病了，其他人会主动要求顶岗；站里打扫卫生的阿姨之前不幸罹患癌症，员工经常去看望，站长还帮她申请了大病医疗补助。阿姨一直说舍不得离开这个集体。顾永勤患上了腰椎间盘突出需要手术，可术后她只休息一天便又回到站里，就怕耽误工作进度。

就这样，环隆加油站这个众人拾柴火焰高的小集体，创造了一项又一项的大业绩，不断地实现了他们的非油梦、石油梦。

进口商品何处寻？环隆店里逛一逛

海淘、网购、代购……以后，这些统统不需要了。只要走进上海易捷便利店，心仪商品随处可见。

文/曲绍楠

“海纳百川，兼容并蓄”的上海，不仅荟萃了吴越文化的古典与雅致，而且有国际大都市的现代与时尚。而易捷便利店内，也包容了中西方的各种商品，消费者购起物来乐不思蜀。

在以前国产品牌的基础上，2019年，环隆加油站便利店也有意识地增加了一些进口商品。“一些顾客对我们的商品赞不绝口。他们已经成了店内进口商品的粉丝，进店就会专门选购。像这款进口面膜，我们员工会自己先试用，觉得好的话才推荐给客户。”瞿岚介绍。

顾永勤告诉记者，店内的进口日化商品种类齐全。其中，一款进口的油烟机清洗剂十分受顾客喜欢。“家里的油烟机油腻很厚时十分难擦，而用这款商品喷两下静待几分钟，油污会自己流下来，用纸巾轻轻一擦即可，完全不用费劲擦拭。”随手一搜网上的同类商品，售价都在50元左右，而在环隆加油站便利店，这个价钱可以买到2瓶。

“我们这个商品已经卖到了新疆，在当地的销量也很好。”中国石化上海石油分公司总经理助理、商业经营中心经理于波说。

那么，上海易捷便利店为何如此钟情进口商品呢？

➢ 开天辟地

2017年5月，国家主席习近平在“一带一路”国际合作高峰论坛上宣布，中国将从2018年起举办中国国际进口博览会（进博会）。

振臂一呼，同道云集。

2018年11月5日至10日，首届进博会在上海如期举办，170多个国家和地区的国际组织参会，3600多家企业参展，40多万名境内外采购商赴约上海滩。

2017年，上海全市进口额19117亿元，占全国的15.3%；上海两个民用国际机场航空旅客年吞吐量突破1亿人次，居全国第一、全球第五；浦东国际机场是世界上前3位的货物进口空港；上海港集装箱吞吐量连续7年世界第一……

亮眼的数据正是上海得以承办进博会的原因所在。

而作为上海的油品销售主力企业，中国石化上海石油分公司始终将为上海提供优质的油品、高效的服务作为第一要务。为此，公司积极响应国家号召，在下属油站便利店内大面积铺开进口商品，为消费者送去更多实惠。

“我们正在做一个开天辟地的事情，即引进进口商品，为丰富易捷门店品类做点小贡献。”于波告诉记者，“2019年，上海石油分公司60～80座的易捷门店将变身为进口商品专卖店。”

于波提到，进口商品专卖店内90%的商品将选取进口商品，而余下的10%则主要出售易捷自有品牌商品和其他畅销的地方特色商品。

上海石油分公司董事长、党委书记左兴凯对于进口商品专卖店工作非常重视。他指出，进博会是上海乃至全国的一件大事，作为上海本地的油品销售企业，一定要积极响应国家号召，把建设进口商品专卖店这项工作放在一定政治高度上大力推广，做好做精。

➢ 高中低全覆盖

“这款进口商品特别受女孩子欢迎，体积小带在包里很方便。平时挫一挫，指甲就像上了一层油，越来越光亮，我们都买了好几个自用和送人。”记者注意到，环隆加油站营业员口中的这款售价100元的进口美甲商品，比网上还便宜。

一位进店的女性顾客也告诉记者，她平时去店里做一次美甲要二三百元，算下来用这个可以省下不少钱。

2018年，中国石油化工集团有限公司董事、总经理、党组副书记马永生到上海石油分公司调研时，就曾评价上海易捷门店引进的进口商品堪称精品，价廉物美，建议一起打包上架到总部的易捷门店。

那么，易捷门店的进口商品是如何保证价位合理的呢？

于波介绍说，上海石油分公司选取了最可靠的合作伙伴作为供货商。进口商品专卖店的配送、铺货、营销、装修等相关事宜均由合作方负责。

“因为上海石油分公司拥有易捷门店460个，分布在全上海比较合理的一个区域内。对于合作方来说，直接利用这些易捷门店布货的话，可以省去自身的开店成本。而且每个门店的进货需求较大，也可以获得一些优惠政策，因此合作方愿意将这些优惠让利给消费者。”于波提到。

对于店面的选择标准问题，于波告诉记者：“高档小区附近的加油站要有，国省道高速公路的加油站要有，农村网点也要有。”他解释说：“因为进口商品的价格也有高中低之分，所以不同门店会配置不同价位的商品，实现高中低端全覆盖。”

“未来，我们还会在10款甚至更多的定制商品上印制中国石化上海石油分公司监制的字样，并且只在进口商品专卖店销售。如果达到一定体量的话，我们还会向销售板块申请，在系统内大力推广。”于波说。

➢ 中央仓配送更快捷

在环隆加油站，记者十分好奇：这里非油品卖了千万元竟没有大型的库房存储商品？

原来，为了保障包括进口商品在内的所有商品的配送，目前，上海石油所属易捷可以实现大店一天一配，省去了站内仓库的存货空间。像环隆加油站这样的门店，目前实行的是一周六配。

如何做到的呢?

工欲善其事，必先利其器。于波认为，每个加油站的每个门店是不需要一平方米的仓库面积的，所有商品均应放在货架上。“开始的时候，我们给门店送货是一周两配，目前最少可以实现一周三配。一般来讲，一周配送四次、五次或者六次都没有问题。”

他提到，如果商品出现断货的话，他们会追究配送方的责任。而且，每天配送还可以有效杜绝临期商品的产生。

配送方面，上海石油分公司主要借助了两家第三方物流公司，实现内部良性竞争。同时，仓库也实行外包的方式，真正实现零损耗。公司选择了中远集团下属企业负责中央仓的仓储、分拣。如果仓库没有按进货需求准时准点完整分拣的话，外包企业就要受到相应处罚。

经过3年的磨合，整个分拣、配送的运行状况非常好。

目前，上海石油分公司正在研究将以往按照区块分拣商品的方式变为按照车辆配送线路执行分拣工作。具体是指，计算出从仓库出发前往市区和郊区沿途一共要经过多少座加油站，再按照这些加油站点的数量分配运输车辆，实现配送最优化。

在系统内，上海石油分公司的物流总成本最低。兄弟公司评价，上海石油分公司凭借优质的进口商品加之中央仓的一周多配，整个非油品运作流程行云流水，酣畅淋漓，值得学习。

上海易捷：因专而精

——专访中国石化上海石油分公司总经理助理、商业经营中心经理于波

上海石油的工匠精神非一朝一夕之功，非一物一人所能，而是其不断积累锻造所得。

文/曲绍楠

环隆加油站的易捷门店只是上海石油分公司工匠精神的一个缩影，因专而精正是其未来不断追求的目标。

2018年，公司上交总部的经营利润达到9亿元，其中非油品利润为9800万元。在“十里洋场”的上海滩，上海石油分公司谱写了一曲非油品发展的华美乐章。

为了探寻这家企业的管理精髓，记者专门采访了中国石化上海石油分公司总经理助理、商业经营中心经理于波，听听他的见解。

➢ 业绩突出品类全

Q 记　者：于总，您好！2018年上海石油分公司交出了一份出色的成绩单，请您介绍下公司非油品业务目前的情况？

A 于　波：近3年，中国石化上海石油分公司发生了翻天覆地的变化。原来，公司一年只有8亿元的非油品营业额，且其中3亿元为服务类商品，真正的店销商品卖得并不好。同时，商品种类不丰富、采购制度不健全、管理较松散等问题一直阻碍着企业发展。

公司董事长、党委书记左兴凯到任后，进行了大刀阔斧的改革，将非油品管理中心与商业客服中心进行合并，成立了商业经营中心，承接上海石油分公司的非油品经营管理和成品油直分销两块业务。

2018年，上海石油分公司的非油品营业额达到13.7亿元，其中3000万元是服务类营业额，其余13.4亿元是商品类营业额。

Q 记　者：在13.4亿元营收的非油品商品中，畅销品有哪些呢？

A 于　波：上海石油分公司卖得最好的是各种小包装食品和各省市的地方特色商品，店销比例将近30%。此外，饮料（包括卓玛泉、长白山天泉）、鸥露纸等日化商品销售也不错。

在国内来讲，消费者目前没有养成进加油站采购大宗商品的习惯，只是把加油站当作一个补给站，去加油时顺便买点商品，以冲动性消费为主。而冲动性消费的主要需求就是吃喝两类商品，正好匹配了店内这两类商品的高销量。

而且，上海毕竟是一个移民城市。消费者如果进店时看到一些家乡特色商品的话，就有可能直接选购。所以，针对这种情况，我们采购了11个省市的地方特产。

此外，除了食品、饮料两类畅销品外，第三类畅销品是烟草，店销比例达到27%左右。而就单品而言，卖得最好的主要是自有品牌商品，包括鸥露纸、卓玛泉、长白山天泉、燃油宝等。在去年总的营业额中，自有品牌商品店销比例达到3亿元。

除了统采商品外，上海石油分公司还从东北引进了两款大米。其外包装上均印有“中国石化上海石油分公司监制”字样，仅在上海石油加油站有售。

➢ 营销多样监管严

Q 记　者：成绩的取得是不断努力的结果。请问，公司在提量方面采取了哪些举措？

A 于　波：全年我们会用一定的营销费用反哺客户，例如加油送电子券。一般来讲，到大商超购买商品都是原价，而在上海石油加油站，加油送电子券购买非油商品可以打七至八折。这对于便利店来说，起到了一个很好的引流作用。

Q 记　者：除了用电子券吸引顾客进店外，还有哪些好方法呢？

A 于　波：我认为，一是要让顾客就近消费，在泵岛上直接购买商品；二是用一些特例商品吸引顾客进店。比方说，依云水的市场售价是6元/瓶，而在易捷店内成箱购买的话，折合每瓶只要3.95元。通过类似的方式，我们可以提升进店率和二次消费比例。

今后，我们将告知品类经理去除甲方跟乙方的概念，明确我们跟供应商之间是合作伙伴的关系。因为只有互为对方考量成本和效益，才能实现双赢。这是上海石油分公司地采商品价格较便宜的原因所在。

Q 记　者：在商品采购方面，公司有哪些创新的管理举措？

A 于　波：我们与监察部门、审计部门联合出台了非油品监察管理办法，这在全系统内是唯一的。相关部门可以随时进驻非油品部门，检查采购与销售过程中个人有无违纪行为发生，同时可以核查商品是否通过正规渠道进货。这种形式的检查每年都会不定期地进行几次。

此外，在部门内部，我会不定期地轮换品类经理的岗位，实行互相监督的机制，以此锻炼品类经理的采购和销售能力，实现一专多能。目前，中心的工作人员已从合并前的158人精简到了现在的74人。

➢ 异业合作模式新

Q 记　者：在异业合作方面，公司做了哪些尝试？

A 于　波：我们与银联合作开了一座智慧门店，就在上海石油楼下。该店是系统内首家无感支付便利店。客户手机扫码进入挑选商品，出门时无须做任何动作，款项就从手机直接支付了。

在保险方面，我们与太平保险进行了合作。顾客在易捷店内购买保险产品后，保险公司会给便利店员工一定的返点。长远来看，虽然保费没有进入上海石油便利店系统，但员工得到的返奖是实实在在的。而且，在客户从员工处购买保险后，双方便建立了联系。这为后续开展营销活动提供了客源。

此外，我们还与银行互换营销费用——加油站可以派发ETC卡，银行网点可以自助圈存加油卡。如果顾客用指定的信用卡在银行圈存的话，那么他还可以额外获得优惠和赠礼。

Q 记　者：除了前述合作方式外，公司还开展了哪些店内店外的合作呢？

A 于　波：公司目前有店中店6个，主要出售冷链商品，即中央仓不具备分拣和仓储条件的商品，如36小时或48小时的盒饭、水果、肉食、水饺等等。

站外店有9个，并跟上海烟草公司合作，将烟草专卖店变成易捷销售门店，再根据周边居民需求配送有针对性的商品。

Q 记　者：公司是否开展了线上业务？

A 于　波：我们跟百联集团合作了H5销售页面和App，同时跟苏宁小店也有合作，在手机上出售手机、冰箱、空调等家电商品，销售情况非常好。

目前，我们还借助第三方互联网公司把商品和门店推广到了其他销售平台。顾客在相应平台选好商品后，快递小哥来易捷门店取货，再把商品送货上门，十分便捷。

➢ 未来信心满满

Q 记　者：鉴于去年不错的销售业绩，今年公司将着重布局哪些工作？

A 于　波：目前，重中之重的工作是做好进口商品专卖店，包括门店装修、改造、选品等一系列流程都将理顺，并可复制。

我们在没有专门配备便利店管理员的前提下已经实现了不错的经营业绩，如果将来专人上岗再给予一定激励的话，那么非油品销售的积极性会更高，收益将更大。公司还将做好基础单品的选品工作，实打实地把所有商品卖出去。

虽然2018年上半年有300多座加油站进行防渗改造，对经营业绩造成一定影响，但我们有信心下半年扳回一局，完成全年的销售目标。

扫码看专家点评

18

颜值担当刺桐关

颜值即是正义，美貌带来流量。强林石化的刺桐关服务区乐家便利店改造后成功进入千万元便利店俱乐部。

营销现场

刺桐关为什么这样红

刺桐关便利店销售额从每天2万元提高到5万～6万元，节假日飙升到7万～8万元。它是如何成功进入千万元便利店行列的？

文/齐铁健

青玉案·刺桐关

春风又劲春城路，红塔望，绿荫舞。马龙车水加油处，细心雕琢，贴心服务，竟似家如故。

忽而不觉舟车旅，步履盈盈随香去。锦衣玉食寻觅路，强劲动力，依然守候，刺桐林边处。

在云南，不能错过的美景实在太多：西双版纳热带雨林、丽江古城、苍山洱海……从昆明到西双版纳出发一路向南，强林石化的刺桐关服务区绝对是昆玉高速路上一道不可错过的风景。

2018年，改头换面之后的刺桐关服务区乐家便利店销量也水涨船高。便利店的销售额从原来的每天2万元左右翻了一番，提高到每天5万～6万元，节假日期间销售额更是飙升到每天7万～8万元。刺桐关服务区乐家便利店成功进入千万元便利店行列，成为强林石化着力打造的云南高速第一座样板站。

➢ 高大上的网红服务区

"整改！……"

这几年，强林石化的乐家便利店一直在进行不断地整改。即便如此，很多便利店装修和设计因为陈旧依然赶不上消费者需求的变化。强林石化总经理卢建江已经厌倦了这种不痛不痒的整改。

破旧立新，重建！卢建江说："现代化的便利店外观要醒目，便利店内要简单漂亮。"

2018年，强林石化投资1300万元对50余座乐家便利店进行了装修改造，这才有了乐家优品便利店年底喜人的销售数据。每座便利店针对不同消费群体，设计不同风格。高大上的刺桐关网红服务区诞生了。

2018年6月，重新建设的刺桐关服务区成为云南地区外观最个性化、辨识度最高的服务区。刺桐关服务区使用企业色作为基调与旅行综合体，加油站整体建筑风格采用了版纳民居形体，有点像孔雀，色彩丰富，符合强林石化旅途中"家"的寓意。

刺桐关服务区每一个功能点的设置，不仅贴心考虑用户可能用到的各个环节，采用最前端的科技，而且将对美学的执着充分融入视觉触达的每一个方面。

刺桐关服务区背靠青山，景色宜人。便利店最里面是休息区，原本楼体设计是一面墙，但在设计过程中，为了欣赏美丽的景色，休息区的这面墙被改为落地玻璃窗，服务区大楼后面这座青山成为整个便利店的一幅自然风景图。便利店每部分的色调、装饰、比例和配置均以感官触达的最佳效果精心搭配。从林般的氛围，给紧张的双眼以最快速和舒适的放松。

改造后，刺桐关服务区营业面积从原来200平方米扩展到3000平方米，原来的营业面积只有改造后的一个玩具销售区面积大小。服务区功能进行了详细划分：高大上的乐家便利店大约占整个服务区大楼面积的一半；餐饮区包括汉堡王、中式自助餐、云南特色小吃，还有清真餐厅；休息区不仅有孩子们喜欢的滑梯、乐高玩具，而且有抓娃娃机和按摩椅；整齐划一的停车区还设置了4个充电桩，包括一个特拉斯专用充电桩……服务区利用高科技，使刺桐关从加油、消费、支付到增值服务更加便捷、更加完善、更加人性化。

“这样的加油站服务区，我真是没见过。”“这样美的服务区，才配这样美的云南。”人来人往、车来车往中，这是顾客说的最多的话。

➢ 温馨舒适的环境

“彩云之南，我心的方向，孔雀飞去，回忆悠长，玉龙雪山，闪耀着银光，秀色丽江，人在路上。彩云之南，归去的地方，往事芬芳，随风飘扬，蝴蝶泉边，歌声在流淌，泸沽湖畔，心仍荡漾……”

伴随着一首悠扬甜美的《彩云之南》，进入刺桐关服务区的乐家便利店，顾客开始享受一场听觉和视觉的盛宴。

听觉方面，耳边传来的有云南民族特色音乐，也有高雅轻音乐，还有年轻人喜欢的抖音音乐，节假日更是少不了欢快的节日音乐。这些不同形式的背景音乐，是强林石化每月请专门的音乐外包公司为乐家优品便利店特别定制的。每月更新300～500首歌曲，并随机播放。

视觉方面，顾客已经不是因为要加油才来到刺桐关服务区的。很多顾客慕名而来，多半是为了感受这个五星级的便利店和智能卫生间。

作为强林石化的“网红”样板服务区，除了服务区的标配加油站、便利店、餐饮店、休息区外，智能卫生间更是让顾客感受到满满的科技元素：使用卫生间的旅客可在卫生间外的电子屏幕上看到哪些隔间无人使用，既方便又避免尴尬；进入洗手间，每个隔间都有一盏感应灯，有人使用的隔间显示红色，没人时显示绿灯。顾客一进入洗手间就对洗手间的使用情况一目了然。洗手池上的镜子自带显示屏，为过路的旅客提供天气、路况等信息。

刺桐关服务区内配备了残障人士专用卫生间、家庭卫生间，方便每一个群体的顾客。母婴室让带孩子出行的家庭多了一份喜悦。灯光柔和的母婴室内洗漱池、沙发、婴儿床、热水器、吹风机甚至宝宝的拉拉裤和女士用品等，已经为顾客细心准备好了。

“卫生间是服务区非常重要的功能分区之一。这样设计卫生间的初衷就是希望我们的卫生间能最大化地方便每一位过路的顾客。”刺桐关服务站站长张正升说。

➤ 吃喝玩乐引导消费

“刺桐关服务区内有儿童乐园，还有抓娃娃机，孩子很喜欢。”顾客赵女士说，“而且服务区里餐厅数量比较多，各种口味都有，汉堡王、奶茶店、自助中餐、清真餐馆……非常丰富。这在其他服务区是很少见的。”

“30～40元，在汉堡王可以吃得饱吃得好。汉堡王，改变了顾客一直以来认为服务区的饭又贵又难吃的看法。”顾客李先生表示。

让顾客走进刺桐关服务区的理由有很多：可以是美食的诱惑，可以是去洗手间的生理需求，也可以是为了追寻快乐。

在刺桐关服务区加油，加油站会赠送顾客3个抓娃娃币。这是一种快乐形式的引导性消费，让更多的顾客走进便利店，体验抓娃娃的快乐。孩子们很难抵挡娃娃机里面玩具的吸引力。顾客王先生加油收到了抓娃娃币，就带着孩子一块抓娃娃，抓到第三次终于抓到了一个娃娃。“抓到的玩具比买的玩具更有魅力，更有意义。”王先生和女儿兴奋地说。

对孩子们来说，除了吸引人的抓娃娃机外，儿童游乐区更是充满孩子们的欢声笑语和“再玩最后一次”依依不舍的分离。

抓娃娃机旁边的迷你KTV，更是让很多顾客有了一展歌喉的冲动。其实，最让站长张正升头疼的也是这座迷你KTV。

刺桐关服务区位于刺桐关村它不仅成了过往旅客的歇脚点，还是附近村民购物消费的地方。服务区周围居民很喜欢在刺桐关服务区买点小零食在休息区聊天休息。迷你KTV的到来让周围居民非常兴奋，每天晚上都要来唱一会儿歌。他们还拉着站长一块唱，对于五音不全的张站长来说，真是一种甜蜜的烦恼。

守着这座高大上的网红服务区，张站长遇到了很多形形色色的顾客。其中，一位顾客直接来找他谈合作，令张站长有点措手不及。这个正在创业的小伙子叫张英杰，见到站长就开门见山地说："我非常喜欢刺桐关服务区的购物氛围、高档的硬件装修和高品位的服务水平。每次路过刺桐关服务区，我都要进来加油或是买点东西。这里不仅购物环境优雅，而且给顾客擦车，不定期有一些优惠活动，很吸引人。能吸引人的地方就是赚钱的好地方，我想把我的创业项目也引入到刺桐关服务区……"

面对如此坦率的年轻人，张正升感谢他对刺桐关服务区的肯定，但也理智地分析了他的项目是否适合高速服务区……正如小伙子预言的一样，越来越多的顾客走进了刺桐关服务区，走进了乐家优品便利店。

➢ 不断变化的商品

在商品品类日益丰富和产品生命周期日益缩短的今天，便利店商品必须不断地创新，满足消费者的不同需求。乐家优品便利店不断变化的商品就给顾客创造了很多惊喜。

1000多种不断变化的商品极大地丰富了乐家便利店的商品饱满度。

改造之前，便利店的商品都是比较保守的传统商品，改造之后商品样式开始呈现多样化。

网红商品、面包、水、充电器、玩具、机油、油桶、医药急救用品、墨镜、玩具……你想到和你想不到的商品，乐家便利店都有。强林石化的乐家便利店每月更新一次商品品类，每10天改变一次商品陈列方式，把畅销商品和滞销商品的位置进行调换。热销商品加大沉淀量，增加顾客的购买欲望。在每个月不断更新便利店商品的过程中，乐家便利店的销量也在不断增加。

乐家便利店不断地研究和开发新品，顾客每次走进便利店都感到商品是在不断变化的。这些变化能随时满足顾客求新、多变的消费心理。卢建江说："如果一个品类的商品售卖得好，那我们就可以把这种商品扩展一下。方便面一直以来是服务区便利店的热销产品。那么在方便食品上，我们就要做足功夫，方便火锅、方便米粉、螺蛳粉……要不断扩展。"

“六七年前，强林石化便利店开始销售进口食品，那时候的进口食品非常好卖。现在，顾客获取进口食品的渠道非常多，让进口食品变得没有原来那么好卖。因此，我们要寻找新的商品，比如一些网红商品。”时任乐家便利店连锁经营公司经理周强表示。加入强林石化之前，周强在欧洲第一大零售商家乐福超市从业多年，对商品品类的开发有独到的见解和方法。他要求部门员工关注抖音上的网红商品，然后购买和试尝。就这样，他们发现了方便火锅、网红薯片、网红口香糖等商品，并开始在便利店内销售。出乎意料的是，这些网红商品的销售业绩非常好。

网红薯片袋子包装大，袋子上面图案夸张，很有视觉冲击力，很容易吸引年轻消费者的注意。

“美女，你也喜欢这个口味的网红薯片啊！这里还有一种网红口香糖非常提神，极具杀伤力，清醒指数分为5个等级，要不要挑战一下？”刺桐关便利店员尹开化边擦货架摆货，边和正在挑选网红薯片的顾客李小姐分享他觉得好玩的另一种网红商品。李小姐尝试了这款杀伤力为5级的口香糖后，被刺激得龇牙咧嘴，说不出来话。她一定要买一包这样的口香糖让车里的朋友们也尝试一下。

除了网红商品外，为了让便利店的商品更饱满，乐家便利店可是费尽心思。

每次自驾车出去玩到了服务区，周强的孩子总是嚷着要玩具。这让他萌生了在便利店内销售玩具的想法。想到就要做到，在最短的时间内，玩具展区就在刺桐关服务的乐家便利店精彩亮相了，芭比娃娃、乐高、小汽车……玩具展区受到了孩子们的喜爱。

云南地区的紫外线比较强烈，来云南旅游的顾客容易被晒黑。刺桐关便利店为顾客着想，便销售起了帽子、雨伞和书包等旅行的必备物品。

在众多便利店新品中，站长张正升认为面包的销售量是最喜人的。便利店新增的面包和点心的销售，不仅口味丰富，而且有无糖型面包，考虑到了消费者的不同需求。

如今的刺桐关服务区，不仅有高大上的便利店、各种口味的餐厅、舒适的休息区、现代化的洗手间，刺桐关服务区酒店的地址已经选好，而且刺桐关服务区水厂建设的批复手续已完成。刺桐关的奶茶示范店将走进更多强林石化的乐家便利店，走进云南的大街小巷。如今，刺桐关服务区仍在源源不断地为顾客创造更多的惊喜，让更多人认识强林石化并走进乐家优品便利店。

学习型选手乐家

乐家便利店不仅向大型超市学习零售经营、堆头摆放、促销经验，而且跨界向小米公司学习开发产品的思路。

文/齐铁健

无论是高速公路、幽静乡村小路，还是喧嚣城市内……位于云南的强林石化乐家便利店总是在顾客旅途最需要的时候出现。它是旅途中人和车的补给，它售卖泡面也售卖汽油，售卖香烟也售卖玩具，售卖薯片也售卖无糖面包。

作为强林石化加油站潜心打造的便利店品牌乐家优品便利店（Joy Mart），一直以来乐家都以加油站附属品的地位存在。但在过去一年油品销售增长趋缓、油品销售市场竞争激烈的时候，强林石化便利店的销量却出现了逆势增长。截至2018年12月，乐家优品便利店销售收入6700多万元。

顾客购物模式开始由“加油顺便购物”向“购物顺便加油”转变。

➢ 向小米学习

从进口食品到网红商品，乐家便利店不断拓展自己的商品品类。乐家便利店不仅和大型超市学习零售经营，而且跨界向手机制造商小米公司学习开发产品的思路。“小米公司不断开发与其主要研发商品手机相关的衍生商品。现在小米手机的销量一般，但是小米手机的衍生商品销量反而超过了手机的销量。”周强介绍道。

取得小米的“真经”后，强林石化不断扩展乐家自有品牌商品的品类，让顾客熟知并认可乐家品牌。乐家自有品牌商品认可度比较高的商品包括纸、水、棉签、牙签、数据线、暖宝等30多个品类。其中，纸品就包括卫生卷纸、纸抽、手帕纸……同一品类的商品还处于不断丰富的过程中。

周强正在和一家卫生纸生产商洽谈合作生产可以直接丢弃在马桶里的卫生纸。“对于消费者来说，每天都清理一次纸篓很麻烦，这种可以直接丢弃到马桶里的卫生纸一定会成为爆款商品。”周强对于这种新品卫生纸很有信心。

除纸品外，乐家自有品牌的水已经得到顾客认可。乐家水不仅拔得便利店零售量的头筹，而且获得茶城商家的青睐。

目前，乐家品牌的信誉度已经初步建立。谈到品牌下一步发展的方向，强林石化副总经理余竣在强林石化供销商大会上表示，2019年，除了在加油站便利店销售乐家品牌的商品之外，强林石化将和经销商合作把乐家商品推进植入到商场、超市或社区便利店。

➢ 促销活动

“为了扩大乐家优品品牌的推广力度，便利店在新品推送的过程中，只要来加油站加油的顾客，都可以以极低的价格购买商品或是获得免费的试用装。”周强说。强林石化还通过不同形式的促销活动来吸引顾客关注。

“如果老公下班回家，大包小包地提着卫生纸、米、油和酒，老婆会不会很感动呢？多么顾家的好男人！”周强对推出的1398大礼包活动深有感触地说。

1398大礼包是乐家便利店为顾客精挑细选的家居生活必需品，它包括1000元加油卡和398元便利店商品。1398大礼包的商品也不能一成不变：第一批礼包有红酒、白酒、10千克米、4升油、一提卫生纸、一提乐家水；第二批礼包包括洗衣液、牙膏、洗涤剂等洗护产品。

1398大礼包活动推出10天，销售额就达到了400万元，而活动策划仅花费一个小时。快速反应，快速执行，出奇制胜！强林石化召集油品部门、非油品部门、策划部门和财务部门共同花费一个小时的时间确定了活动细节。大礼包活动一经推出，就受到了消费者的推崇。余竣表示：“大礼包配备一款白酒。为了配合大礼包的销售，该供应商在云南所有的酒都被乐家便利店的1398大礼包活动卖空了。”在这场热烈的销售活动中，强林石化从经理到加油员忙得不亦乐乎，强林石化所有人员都加入了送货的行列。

热度越高的活动，持续的时间就越短。1398大礼包促销活动开始两个月后，就进入疲软阶段。

乐家便利店正在不断策划新的促销活动。春节期间，强林推出购买小册子集印章换商品的活动。顾客需要花10元钱购买小册子，这样每次加油都能收集印章，享受油品折扣。集齐一定数量的小印章，顾客就可以换购便利店指定的商品。“这次活动的关键是油品折扣要低，而且便利店的指定商品的品质要高。这次活动的利润也会很大，售卖小册子的钱就是纯利润。”周强表示。

➤ 做好陈列

乐家便利店没有推销人员，靠的都是顾客自发性地购买商品。做好陈列，让商品自己说话就变得非常重要了。

乐家优品便利店每一个货架都是精心测量定做的，店内标识的安装位置十分考究，方便顾客进入便利店后能够迅速发现所需商品，即把顾客最想要的商品调整到顾客最容易购买的位置。便利店每一个细节都经过精心设计，而温馨的色调搭配更为顾客带来家的感觉。

昆明市滇池路加油站便利店员詹外玲说：“我从早上8点上班一直到下班，不是在补货，就是在补货的路上。”

在家乐福和沃尔玛等大型超市，供应商会派专门的销售员进行码货和货物陈列。便利店受限于空间的大小，厂家不会派专门的促销人员。但乐家便利店和供应商达成协议，每个供应商的业务人员每一个星期至少去加油站两次，做好商品陈列，进行商品补货。商品要达到一定的饱满度。

供应商不仅卖货给乐家便利店，而且必须去加油站实地观察什么货品好卖、什么不好卖，以此来更新商品。

“我们每天都会要求加油站的人员，使用水印相机，拍照的具体日期和时间都会显示出来。便利店商品的每个角落都需要根据要求进行拍摄照片。没有水印相机之前，我们就要求员工每天拍照的时候要拿不同的东西拍照，比如某个品牌的香烟或是某个品牌的水，每天的要求都不一样。”周强表示。

非油品，让油品贵得有理由

——专访强林石化总经理卢建江

15年后，乐家便利店和乐家优品品牌，这些现在看来似乎不怎么赚钱的项目，那时候就是强林石化的盈利点。这就是品牌最大的价值。

文/齐铁健

1985年，当大家还觉得加油站的便利店可有可无的时候，强林石化就推出乐家优品这个非油品牌。作为现有便利店中成立较早的企业之一，在经历了陪衬、赔钱、陪伴、逆袭种种经历之后，乐家优品对强林石化总经理卢建江意味着什么呢？

打开强林石化2018年的年度报表：油品零售额达到36亿元，而非油零售额仅有6700多万元。强林石化总经理卢建江却一再强调，没有非油品业务支撑，油品的零售营业额也不会达到36亿元，非油品销售为油品的销售营造了非常好的销售氛围。

➢ 让油贵得有理由

Q 记　者：为什么强林石化乡村加油站便利店和城市便利店是同一个设计装修标准呢？

A 卢建江：哈哈……市区见到一个美女，大家可能不足为奇。但是在乡村，一个美女就会很醒目了。我们做好乡村加油站便利店，就是要提高强林品牌在乡村的知名度，进而巩固强林品牌的优势。在那些充斥着乐哈哈、笑哈哈等假冒品牌的村庄，乐家便利店里面的娃哈哈给村民带来了有品质保障的商品，进而提高村庄的整体消费水平。

刚开业的时候，一座乡村便利店的销售额每天只有36元，这是我预料之中的事情。让顾客接受和认可品牌，弱化对油价的关注，信任便利店的商品，是一个非常漫长的铺垫过程。通过两年的积累，这座便利店每天的销售额从36元增长了到1000元。

顾客对便利店商品的认可，要从信任品牌开始。这座便利店的酒不好卖，后来我们把酒和油品的销售结合起来。顾客会觉得，一个有品牌的加油站不可能出售假的葡萄酒。因为品牌加油站卖一瓶假酒损失的是品牌信誉度，是非常不划算的。

顾客在感慨便利店漂亮大气、购买便利店商品的同时，会觉得加油站的油贵也有原因。

Q 记　者：便利店能让顾客觉得油价贵得有道理，便利店真有这么大的魅力？非油品销售对油品的销售真有这么大的促进作用？

A 卢建江：消费者不能直接看见到强林石化的油品如何，但是能看到便利店的高品质商品和舒适的购物环境。

一座加油站如果只注重油品销售，不注重非油品销售和便利店的购物环境，那么客户的黏度就会非常低。如果顾客对一个加油站的品牌认可度仅仅局限于油品，油价便宜就来加油，不便宜就不来。除了油品之外，加油站就没有任何附加的价值。但做好非油品销售，营造一个顾客喜欢的舒适的购物环境，就会间接增加油品和非油品的销量。

➢ 自我资源垄断

Q 记　者：强林石化是如何做好油非互动的呢？

A 卢建江：如果非油品板块和油品板块完全割裂，管理团队不同、广告不同、促销活动不同，油品和非油品没有形成一定的关联，油非互动仅仅停留在加满油后送一些非油品商品上，那么这种油非互动就是一种非常错误的模式。

真正的油非互动模式是把加98号汽油的客户挑选出来，把高端的非油品商品销售给他们。对于消费层次比较低的顾客，我们要把老百姓刚需的生活用品销售给他们。

强林石化经过几年的努力，获得了沉淀和爆发的资本。我们收集到了40万个顾客的信息，通过分类和贴标签，把各个板块串通起来，给不同的顾客推荐强林不同板块的产品和服务。

我们要把顾客的消费需求尽量留在强林石化，从一滴油、一个汉堡、一瓶水到汽车保险，打造闭环。现在做行业垄断和设置行业门槛都是错误的，要做到自我资源垄断。

在自我资源里面，要做到让顾客有冲动、有理由进行消费。汉堡王已经开了第七家分店，将不仅仅出现在强林石化的加油站，也可能出现在其他品牌加油站和服务区里面。这就是品牌输出的一个过程。购买汉堡王的顾客，会获得加油券和乐家便利店的消费券。利用这些消费券，顾客可以去加油，也可以去便利店买点东西。如果顾客来加油，我们就送汉堡王的券或便利店的券。我们希望如果顾客肚子饿了能够在加油站的餐厅用餐。

此外，我们还做奶茶店、汽车保险。这些都是为消费者在便利店和加油站里提供的可选择性消费。

Q 记　者：为什么强林石化还要推行传统的营销方式，如捆绑式消费、储值消费？

A 卢建江：老套传统的营销方式能够被继续推行就证明有它的成功之处。如何把老套的营销方式做出新花样，做到极致，满足顾客的不同消费需求，是最为重要的。

顾客可能不需要加油，但他们可能会买汉堡或是保险。在衣食住行的每个方面，你总有一样是离不开强林石化的。

为了把捆绑式消费做到极致，强林石化走出加油站，和火锅店、汽车4S店等各行各业的140多家商户合作。这些商家使用强林石化配备的POS机进行消费结账，结账后就会收到强林推送的加油券。同样在强林加油，顾客也会获得这些商户的优惠券。我们把强林的40万名顾客和140家商家联系起来。

Q 记　者：在互联网经济蓬勃发展的时代，乐家便利店品牌是如何做线上销售的？线上销售和线下实体店是如何融合的？

A 卢建江：从经济发展的规律来讲，线上和线下的消费应该是重叠的，日本的互联网经济发展就是一个很好的范例。日本的线上销售和线下销售不是你死我活的竞争关系，而是一种互补共存的关系。比如，东京的优衣库服装店，线上和线下的商品价格是一样的。

线上销售对于强林石化的乐家便利店来说，是一个工具、一个广告、一个信息的散口，而不是顾客入口。

线上和线下的竞争关键在于，是谁先把销售信息传达给客户的。线上和线下成交的客户是同一个客户，而且最终将通过实体实物与客户进行交接。谁能锁定顾客，做好服务，谁就赢得了消费者。对于实体店来讲，把体验式消费做到极致是最为重要的。其实，对于消费者来说，为了加油，他们必须来到加油站。对于某些商品，顾客可能更倾向于购买实体店的商品，比如机油。在互联网经济蓬勃发展的今天，线上消费对于实体店的确是一个很大的威胁。但是如果没有电了，手机没有信号了，怎么办？所以实体经济的存在是有价值的。

➤ 品牌价值

Q 记　者：非油品业务推崇的体验式消费做到极致的目的是什么？

A 卢建江：做好非油品业务消费式体验就是品牌建设的过程。我们要让更多人知道乐家便利店，信任乐家便利店的商品，而不是因为强林加油站才想起乐家便利店，乐家便利店要走出加油站。

不仅是乐家便利店要走出加油站，包括欧丽加茶站在内的很多衍生产品也要走出加油站，走出便利店。

奶茶店不是一种新趋势。欧丽加茶站的奶茶也不是最好喝的，但它仍会受到消费者的欢迎，顾客对奶茶店的黏度将来自强林的其他衍生产品。买奶茶赠送油品券或汉堡王的券，这是其他奶茶店没有的竞争力。

15年后，强林不卖油了。乐家便利店和乐家优品的品牌，这些现在看来似乎不怎么赚钱的项目，那时候就是我们的盈利点。这就是品牌最大的价值。

Q 记　者：强林石化创建了油品的品牌、非油品的品牌，它的管理模式也成为一种品牌。您难道就不怕同行学习强林、超越强林吗？

A 卢建江：我们经常会接待来强林参观学习的全国的同行朋友。我很高兴大家认可强林石化这个品牌。有朋自远方来，不亦乐乎！

目前，强林石化的加油站和便利店的经营水平还处于一个比较领先的位置。为了更好地帮助同行其他企业，我们成立了极暖培训学校给全国来参观和学习的同行提供培训。通过这个培训学校，我们希望业内同行可以更好地接触强林石化的管理系统和经营模式。他们可以拍照，可以简单照样模仿，但是强林石化的魂、强林不断追求的变化是别人很难模仿的。我希望找一个合适的契机，与几家公司成立一个共品牌的联合运营商。

建立品牌联合运营商，可以实现山东某民营品牌加油站的加油卡在云南省强林石化的加油站使用，强林的加油卡也可以在山东该品牌的加油站使用。串通油卡体系和促销活动，能够实现服务穿插，达到深度合作的目的。

19

海峡路便利店，简约不简单

100 多平方米的便利店，加上专业的汽服业务，海峡路加油站实现非油品营业额1300多万元。在其销量上涨的背后，离不开持续不断的优质服务、激励措施、商品选择。以海峡路加油站为代表，重庆销售未来非油品发展三大支柱全面发力。

营销现场

便利店+汽服=千万元

100 多平方米的便利店，加上专业的汽服业务，海峡路加油站实现非油营业额1300多万元。

文/周志霞

马路上面是房屋，马路的下面也是房屋，房屋的上面还是层层叠叠的房屋！这是哪里？如果你还不知道，那我再告诉你，那里还有11楼的人行天桥，还有居民楼里的轻轨……这里是重庆。

由于复杂而又神奇的地域特点，重庆人几十年来完美地诠释着“艺高人胆大”，由此成就了重庆的独一无二。

而今天我们要说的中国石油重庆销售江南分公司海峡路加油站，远没有那么复杂，便利店只有100多平方米，再加上一项汽服业务，2017年非油品营业额就突破了1000万元，2018年这个数字达到了1307万元。

➤ 买着舒心

2019年7月10日，阴天，偶尔还会有一点小凉风，这对于酷热难耐的重庆来讲，算是一个难得的好天气。

早上9点刚过，记者一行走进了江南海峡路加油站。100多平方米的便利店，给记者的第一感觉就是——商品全。

“共有24大类商品，包括早餐类、包装饮料、香烟、家庭用品、日常用品、酒类、粮油类，商品一共达1100余种。”重庆销售江南分公司海峡路加油站经理刘丽说。

海峡路商品全和其优越地理位置、丰富的顾客群体分不开。海峡路加油站位于进入重庆市重要的交通要道，流动车辆比较多，且在特定时间内过往的货车也比较多。另外，加油站周边有很多固定社区、办公场所，居民和上班族都比较多。

“2005年我们便利店刚成立的时候，仅有17平方米，那时我们一年销量就能达到200万元。”刘丽说，“随着这么多年的持续改造，为了争取更多的销量，我们的商品将尽量满足各种顾客需求。”

把商品做全的同时，为了保证质量，海峡路加油站便利店部分商品采取与加盟商进行合作。

“早餐配方难掌握，水果保存有难度，所以这两种商品我们采取和当地加盟商进行合作。”刘丽说，“质量有保证，各种顾客群体早上过来都会购买我们的早餐，包括包子、烤肠、豆浆，而且回头客特别多。”

不仅商品全，而且购买率特别高。刘丽告诉记者一个数字：便利店一般会以三个月为一个周期，测算出1100种商品的动销率，最后一个周期测算的动销率高达92.78%。

“随着较高的动销率，截至6月份，我们店销已经达到了230万元。”刘丽说，“照这样下去，完成全年任务应该差不多。”

“虽然你们商品比较全，但是你们有相当一部分顾客是过路车，仅靠商品全，就能完成年店销500万元的业绩？”对此，记者提出疑问。

刘丽微微一笑，用手指了指中间最显眼的区域，原来最大的亮点在这里——促销大礼包。

虽然商品比较全，但不得不说，海峡路加油站75%车辆为过路车。为了吸引更多的顾客进店消费，2019年5月，海峡路加油站推出了由6瓶白酒、2瓶西班牙红酒、一袋福临大米和一桶食物油、一箱矿泉水、三个车载充电器组成的499元的大礼包。

“这些商品都是顾客的日常所需，配合着员工的一些话术语言，销量非常不错。”刘丽说，“比如我们会告诉顾客，大礼包里的某一种酒在京东网上一瓶就卖379元。有的顾客现场进行扫码进行印证，都认为这个大礼包是超值的。有时，我们一天就可以卖出30多个大礼包。”

当然，大礼包的促销手段并不是2019年刚开始的，早在几年前，店里就定期搞了一些促销活动，包括以各种换购的方式进行促销。比如，原价1299元的五粮液酒，经过换购只卖878元；澳大利亚红酒原价138元一瓶，经过换购只需49元一瓶就可以带走。

特别是节假日之前，由于各种各样、五花八门的促销的加持，顾客购物都会掀起一个小高潮，2018年海峡路便利店店销达到了501万元。

“各种促销方式产生的店销，估计能占到一半。”刘丽说。

➤ 吃着放心

俗话说：“小儿子、大孙子，爷爷奶奶的命根子。”

在众多爸爸妈妈忙工作无暇顾及、食品安全一再被控诉的当下，“大孙子们”更成了爷爷奶奶的心肝宝贝。

“孩子长身体，吃的方面可不能差了，再贵也得买。”一位经常来店里的孙奶奶一进店直奔粮油区。

这里的粮油为什么能让孙奶奶这么放心？原来，2016年，中国石油重庆销售率先打造了以米面油为主的“放心厨吧”，而海峡路加油站成为“放心厨吧”的第一梯队。

“我们的‘放心厨吧’多以让人放心的优质品牌商品为主，很多还是进口的粮油。这些粮油比普通的粮油贵得多，但也有相当一部分重视身体健康的顾客群体会选择。”刘丽说。

当然，2016年刚开始推出时，“放心厨吧”一度比较冷清。

对此，海峡路加油站把“购便利·够放心”作为最大卖点，以“聚火种”“散星星”的方法开展营销宣传。刘丽向记者解释：聚火种，就是站内全员行动，从自家购买做起，再发动亲朋好友，让“放心厨吧”品牌形象一传十、十传百，将庞大的朋友圈、关系网全部用上；散星星，就是精心制作宣传海报和DM单，利用“扫楼”“扫街”的方法，深入到周边各个小区上门推荐，拿着样品挨家挨户推广“放心厨吧”。

“记得刚开张一个月的时候，我们的‘放心厨吧’微信群就有了60多位客户，扫楼足迹遍布周边9个小区。仅在春风绿苑小区一次搭台宣传，就卖出3万多元家庭食品。”刘丽说。

销路有了起色，但仅靠部分居民购买，还是不够。这两年，海峡路的员工开始关注加油站的油品大客户。“加油站很多油品大客户都是企事业单位，节日给员工发福利、食堂日常进货都需要大量的米面油，它们更重视食品质量。”刘丽说。

此后，海峡路加油站的员工跑遍了所有工地、单位、酒店，一步步拉近了与客户的距离，提高了客户黏性。单位客户销量同比增长了近一倍，形成了稳定的销售渠道。

由此，2016年“放心厨吧”推出当年，就实现商品销售收入96万元，同比增长433%。这两年，“放心厨吧”均保持着稳步增长，2018年实现100多万元的销售收入。

“我们领导总是说，‘放心厨吧’是昆仑好客立足未来、着眼长远的品牌工程，所以这几年，我们也尝试着引导消费者打造放心安全的厨房消费环境，进一步培养客户消费习惯，由此进一步扩大销量。”刘丽说。

➢ 修着省心

走出便利店，不仅是记者，所有到过海峡路加油站的顾客无不为规模足够大的汽服业务所吸引。

海峡路加油站的汽服业务区域，上下两层，面积足足五六百平方米，包括洗车、美容、机修、器件四个工位排列有序，到处突显着正规专业。

正规专业是汽服业务的招牌，因为这是2016年中国石油重庆销售与上汽车享家共同合作打造的汽车服务综合体，是重庆首家加油站2S店。

“首先同是国企，顾客的需求高度吻合，其次我们看重的是海峡路加油站的条件非常好，一方面拥有75%的过路车辆，另一方面场地非常棒。正常情况下，标准面积为250平方米的，就已经很好了，但这里面积要大得多，且洗车、美容、机修设计的位置非常完美，顾客一旦有需求，开进、开出非常方便。”车享家重庆销售川渝片区经理陈文雷说。

主要以洗车、美容、换油保养、养护以及更换轮胎业务为主的海峡路汽服店，符合三类资质的汽车服务，由此被称为2S店。相对4S店来讲，业务比较简单。“如果发动机出了大的故障，2S店是修不了的，只能去4S维修，因为这样的故障对设备和场地都有更高的要求。更形象一点，海峡路汽服店相当于社区医院，而4S店相当于专科医院。”陈文雷说。

双方能走在一起，合作共赢一定是共同追求的目标。为了能达到共赢，双方在服务方面下足了功夫。

“现场服务自是不用说，员工都是经过培训的。为了让顾客满意，我们双方还设计了一些流程互动，比如来车享家消费的顾客，我们会给顾客送一些采购商品的优惠券，还会建议其使用一些昆仑润滑油保养项目。去加油站加油，员工也会送顾客一定量的洗车券。”陈文雷说，“总之，双方在服务好顾客的基础上，互相引流、互相支持。”

陈文雷告诉记者，由于75%的流动车量，所有业务都围绕着汽车顾客的日常刚需，再加上比4S店便宜得多的性价比，还有更为重要的一点，基于国家环保政策的要求，大多数4S店都搬到了离社区较远的地方。这些因素加在一起，使得海峡路汽服店成为顾客的首选。

“我们估算了一下，一个月差不多有500多辆车进来消费，其中20%左右为新顾客。而我们有4名员工，平均一个月一名员工就要服务125～150辆车，人效率还是蛮高的。”陈文雷说。

除了人效率比较高之外，这两年汽服店的营业额也在增长，2018年达到了847万元。

不错的营业额，让海峡路加油站汽服业也有了一定的示范效应，这两年重庆销售在川渝地区又开了与车享家合作的4家店。

“当然，我们也不会一味地追求数量，下一步我们将与中国石油进行更紧密的合作。比如，我们计划从2019年四季度开始，不只在加油站有针对昆仑润滑油的换油服务，还将把这项服务延伸到重庆市所有车享家连锁店，这对于中国石油润滑油品牌化来讲是非常有好处的。”陈文雷说。

相对于眼前要做的，未来要做的更多。车享家会进一步扩大服务范围，不仅仅是维修服务范围，还包括基于汽车全生命周期的服务范围。“新车出厂以后被顾客买走，就会产生一些养车和修车的服务。顾客用了四五年之后，可能会换品牌，就会产生一些二手车的业务……在每个节点，我们都会和中国石油合作，为顾客提供必要的服务。”陈文雷向记者解释。

未来是可以憧憬的，但眼前海峡路加油站便利店是非常不错的：有1100多种商品；有个性化的“放心厨吧”；有车享家加盟的汽服店。业务种类虽然不多，但抓住顾客的需求，海峡路加油站每一项业务都发挥出最大的优势。这几年，海峡路加油站非油品营业额快速增长：2017年海峡路实现非油品销售1079.84万元；2018年实现非油品销售1362.60万元。

非油品千万元销量的背后

海峡路加油站非油品营业额持续上涨的背后，离不开持续不断的优质服务、激励措施、商品选择。

文/周志霞

回顾一下，或许还会有不一样的感受。

2018年，海峡路加油站便利店完成非油品营业额1362.6万元，其中仅店销为500万元出头，相当于一天近20000元的收入。

细思量，仅仅是由于地理位置好吗？其背后离不开优质服务、激励措施、商品选择方面的加持。

忘了告诉你，也正因此，这些年海峡路加油站一直是标杆站、服务明星站。

➢ 优质服务是传统

“就是她，全国服务明星！”顺着刘丽手指的方向，记者看到一位40出头、身高不到1米6、小巧而又干练的女员工向自己走过来。

朱红梅，2008年来到海峡路加油站从加油员干起，一晃11年过去了。大家都知道她，她干工作可不是一般认真，一系列的荣誉就足以证明：2011年获得中国石油销售企业模范员工，2012年又获得全国服务明星荣誉。不仅如此，她还连续9年成为重庆销售的五星级加油员。

“刚干工作那些年，肯定先把自身的工作做好，这几年开始注重把整个站的服务带上去，特别是这几年非油品压力越来越大。”朱红梅说。

由此，这些年，朱红梅开始配合加油站全面抓服务。做好服务的前提是先抓好培训。从商品陈列、商品性能、营销话术组织到现场服务，朱红梅从理论讲解到现场示范，耐心而又细致。

随着培训的深入，便利店也就大变样了。“一边培训一边把便利店完善一下，这样会给员工留下深刻的印象。”朱红梅说，“以前便利店只有三个货架，现在经过完善，五六个区域一目了然。”不仅是货架，朱红梅带领大家将每个有特点的区域都精心陈列。例如，有限的“放心厨吧”黄金位置放什么，更有特色的商品放在哪里，都非常有讲究。

在朱红梅的带动下，近些年，海峡路加油站出现了很多优秀的加油站经理和服务标兵。“现在在旗舰经营部当经理的就是海峡路加油站培养出来的；目前加油站经理刘丽也是这个站培养出来的，调离了一段时间，2019年又调回来了。”重庆销售江南分公司副经理陈鸣红说。

如今，优质服务早已成为海峡路加油站的传统，加油站每天都呈现着以服务为中心的风景。

“每天，除了各个岗位对顾客提供热情服务外，每到高峰时间，加油站经理和朱红梅都会穿梭在加油站现场和便利店之间，针对服务不足或者忙不过来的情况，立即进行补充。”刘丽说。

不仅如此，海峡路加油站每天都会有值班经理通过监控视频回放，针对员工白天现场服务不到位的情况，在微信群里提出来，督促员工随时进行整改。

为了更好地服务好顾客，海峡路加油站还注意硬件的提升。

顺着刘丽的指引，记者在便利店的一角看到了类似银行办业务的服务窗口，三三两两的顾客正在窗口办理着什么。

刘丽向记者介绍，这个服务窗口是2012年海峡路加油站专门为加油站VIP客户设置的加油卡发卡充值业务窗口。只要是VIP客户，就不用在吧台排队，可直接到窗口办理。

“对VIP客户服务业务的提升，可以进一步将非油品顾客锁定在加油站上。”朱红梅说。

不仅如此，在加油站里，顾客有什么需求只要提出来，海峡路加油站都会在第一时间为其解决。

“针对75%的流动车辆，只有尽最大能力服务顾客，让他们感受到我们的热情，他们才会成为我们的忠实顾客。”刘丽说。

遵循这一原则，海峡路加油站多年来一直是重庆销售的标杆站、明星站。不仅服务第一，销量也是第一。

➢ 政策激励是重头

“2018年我们做的红酒换购活动，最多一天卖了7万元。”刘丽说。

为什么卖了那么多？任何一个便利店，服务做得好，销量提升快，背后一定离不开对员工的激励措施，海峡路加油站也不例外。

“这两年高层领导明确规定，公司非油品整体战略是做大店销。在这个基础上，总部年年下达任务，层层分解，落实到各个加油站。各站压力都比较大，但最终都完成了，最大的原因在于激励措施给力。”陈鸣红说。

就如陈经理所说，海峡路加油站这两年做的各种促销活动（比如2018年换购红酒、武夷山水、五粮液等活动），都会按照具体换购的金额和毛利给员工一定的奖励。

“比如卖一件红酒奖励12元；卖一份武夷山水奖励6元。”刘丽说，“2018年红酒换购活动一天卖了7万元，卖一件给员工奖励12元，员工的积极性可高了，只要看到顾客进店，都会主动推介。”

“2019年我们把奖励政策又加大了，我们原来针对不同商品的激励幅度是2%、3%、5%，今年我们把2%的幅度取消了，只剩下3%和5%两个档，而且还加了单品奖励。”陈红鸣说，“例如今年5月推出的499元大礼包，按照奖励比例，员工销售一件可以拿到20元的奖励。单品中，卖一瓶润滑油奖励10元，买一瓶玻璃水奖励6元。”

之所以一再从员工激励措施入手，也和很多便利店整体的员工结构有关系。比如海峡路加油站目前有19名员工，但至少一半以上年龄都超过40岁了。“到了这个年龄，心态都会发生一点变化，往往会缺乏以往的激情，所以我们从政策层面多多调动他们的积极性。”陈鸣红说。

不仅有激励措施，海峡路加油站一个月还要开一次月度分析会。“会上要进行每个月的业绩通报，做得好的进行经验分享，做得不好的要分析原因，给出解决意见。整体业绩要累积进行季度考核。”刘丽说。

为了进一步激发员工的积极性，海峡路加油站于2019年在具体核算方面也进行了调整。“有的员工可能前两个月任务完成得很好，但又担心第三个月任务完成得不好，所以在具体核算过程中，就会有不合规的现象。今年我们提出，销量可以递延3个月，这样员工不再担心考核的问题，就会安下心来做销售。”陈鸣红说。

激励措施让员工解除了后顾之忧，海峡路加油站营销进入良性循环。“2018年的红酒换购，一天我们就进账7万元。2019年5月推出的大礼包，有的员工一天就可以卖10件，海峡路加油站最多一天可以卖30件。”刘丽说。

当然，也有员工怎么都不愿意张口营销。“前几个月，从其他加油站调过来的两名员工，不管我们怎么引导他们，就是不愿意和顾客介绍商品。”刘丽说，“看到营销好的员工，一天就能得到200元的奖励，他们也就强迫自己开口了。”

如今，在海峡路加油站，特别是在节假日，针对公司推出的各种促销活动，大家积极销售，这几年店销都能够保持500万元。

➢ 选对商品是关键

“虽然2018年大家都很努力去做促销，但我们去年的店销任务是550万元，只完成了501万元。”提起这个，刘丽多少有些沮丧。

在刘丽看来，2018年没有完成店销任务，原因有很多。一方面，近两年海峡路道路出现拥堵的现象越发严重，有相当一部分过路车都选择绕路进市区，顾客流失情况比较严重。另一方面，受2019年年初各地价格战的影响，海峡路加油站周边大多数的中国石油加油站都参与到降价的队伍中，但海峡路加油站并未参与降价，不可否认，销量也会受到一定的影响。

“所以这两年我们一直在加大各种促销，选对商品，员工再尽最大努力销售。”刘丽说。

在刘丽看来，做各种促销最关键的是选对商品。比如，2018年推出的红酒换购，就是抓住了特色红酒，价格也不贵，顾客非常喜欢；五粮液酒的换购活动，也是选择了纯粮食酿造的五粮液的高度数酒；2019年推出的499元大礼包，更是选择了顾客日常所需，有吃有喝有用，顾客同样喜欢。

选对商品重要，推陈出新也很重要。“2018年看来是选对了商品，顾客购买也达了一次一次小高潮，2019年再推就销不动了。”刘丽颇为无奈地说，“比如今年再卖红酒换购，几乎无人问津。去年推出的咖啡换购，今年也销不动了。有些人认为咖啡多喝对身体无益，应以养生为主。”

面对这种局面，刘丽对于2019年5月推出的大礼包促销，能保持多久心里也没底，但员工会尽最大能力去做。

由此，大家在顶住压力的同时，也在认真收集顾客的进一步需求、喜好，再将信息进一步汇总提交到江南分公司；分公司再和总部进行协调，以确保推出顾客从心坎里喜欢的商品。

与此同时，刘丽带领员工不断地走访一些大客户，成功做成了一些团购业务。截至2019年6月，海峡路加油站店销完成了230万元。

“这个店一直是标杆站、明星站，多年以来销售保持第一，服务质量也是第一。公司把我调到这里当经理，也是对我的信任，我不能让公司失望。”刘丽告诉记者，“我自己就是这个店培养出来的，只是前几年被调去另一个站当核算员，2018年又把我调回来当经理了。”

再次调回当经理的刘丽，对这个站有着不一样的感情，对未来如何提升销量也很明确："一方面，抓住顾客的需求，选对商品，从而加大促销力度，是持续努力的方向；另一方面，在便利店选择更多的加盟商也是一个努力的方向。"

对此，江南分公司方面也有考量。"2019年我们一直因地制宜地计划在各个站里增加一些新业务。比如，有的站适合卖一些药品，我们便向总部提出申请。海峡路加油站以后也会有一定的新增业务。"陈鸣红说。

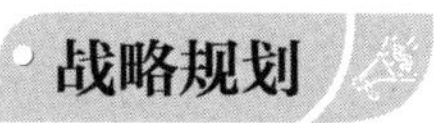

重庆销售：三大支柱同发力

——专访中国石油重庆销售非油品处处长饶耕

占据重庆销售非油品发展的两大支柱，非油品营业额能够达到千万元，未来重庆销售非油品发展三大支柱同步发力。

文/周志霞

保持标杆站、明星站的海峡路加油站，多年来在重庆销售诸多加油站便利店中实现领跑。那么，重庆销售整体店销怎样？以海峡路加油站汽服业为代表，重庆销售的汽服业发展又如何？未来一段时间，重庆销售非油发展又将有哪些规划？针对这些问题，记者对中国石油重庆销售非油品处处长饶耕进行了专访。

➤ 提高进店率

Q 记　者：饶总你好！海峡路加油站的店销做得不错，抓店销也是中国石油近两年主要的发展战略，咱们重庆销售整体的店销情况怎么样？

A 饶　耕：从2019年开始，从集团总部来看，一个重要的变化就是要求非油品比以往做得更实了。就像你说的，整体战略第一就是做大店销，第二就是提升毛利润。重庆销售近几年高层领导的导向就是抓店销，做实毛利额，所以整体店销可以达到百分之六七十。总部给重庆销售全年的任务是要完成1.27亿元毛利额，上半年，重庆销售完成了7000多万元毛利额，纯利润达到5300万元，目前来看是超额完成的，由此看一年完成存利润1个亿是没有问题的。

Q 记　者：店销整体占到百分之六七十算是比较高的，您认为抓好店销的关键是什么？

A 饶　耕：中国石油经过几十年的发展，在加油站领域形成了优良的资产，具有独特优势，而重庆销售560座加油站加起来资产净值也有50亿元。作为下属销售公司，怎样将优势全面发挥出来，以此实现企业价值最大化，这是关键。中国的国情决定了油站零售业务，几十年内油品依旧占主导，当下就是要考虑怎样通过油品客户的需求挖掘把非油做大，也就是先把本做好，重庆销售560座便利店就是本。我们认为，目前在油品方面挖掘的程度远远不够，还不到30%，我们还需要认真挖掘所有油品的刚需所带动的非油顾客需求。比如，我们现在的油非转化率很差，只有11%，也就是说400个人中只有44个人进行了有效购买，其余的部分都浪费了。浪费的原因，一方面在于商品的品类问题。品类是否吸引人，是否具有代表性和特色，包括价格和性价比，是需要我们研究的。另一方面在于商品的持续性问题。对于顾客来讲，商品一定要耳目一新。顾客的消费需求时刻在变，我们要完全站在顾客的角度来考虑顾客的需求，商品一定要卖到顾客的心坎里。

➤ 抓品抓店

Q 记　者：您说，做大店销就要看如何抓品。重庆销售商品的品类又是如何做的呢？

A 饶　耕：首先，这两年总部一直有着清晰的思路，2018年开始一直在大踏步地进行集采，这也是国际大公司做大零售的必由之路。就是不管是粮油、日用品，还是酒类和饮用水，都要逐渐实行集采。中国石油在这方面有着清晰的规划，计划3～5年集采加自主开发的商品要占到整体商品的50%。随着中国石油集采的商品越来越多，中国石油就可以实现至少一半商品有别其他零售店，最终形成中国石油特有的品牌效应。作为下属省市销售公司，必须大力销售集采商品，由此重庆销售上半年集采商品占据所有商品的20%，全国排名前三。2019年总部下达任务6500万元，重庆销售半年就完成了4000多万元，完成率超过130%。

Q 记　者： 店方面又是如何做的呢？

A 饶　耕： 关于店，我们主要抓的就是门店的运作，包括在日常工作中，抓服务、抓管理、抓商品的陈列、抓氛围营造、抓促销，每年将任务逐月下发给各个分公司，严格跟踪督促，包括跟踪每天的日报表、周分析、月度总结。完不成任务的，要勤分析，速解决。这两年重庆销售扎扎实实以店面为基准，抓品、抓店，所以非油业绩没有大起大落，2018年非油营业额为7.8亿元，2019年店销非油收入突破8亿元丝毫没有问题。

➤“双百会战”

Q 记　者： 海峡路加油站车享家业务做得专业，业绩也大幅上涨，未来重庆销售汽服业务会有一些计划吗？

A 饶　耕： 在总部领导的总体谋划下，各大省市销售公司非油品的整体想法未来都是打造综合平台，也就是“人•车•生活”生态圈。重庆销售同样围绕着这个目标，眼下就是做大三大支柱产业。便利店自然是最大的支柱。第二大支柱就是汽服业。汽服业今年提出了一个口号“双百会战”。

“双百会战”就是计划从今年开始用两年时间，建成两个“100”。其中一个100就是包括以海峡路加油站为代表的100个综合汽服店，具体业务包括快洗、快保、快换。快洗、快保无非就是快速洗车和快速保养，重庆销售所开的汽服店一般都可以做到。快换方面，不仅是重庆销售，所有销售公司汽服店一般都难做到。目前，对于重庆销售来讲，润滑油一年能卖几千万元，但顾客体验非常不好，因为顾客买完润滑油，加油站不能为其更换。顾客都会放在后备厢，需要的时候会到4S店或者路边的小厂去换，在这个过程中有的顾客会形成二次消费，更严重的，有些顾客会流失。所以说，这也是服务不能支撑销售所产生的问题。针对这一大痛点，我们近两年计划打造100个汽服店，必须满足这三大功能。到2019年年底，我们已经打造了60个这样的汽服店了，明年应该可以完成。

另一个100站，属于重庆销售的创新。受国家环保产业政策的影响，很多加柴油的车需要加尾气净化液，但净化液一般都是桶装的，不仅不环保、比较沉，而且还有腐蚀性。由此，我们计划这两年打造100座不仅能加柴油，还可以加注这种净化液的撬装加注的站。目前，重庆销售已经建成50座这样的站，既环保又安全。

根据总部的整体战略，各个公司必须开旗舰店，就是要把有条件的加油站打造成产业链，做到企业价值最大化。从这个角度来说，重庆销售一直在抓这个点，就是抓住顾客的痛点，进一步将延伸的服务做好。不仅是我们好，也要让顾客好，这才算真的好，所以我们要打造"双百会战"。

Q 记　者：第三大支柱又是什么呢？

A 饶　耕：第三个支柱就是门店广告。重庆销售的广告业务目前纯利润可以达到500万元左右，计划尽快实现1000万元。具体做法是，重庆销售将各个加油站进行细化，分为四个层面。第一个层面是平面广告，主要广告部位就是加油机，一个加油站再分为八个点位，做成商业广告；第二个层面是地推，也能产生商机。第三个层面就是围挡，四周也可以产生效益；第四个层面，要与地方政府积极沟通，比如有的加油站位于闹市区，位置非常好，可以做成户外广告，有的加油站房顶也可以利用。

20

扫码看现场

最好的服务在路东

一座平淡无奇的油站，遇上一群上善若水的人，二者碰撞绽放出奇迹的火花。让客户看得舒心、买得省心、用得顺心、吃得放心，至善至简，纯朴的想法造就山西省第一家千万元便利店。未来，以此站作为样板，山西石油便利店终将走出加油站，面向全社会！

路东，服务样板

从油品供应商向综合服务商转型，路东加油站真正实现了中国石化“汽车生活的驿站”这一快捷经营理念。

文 / 卢凯瑞

东倚太岳，西临黄河，素有华夏第一都的临汾从来不曾褪去自身的光芒。

全省第一座生活超市、全省第一座火车票代售点、全省第一座引入银行ATM机、全省非油品销售第一大站……路东加油站，这座位于山西省临汾市尧都区的加油站，肩负着诸多第一。作为中国石化临汾石油分公司精心打造的样板站，路东加油站无论是经营还是管理，服务、制度的落实，都走在前列，做在前头。

加油、洗车、办理存取款业务，在等待加油的过程中享受一杯香浓的戎氏普洱茶，到生活超市生鲜专柜为晚餐备好可口的食材，在易捷专区挑上一款喜爱的商品，在票务点购入一张择日启程的动车票，为自己的爱车购置一份保险……这一切在临汾石油路东加油站都能够实现。

2018年，路东加油站非油品销售1200万元；截至2019年9月底，超市总销售875万元，零售635万元，团购240万元。

这座集“加油+售卡+汽服+购物+存取款+火车票代售+代缴电费”等服务为一体的全山西省第一座综合服务样板站，五星级加油站殊荣实至名归。

➢ 小便利店大超市

路东加油站的两个便利店，一大一小。小的很小，只能陈列少量商品，提供快消费；大的很大，容纳了食品、百货、生鲜、粮油、烟草等10多个品类5000余种商品，给顾客充分选择。

4台加油机、16条加油枪，路东加油站并无甚出色之处，先天条件也难言优越，而一大一小两个便利店却让路东加油站玩转非油品零售。

“这边的小便利店主要用于急客在缴费充值之际随手购物，因此只是简单地摆放两个货架，陈列卖得最好的食物和水等商品。”路东加油站站长卢俊杰介绍，“非油品推销并不是什么时候都能进行的，如果加油车主明显赶时间，只想快进快出，那么过度推销只会让顾客感到厌烦。此时，不如让客户在缴费时能够随手拿到需要的食品、水等，购物却不占用时间。”谈话期间，一位先生前来吧台缴费，顺手拿起了旁边货架上的一袋面包与一瓶卓玛泉水，匆匆结账并迅速离开。虽来去匆匆，但便利店消费已完成。

小便利店是路东加油站最初的便利店，由于面积过于狭小，难以发挥便利店功能。2016年7月，路东加油站西区“易捷”生活超市投入运营，原本的便利店仅保留2排货架，陈列快消品。

小便利店面积虽小、商品种类虽不全，销售额却不低。采访过程中，恰逢临汾石油组织员工培训。检验培训成果时，小便利店在短短2小时内便卖出4000多元的商品，其中燃油宝22瓶。“别看这个小便利店面积小、商品少，但一年光零售就能卖到180多万元，货架上一天要补货好几次。”卢俊杰颇为自得。

小便利店有小的好，大便利店更有大的全。

对于加油站便利店而言，如何将正确的商品推销给正确的客户才是最考验能力的地方，10多个品类5000余种商品则让加油员们能够大展拳脚。

“先生，加完油送您一张便利店优惠券，您不觉得应该帮您爱人带点生鲜或粮油回去吗？您帮她购买的话，她一定会很高兴的。”正值下班时间，面对一位没什么购买目标也没有购买欲望的男性车主，加油员使出了撒手锏——“太太攻略”。顾客既然想不到需要什么，那就让加油员挖掘他所需购买的商品。

全，是这个“易捷”生活超市给人的第一印象。旅途之中，食品、水、烟草可以在此补充；居家生活，百货、生鲜、水果蔬菜在此也应有尽有；优质特产，东湖老陈醋及云南戎氏普洱茶体验店让人耳目一新。这就是一个大型商超，能够满足顾客的日常需求，实现一站式购物。

“路东加油站周边不远就是居民区，所以我们的顾客除了往来车主外还有这些周边生活的居民。”路东加油站“易捷”生活超市店长魏春晓介绍，“顾客有需求，我们就要付出120分的努力去满足他们的需求，急客户之所需。”

2019年前9个月，“易捷”生活超市零售额达到635万元，百货、生鲜、水果蔬菜等品类起到至关重要的作用。

➢ 团购撑起半边天

“你们平时生活采购都去哪？以后到我们‘易捷’生活超市采购吧。我们给你们最大优惠，保质保量！”临汾石油非油品中心主任陈学军拍着胸脯向华东石油局煤层气公司采购负责人保证着。他推荐的正是路东加油站所属的“易捷”生活超市。

同处临汾这钟灵毓秀之地，同为中国石化集团公司下属的两家单位在此地相遇，却因为主营业务不同难有交集。现在，临汾石油想将这份几乎断掉的关系接续上。

临汾物产丰饶，蕴藏丰富的煤层气资源。华东石油局煤层气公司数百名员工离开家乡汇聚于此，肩负着为中国石化集团公司建设大型煤层气田的重任。陈学军正是看中了这数百名员工的消费潜力。

往日，煤层气公司每种生活物资采购、员工福利采购都是采用就近原则，量大却不从优。若是在小店采购，连质量都难以保证。临汾石油传递的善意恰到好处，解了煤层气公司生活物资采购的燃眉之急。双方一拍即合，临汾石油还为煤层气公司数百名员工办理了员工卡，各种生活物资均按照员工团购价售出。

月是故乡圆。煤层气公司员工们从江南水乡来到此地，难免有点思乡情绪，感受到兄弟单位的热情，他们都体会到了家的温暖。于临汾石油而言，既帮兄弟单位解决了采购难题，也助力加油站便利店实现了创收。

“上至非油品中心各级负责人，下至便利店普通加油员，每个人都是兼职的客户经理。”临汾石油非油品中心党支部书记张晶告诉记者，“利用空闲时间，我们会拜访政府办事处、大型企业、学校、医院等，向它们展示我们产品的优势之处，将易捷品牌打入它们的采购序列。”除了拉上兄弟单位外，便利店员工也会在日常生活中发掘商机，将易捷的产品推向市场。

“拿卓玛泉水来说，它是西藏天然冰川水，喝过的人都能感受出它和市面上其他水的不同。卓玛泉水所泡的普洱茶也是一绝。”在便利店内的云南戎氏普洱茶体验店中，陈学军使用大瓶装卓玛泉水泡了一壶普洱茶，一时间茶香四溢。

易捷万店无假货，品质是这些兼职客户经理进行团购推销的敲门砖。政府会议时使用的瓶装水，办公室使用的桶装水，个人居家喝的小桶水……在一个个兼职客户经理的推动下，易捷卓玛泉水成为越来越多人高品质生活的标配。

每逢节假日，企业都会发放充满节日气息的礼品来犒劳慰问辛勤付出的全体员工。这是商机！

家住一所学校旁边的便利店员工秦俊叶，利用地理优势，主动上门推销易捷商品，成功说服学校在便利店采购教职工福利礼品；家住医院附近的便利店员工杜小青，晓之以理动之以情，成功使易捷商品成为该院护士节福利；乡里有红白喜事，便利店员工也会主动上门，让易捷便利店的烟酒、粮油进入其采购序列……

团购销售额从2017年的400万元，再到2018年的507万元，占据整个便利店销售额的40%以上，撑起了非油品销售的半边天。

➢“加油山西”来加油

“这个优惠券怎么用？购物有没有限制？”一名刚绑定注册“加油山西App”的客户走进了便利店。

“您好，新注册的会员可以领到一张5元的现金券，是可以直接充当现金使用的。还有一张满30元减10元的优惠券，只要购物超过30元就可以使用，非常实惠。”见到客户有疑问，一名便利店员工马上微笑着上前解惑，帮助客户熟悉刚注册的App。

这个于2018年推出的“加油山西App”，为山西石油非油品销售提供了一个更大的销售平台。

“你看，打开‘加油山西App’，点击‘易捷自营’就可以看到我们线上的各种商品。大到各种高端数码产品，小到一瓶卓玛泉水，这些都可以线上下单，再顺路到便利店取货。”路东加油站便利店员工张婧瑜打开手机上的App向记者介绍。在山西，有100万车主在使用“加油山西App”。App的应用给予了路东加油站更广阔的销售窗口，非油销售线上线下同步进行。

在路东加油站，佩戴“App员工推荐二维码”的员工是一道亮丽的风景线。每逢遇到未注册“加油山西App”的车主，站内员工都会热情地引导车主使用App微信支付并享受App带来的多种便利和实惠，有效引导现金客户进店办卡；同时，在积极引导客户完成App注册、绑卡、充值、领券的基础上，抓住客户消费心理，积极推介易捷核心商品，提升顾客对便利店商品的满意度和体验度。通过使用App，顾客能享受到实实在在的优惠，原来的进站客会成为回头客或忠实客户。

从大年三十开始，临汾公司安排零售部、非油品业务部和营销示范队人员组成庙会示范队，每天轮流值班。在庙会上，示范队人员通过发放宣传单、现场讲解等方式，宣传易捷产品，并邀请游客扫码、办卡、注册、绑卡，推介下载“加油山西App”，引导顾客利用移动、联通手机积分兑换礼品，切实给顾客送去便利和优惠。

“App上每周六和周日会在上午10:00、11:00、12:00三个时间点派发优惠券，顾客抢到优惠券后再进店消费非常划算。”路东加油站便利店员工高琪介绍。在她的手机上，周六和周日9:59、10:59、11:59三个时间点都设置了闹钟，方便到点及时抢优惠券。和她一样的车主更是数不胜数，每周末抢优惠券成为他们的一项必修课。

抢兑时间开始后，打开“加油山西App”，点击首页的“领券中心”，在“领券中心”选择要领用的电子券，点击兑换，即可获得；到“电子券”中查看电子券，凭券到易捷POS便利店支付金额后兑换相应商品。

除注册送券、加油送券、整点抢优惠券外，客户另一个获取优惠券的方法是，连续签到7天获赠一张“满30元减6元”的优惠券。每日一次签到，再看看非油有哪些优惠活动，“加油山西App”使得客户满意度、忠诚度直线上升。

“‘加油山西App’的使用，实际上是在培育非油品销售市场，让客户需要购物就自然而然地想起易捷便利店。”陈学军解释。App上派发的各种优惠券，让客户提起购物就想到易捷便利店，一进便利店就克制不住“剁手”行为。

好风凭借力，送我上青云。凭借着“加油山西App”，2019年前9个月，路东加油站便利店零售完成635万元，创历史最好水平。

➢ 异业合作结硕果

从生活超市穿过加油区，汽服店、工行自助网点、火车票代售点映入眼帘。路东加油站竟有如此出乎意料的服务内容。

经过汽服店时，一辆黑色轿车正在店中清洗，店外还有两辆车等候着。与加油一样，爱车的定时清洗、维修、保养必不可少。若具备条件，多数加油站愿意引进汽服业务。

2015年6月，希冀在汽服领域大展拳脚的临汾石油率先与本地知名度较高的“车之宝”汽车美容中心进行深度合作，在汾滨加油站开设全省系统第一座汽服店。通过总结缤纷汽服店一年多的运行经验，临汾石油又在路东加油站建成了汽服业务“升级版”。

汽服店按照“委托经营”的合作模式开展业务，根据路东加油站的区域位置、面积大小、周边商圈、油品销量等因素进行综合定位。“加油站周边是比较高端的商圈，往来车主对汽服业务有更多的要求，再结合我们站能够提供相对较大的场地，我们决定要做大汽服业务。”卢俊杰解释。也因此，店内提供了人工洗车、汽车美容、汽车维修、轮胎改造、钣金喷漆、汽车装饰、汽车百货、汽车保险八项服务内容，全方位满足客户的需求。

自路东汽车服务点开业以来，每天约有50多辆车在此享受体验。车主均对“车之宝”汽服店的专业化服务水平称赞有加。截至目前，路东加油站实现汽服销售额103万元。

汽服店旁边紧挨着的就是火车票代售点，这里也是山西省首家火车票代售点。

“你们这儿买东西就是方便，要是火车票也能在这买就好了。”几年前的一天，一位老人不经意的话引起了路东加油站的高度重视。客户想着在加油站购买火车票，是不是意味着周边客户群体在这方面有很大的需求？可不可以在这里设立一个火车票代售点？

说干就干，他们马上组织调研。经过大量调研发现，周边数个小区存在大量的留守老人，他们不会使用网上订票，想去哪只能到火车站人工窗口买票。一旦遇上紧俏的车次，可能往返火车站数次都无法买到合适的车票。将客户群体延伸至周边村镇，这个问题更加严重。路东加油站准备拿下一个火车票代售点。

2016年10月14日，经过前期不懈的努力，全省系统首家火车票代售点在路东加油站正式落地。该售票网点改变了以往的加盟模式，由临汾石油分公司与太原铁路局侯马车务段合作经营。侯马车务段下属企业经营公司负责提供售票设施、设备维护、人员培训和业务指导，由临汾石油分公司负责提供场地、人员及日常经营管理。

“该售票点的运营最大的好处就是，方便了周边居民购票，且使路东加油站服务更加多元化。截至2019年6月底，火车票代售点实现销售收入60.4余万元。”陈学军表示。

同样出于服务客户的考虑，路东加油站与中国工商银行临汾支行强强联合，跨界合作。路东加油站首次引入银行ATM机，实现临汾本土中国石化加油站ATM自助存取款业务从无到有的突破。加油站内新设中国工商银行ATM机，可以实现银联卡用户取存款、转账、生活缴费等便捷功能，让顾客在排队办卡、开票间隙也能办理银行金融业务，不仅增加了服务功能，而且实现了年租金收入9万元。

路东综合服务样板站，既是临汾非油品业务的拓展升级，又是转型跨越发展、寻求业务突破的有益探索，积累了一定的发展经验。“下一步，我们将进一步挖掘加油站潜在商业价值，创新发展模式，完善服务功能，努力把路东站打造成集车辆综合服务、交通违章代缴、水电话费充值、火车票代售等于一体的多功能便民综合服务中心，为客户带来全新的消费体验。”临汾石油副经理延长华表示。

服务，就是这样认真！

看得舒心、买得省心、用得顺心、吃得放心，客户的满意是路东加油站便利店的第一动力。

文 / 卢凯瑞

上善若水，水善利万物而不争。

在临汾境内，黄河、汾河、昕水河、沁河、浍河、鄂河、清水河7条河流孕育万物，郭庄、龙祠、霍泉三大名泉相映生辉。水，孕育了华夏最古老的文明；水，也孕育了如今临汾人利万物而不争的性格。

三晋大地物华天宝，人杰地灵。论经济之发达，临汾不及太原、长治、晋中；论历史之底蕴，临汾亦无太多出彩之地。然而在便利店经营上，临汾石油路东加油站却独占鳌头，突破了一个个不可能。

先天条件不占优势，唯有后天以百倍之努力去拼搏。如有什么不一样的地方，只能说路东加油站便利店的服务更加周到。

以服务取胜，不争而胜。路东加油站便利店让客户看得舒心、买得省心、用得顺心、吃得放心。客户满意了，路东加油站也就成功了。

➢ 看得舒心

茶之一道，不仅是品茶的美感之道，而且蕴含了人生哲学。

邀三五好友，烹茶饮茶，以茶为媒，以茶修身。通过沏茶、赏茶、闻茶、饮茶增进友谊，美心修德，学习礼法，领略传统美德，享受心灵的洗礼。喝茶能静心、静神，有助于陶冶情操、祛除杂念。

“茶道起源于中国。至少在唐或唐以前，中国人就在世界上首先将饮茶作为一种修身养性之道。”临汾石油非油品中心主任陈学军介绍，“在与客户洽谈合作时，我们都会为他们展示一番茶艺，既能增进双方感情，又能展示我们商品的优秀品质。”

洗茶，将沸水倒入壶中，又迅速倒出。冲泡，沸水再次入壶，倒水过程中壶嘴“点头”三次，即所谓“凤凰三点头”，向客人示敬；“春风拂面”，水要高出壶口，用壶盖拂去茶沫儿。封壶，盖上壶盖，用沸水遍浇壶身。分杯，用茶夹将闻香杯、品茗杯分组，放在茶托上；“玉液回壶”，将壶中茶汤倒入公道杯，使每个人都能品到色、香、味一致的茶。分壶，将茶汤分别倒入闻香杯，茶斟七分满。奉茶，以茶奉客。闻香，客人将茶汤倒入品茶杯，轻嗅闻香杯中的余香。茶艺的最后便是品茗。

茶艺七步，展示得淋漓尽致，让记者尽享一场视觉与嗅觉上的盛宴。来自西藏的高原冰川水与产自云南戎氏优质普洱茶相遇更有一番风味，起码古时茶道圣贤难以兼得二者。茶香四溢，置身其间能让人感觉少了很多功利，多了些许情谊。

“可以说便利店每个员工都能向客人展示一番茶艺，虽没有茶艺大家的手法，但也能给客人心灵的洗涤。”陈学军边泡茶边介绍，“与大客户推销我们的卓玛泉水以及普洱茶时，不需要过多推销话术，展示茶艺便能让客人直接体会它们的魅力，鲜少有人能够抗拒茶艺的魅力。”为了这茶艺七步，陈学军在家没少下功夫。

酒香不怕巷子深。一次，一位临时歇脚的顾客在普洱茶体验店体验了一次茶艺的洗礼。本没有采购意向的他当场买下一套茶具及数饼茶叶，并请教便利店员工茶艺要诀，准备日后以茶会友，以茶修身。

“茶艺的展示，不仅让客人看得舒心，而且能体现我们的心意。我们完全是将每一位客人作为最为尊贵的朋友对待。”临汾石油非油品中心党支部书记张晶告诉记者，“真正的朋友会将好东西拿来分享，而不是想从中谋取私利。”待客人以真诚，客必将回之以真诚，这就是临汾石油的营销哲学。

服务需坚持以客户为中心，让顾客体会到宾至如归的感觉。便利店内设置顾客休息区，配备了自助擦鞋机、电视、沙发、饮水机，覆盖了Wi-Fi网络，打造加油、购物、洗车、休闲“一站式”服务，还贴心地制作电视背景墙，张贴卡通图案等，为顾客营造温馨“家油站”氛围。

投之以木桃，报之以琼瑶。舒心的客户品味着普洱茶，也品味着山西石油的诚意，微微一笑，报之以琼瑶。

➢ 买得省心

“现在电商平台上好多优惠券，简直让人又爱又恨。只买想买的东西肯定凑不齐满减的金额，可为了凑齐满减金额，肯定会多花钱，买的一些东西还不一定是自己喜欢的。”常听一些朋友这样抱怨。

诚然，那些形如“鸡肋”的优惠券非但不能增强客户忠诚度，反而会导致客户长期得不到优惠而“粉转路”“路转黑”。许多店家花大力度所做的优惠活动，赔了买卖还赚不了吆喝。

“我们开展非油品优惠活动的初衷就是要让客户得到真正的优惠。我们想推广易捷品牌，想借此‘以非促油’，本身就要让利消费者，那么何不提供让消费者满意的优惠呢？”临汾石油副经理延长华表示。

让客户买得省心，这是路东加油站对便利店员工一贯的要求。无论是注册“加油山西App”赠送的优惠券还是加油送的优惠券，都可以放心使用，不用担心用优惠券换来一堆不适用的东西。

以加油满200元赠送一张“满50元减25元”的优惠券来说，买上一袋米或一瓶酒就可以用出去。使用优惠券过后的价格比其他超市便宜太多。

券与券之间的组合往往可以产生最大力度的优惠，而这一点往往弄得客户头晕目眩。“这时我们要做的就是帮客户算好账，让他们用最省钱的方法买到所需的商品。”路东加油站便利店员工张婧瑜表示。出了便利店，她和普通消费者也没什么两样，最是清楚那些热衷于精打细算的消费者的消费心理，那就是“羊毛”绝对不能出在“羊”身上。

怎样让消费者买到最称心如意的商品，怎样让消费者不多花一分钱，怎样让消费者最省心……这是便利店所有员工的必修课，只有赢得客户信赖才能长久发展。

“客户走进便利店后，我们不会刻意地去推荐那些高提成的商品，因为推荐对方不需要的商品可能会引起客户的反感。”路东加油站便利店店长魏春晓告诉记者，“遇到的每一位客户，我们不应该盲目地将我们想卖的商品推销出去，而是应该根据客户的需求，为客户精打细算，使之买到最称心如意的东西，享受最大的优惠。”

附近居民专程前来购买生鲜、蔬菜，便利店员工便主动前来算账。这张优惠券能买哪些品类，加上哪种刚好达到满减金额更划算；哪张券快过期了，需要尽早使用；这个菜和什么搭配更好，那个菜怎么炒好吃……对于员工们的建议，客户往往会直接采纳。

当问及为何客户那么容易采纳员工们的建议时，张婧瑜笑了笑：“可能是他们感觉我们值得相信吧！”

在与客户打交道的过程中，便利店员工往往直接站在客户角度想着如何购买才最优惠，而不是想着怎样才能卖出更多的商品。鉴于此，客户们对他们越发信任，也更愿意来此地购物。

➤ 用得顺心

“喂，小张呀，麻烦帮我送点肉和蔬菜，也帮我送一袋米，还是上次那个牌子的。今晚做饭等着用呢！”

“好的，帮您准备好了就给您送过去，保证不耽误做饭！”

…………

这样的电话，店里时常会接到。周边小区多，很多家庭的青壮年都外出工作，家中只剩老人、小孩。这些买米买菜工作，对于腿脚不便的老人而言，着实是个大问题。了解到这类群体的实际困难，便利店员工主动分忧，帮助老人将购买的生活必需品拎回家，解决了他们购物难的问题。

一来二去，这些人成了便利店最忠实的客户，日常采购，但凡便利店有的，他们都不会到别处购买。便利店还将周边熟客组成了一个400多人的微信群，熟客们有需要购买的东西，往往直接在微信群留言下单，经过加油站时再取走下单商品。实在不方便到店中取货，他们才会备注让送货上门。

“这个送货上门服务都是员工们利用空闲时间去送的，也是最受客户欢迎的一项服务，真正实现了急人之所急。”陈学军介绍。在路东加油站周边不远处，林立着数个大超市，好适佳超市、万家福超市凭借着更加齐全的商品主宰着市场，零星的小型批发部占据距离优势，锁定着周边客户。比货物齐全、比价格低廉，路东加油站便利店均无甚优势，但凭借着自身优质的服务异军突起，慢慢站稳了脚步。

“下一步，我们想尝试培养自己的配送队伍，让便利店一公里商圈可以实现实时配送服务。一旦实现，我们非油品线上销售将大幅提升。这是值得全省范围内的便利店进行推广的一项业务！”陈学军补充。

顺心，基本是每个来此消费的人都有的一种体会。这里的服务就是这么顺心。

一位全职太太推着满满一购物车的商品走出便利店，所购商品种类繁多，不乏较为沉重之物。购物车上还具有易捷便利店的标识，却无人过问将便利店购物车推走是否合适。

“这也是我们独有的一项服务——购物车可直接推到小区楼下。周边很多前来购物的居民往往是步行而来，如果所购买的东西过多、过于沉重，回家相当不便。我们便让他们直接将购物车推到小区门口，省去提东西的不便。”魏春晓解释。

周边几个小区已经习惯了这种购物方式，小区门口往往会专门腾出一个地方堆放路东加油站便利店的购物车。等到便利店客人少些的时候，员工们便会到各小区将购物车再推回来。这种服务实行以来，离开便利店的购物车从未丢失或损毁过。

在这里购物，顺心！

➢ 吃得放心

生活超市囊括百货、日化、酒水饮料、休闲食品、粮油、生鲜、水果蔬菜等10大类品种，经营商品5000余种。超市内易捷专区商品均来自中国石化统采知名品牌，中国石化直供、优质品牌、正品保证、售后保障，品质值得信赖。

“能够和中国石化易捷超市合作，我们特别荣幸！作为供货商，我们一定会提供最优质的产品，绝对不给中国石化‘易捷’这个金字招牌抹黑，实现互惠共赢，真正服务消费者。”山西临汾石油公司易捷生活超市的供应商小祁说道。

事关周边居民“米袋子、菜篮子、饭桌子”，产品品质容不得丝毫马虎。作为临汾首家将生鲜类商品引进超市销售的易捷店，路东加油站便利店严把质量关，让市民吃得安全、吃得放心。

为了保证食品安全，让市民吃上放心菜，临汾石油公司严格监管食品安全，设专门人员分管超市生鲜区，对供货商、进货商品都进行经过严格的审核、把关，通过市场调研和实地考察，选择在当地知名度较高、口碑好的供货商供货。

“引进生鲜是便民、惠民之举，若是这些生鲜品质不过关，直接就会砸了我们‘易捷’这块金字招牌，所以我们千万不可在品质上出任何差错！”延长华认为。

每天早上，供货商将当日所需的蔬菜、肉、蛋类送到易捷生活超市，进行铺货，并保证食品新鲜、无损坏，肉蛋类须经过质监部门检验合格后才能入店销售。每天早上8点，超市开门营业，迎接顾客的永远是最新鲜的食材。

下午，负责监管生鲜区的主管会随时检查展柜上的生鲜食品，将不是很新鲜的果蔬集中放到特定区域，进行打折降价销售，对不符合销售标准的食品直接下架处理。每天晚上超市下班时，生鲜区的商品由供货商撤走。这些撤走的果蔬、肉蛋类绝对不会第二天再次上架。

已是下午光景，生鲜区的果蔬依然十分新鲜。部分蔬菜已经被贴心的员工给盖了起来，防止水分流失。“下午购买生鲜的人少，临近晚上人才会多起来。把这些蔬菜盖好，可以保持它们的品相。”魏春晓介绍。

晚上6点以后，经过一天的存放，剩下的蔬菜、水果已经不像早晨那样新鲜。为了回馈客户，便利店每日选取一款蔬菜作为特价菜，晚上6点之后5折销售。品相上的差距，用价格来弥补。

实际上，通过生鲜类商品日常销售量的数据盘点、分析，易捷超市对每天进货量有一定的把握，基本能够做到快进快出。主营应季菜类和大众快消的果蔬，适逢周末、节假日，会适当加大进货量，以满足顾客需求，又避免不必要的损耗。

此外，易捷超市统一使用电子秤，定期接受检查，绝不会发生缺斤短两、欺骗消费者的行为。

“与周围几个大型商超相比，我们还存在很多不足。但它们有它们的优势，我们也有我们的品质。在这里，市民们吃得放心！”延长华表示。

比服务，看路东！如今，路东加油站便利店的服务已经成为山西石油一道亮丽的风景线。五四前夕，该站被中国石化集团公司评为“青年文明号”，成为全省系统的标杆和学习的榜样。

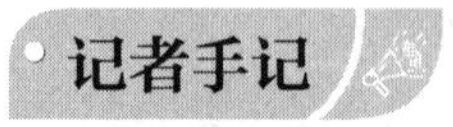

没有秘诀的秘诀

文 / 卢凯瑞

2018年，山西省人均GDP为35094.79元，低于全国平均水平；临汾市人均GDP为26301.36元，远低于全省平均水平。

穿过临汾市区，记者对于整个临汾市有了一个初步印象——这里远没有一线、二线城市的喧嚣。

煤炭经济衰落的今天，临汾远没有一个省GDP前三强该有的面貌。什么原因造就了路东这个全省首家非油品销售额突破千万元的加油站呢?

记者曾反复思量却不得而知。

终于来到路东加油站，这座山西省非油销售堪称传奇的站点，却无想象中的传奇色彩。一切平平无奇，没有什么让人眼前一亮的东西。

4台加油机16条加油枪，这就是一个再普通不过的加油站！没有想象中那炫酷的高科技，在很多地方都开始应用的无感支付于此地似乎是一种传说，便利店内也难见高科技产品。一切平平无奇，连4台加油机都不是最新的款式。

便利店非油品销售何以如此出色，拥有充足的客流量？不是！路东加油站成品油销量也才刚刚突破万吨站，没有那么多的车流量拉动非油品销售，临汾当地的经济水平也制约着非油品销售的突破。

“路东加油站非油品销售并没有什么成功秘诀，我们只是统一按照省公司非油营销的方法来实行。”便利店一位员工表示。

若无成功秘诀，何以取得如此成绩，单靠地理位置？绝对不是，拥有相似地理位置的加油站不止有路东加油站一家，经济更发达的地方同样具备相似条件。区别只是路东成功了，而其他加油站却难有如此佳绩。

路东加油站好像真的没有所谓的成功秘诀！

遇到行动不便的老人时，路东加油站主动为其分忧解难，便利店员工为老人们提供送货上门的服务；遇到拎提物品不便的顾客，路东加油站让其直接带走购物车，方便购物；遇到往来车站购票不便捷的客户，路东加油站主动申请设立了一个火车票代售点，解决周边居民购票难的问题；遇到生活缴费不方便的客户，路东加油站联系中国工商银行在此设立网点……

一次次的排忧解难，造就了一座集“加油+售卡+汽服+购物+存取款+火车票代售+代缴电费”等服务为一体的综合服务站。

服务，是路东加油站便利店获得成功的秘诀。心系客户，处处为客户着想，急客户之所急，想客户之所想，路东赢得理所当然。

水善利万物而不争，路东加油站的服务如水，不争是为争，不争已胜。

21

单月卖水10万瓶？看星海湾

在中国石油辽宁销售分公司星海湾加油站身上，无数的耀眼标签使其成为业内楷模。不断超越、不断奋进、不断成长的星海湾人，每年都给自己定下一个新目标，2019年则是月销瓶装水10万瓶。未来，星海湾站将凭实力创造更多辉煌。

营销现场

星海湾，店销王

星海湾加油站凭借单月卖水10万瓶的纪录再创辉煌，店销王桂冠实至名归！

文/曲绍楠

管理示范站、销量冠军站、业务试点站、连续两年千万元便利店……作为中国石油销售系统的明星站，辽宁销售大连分公司的星海湾加油站标签之多，难以细表。

单月售水10万瓶！今年，星海湾加油站在众多辉煌标签的基础上，又给自己添上了浓墨重彩的一笔。

➢ 收获新殊荣

2017年，星海湾便利店营业额1280万元，非油品收入首次突破1050万元，媒体纷纷称其为“双千万加油站”。可以说，星海湾人用双千万标记了自己的2017年。

2018年，非油品收入1100多万元，连续两年蝉联千万元便利店。同时，刷新了98号汽油单日销售34.2吨和全年销售近5000吨全国第一的新纪录。

2019年6月，单月售水10万瓶！

耀眼的成绩、兄弟公司口中的店销王……这都勾起了记者想去一探究竟的好奇心。2019年盛夏7月，跟随熙熙攘攘的暑期人流北上，记者在美丽的星海湾畔见到了站经理马晓飞，一位典型的大连美女。

“今年6月，通过开口营销，星海湾加油站卖出了10万瓶武夷山和东北冰源等自有品牌水，共计4200多箱。其中，3700多箱为纯店销，相当于每天卖了200多箱。”当记者询问2019年的销售纪录时，马晓飞自豪地说道。

怎么做到的?

早在2019年4月29日，辽宁销售分公司便在全省范围内开展了开口营销工作。各级公司非常重视，均下发了整体的工作部署和营销方案。

在明确这一新任务过程中，一直奉行销售至上原则的星海湾加油站，决定发挥其带头站作用，用实际行动交出一份满意的答卷。5月，在对全站员工进行了相应培训的基础上，该站就积极行动起来，共卖出4万多瓶水，销量在大连销售分公司遥遥领先。

这一成绩并没有让星海湾人沾沾自喜。6月，他们决定自加压力，给自己定下月销10万瓶的新目标。

“说实话，这个销售纪录没有人实现过。当我跟员工提出这一想法时，大家非常支持，觉得我们完全有实力实现这一目标！”作为样板站，马晓飞认为，星海湾应该有属于自己独一无二的亮点和标签。

就这样，马晓飞和她的员工们一起缔造了一个新的销售板块店销王！

➢ 高段位营销

“我们要求全体员工不能只是简单地开口营销，而要锻炼出一种高级‘段位’。”马晓飞认为，管理一座加油站如同管理一家公司，虽然管理人数不同，但道理是相通的。

全员皆为营销员！星海湾站对员工的定位不再是加油员、收银员、核算员。

“目前，油品是流量，我们要做的是依靠开口营销把流量变现。”马晓飞要求员工一天24小时、一年365天，天天都要开口，要实现油卡非润一体化互动循环营销。

对此，马晓飞的管理经是要看员工处于开口营销哪个阶段：是不想开口、不敢开口，抑或不会开口？

员工如果不想开口的话，就是有惰性，那就不符合该站要求，会被扣分。

如果是新员工不敢或不会开口的话，马晓飞就会传授他们如何找到沟通切入点。“最初级的开口营销一定要跟客户搭上话，主动询问。”她举例说，“车辆进站后，员工一定要告知客户持卡加油有优惠，推荐办卡，同时可以顺嘴问问客户天热了要不要备点矿泉水？”

站内员工年纪较小，最小的只有21岁。为了调动他们的积极性，星海湾站通过树立典型人物为“助理教练”的方式，将其编排到各个班组里，让员工面对面学习，并在班组之间开展劳动竞赛。“在这个过程中，站内营造出了浓厚的开口营销氛围，锻炼和提高了所有员工的开口营销能力以及整个团队的目标感和凝聚力。”马晓飞说。

马晓飞将店外员工分为营销组和开口组，并向记者描述了一个现场销售的场景：通过开口营销，店外员工吸引顾客进店后，会给店内员工一个眼神或一个手势，并配上“结账”的喊声，及时提醒店内员工接续服务。

这时，店内员工会配合着高喊一声：“收到！”

全员再一起回复：“加油！”

整个现场特别有干劲！

➢ 走出去挖潜

虽然店内销售做得风生水起，但距离10万瓶的销售目标还有些许差距。为此，站内21名员工集思广益，决定发展外送业务，挖掘更多潜在客户。

功夫不负有心人。通过一系列努力，星海湾站终于联系到一个酒店客户，成功预订出200箱。“这是员工在现场加油时与顾客攀谈得知的信息。”说起这个客户，站经理助理刘丹向记者讲述了这位客户的开发趣事。

一天，加油员在加油过程中偶然瞥见客户车内的一张名片，写着解放广场某四星级酒店采购负责人。通过进一步沟通，员工得知该客户所在的酒店每年需要采购大量的矿泉水，不过对方称一直在使用某高端水品牌，且有稳定的供应商，对员工委婉地表示拒绝。

见状，员工并不气馁，继续给客户介绍武夷山水的品牌和水质，并承诺可以免费送货上门，让客户先试试看消费者的反馈情况。几番推介下来，客户终于被员工的诚意打动，决定先订购50箱水试试。

下班后，员工没有向公司申请派车，而是开着私家车就给客户送货上门了。过了一段时间，该客户主动找上门，觉得武夷山水品质很好，当即订下了200箱。

员工还积极走访油站周边客户，并拿下了一家房地产中介公司近60箱水的外送额。“这位客户的开发过程非常艰难。当时，客户加完油正要离站，员工将其留住谈了近1小时，后来客户才同意把水送过去试试。”便利店主管孙博威说道。

6月，星海湾站交出了外送300多箱水的成绩单。

“今天，某某员工成功订购出去××箱，我们又朝着10万瓶的目标靠近了××瓶。现在，每天只需要完成3000瓶，我们就能完成任务了！”距离目标冲刺仅剩10天时，店长每天都会在工作群内统计总数，给大家加油打气。

就这样，通过站内站外的完美配合，员工们齐开口全发力，星海湾加油站终于实现了自己2019年更上一个新台阶的10万瓶水月销售目标。“这将载入中国石油销售板块的史册！”辽宁销售分公司非油品业务处副处长王峰激动地表示。

➢“粉丝”客户捧场

凭借优质的油品和热情的服务，星海湾加油站在当地有口皆碑。可要想实现卖水10万瓶的目标，除了自身发力营销之外，还有赖于站内的一批“粉丝”客户捧场。

“员工经常会添加优质客户的微信或电话，做到一对一服务。”马晓飞告诉记者，“像茅台等紧俏商品到货后，员工会第一时间告知意向客户。”

2018年11月开始，虽然星海湾加油站因防渗改造需要停业50多天，但便利店依然营业，并向上级分公司申请了白酒9折的特定活动。当时，一位客户通过朋友圈得知店内奔富酒有活动时，当即便预订了一箱。

后来，客户取酒时发现店内放着音乐，完全没有了往日的嘈杂场面，便在员工的陪伴下多转了一会儿，最后购买了包括红酒、苹果在内的7000多元的商品。

“即便是在停业改造期间，星海湾站的非油品营业额也达到98.5万元，在大连销售名列第一。”大连销售分公司加油站管理部副部长刘丹说道。

说到粉丝客户，孙博威讲述了一段彼此互信的往事。

一次，一位客户刚插入加油卡准备自助加油，突然接到一个紧急电话。准备开车离开时，他才发现忘了拔加油枪，结果把油枪和油机都拽坏了，非常危险。客户表达了歉意并表明确有紧急公务要处理。见状，马晓飞选择相信对方，让员工先开车送其离开。事后，客户深受感动，彻底变成了站里的铁杆粉丝。

2019年正月初一，员工在给一位客户加油时发现其轮胎坏了。客户不会换，员工便在天寒地冻的情况下跪在地上帮客户更换，看得顾客心头一热。

“目前，我站40%的持卡比例靠的就是口碑营销和网上的高评分。说起来，就是把每项工作都做实做好。”在星海湾站的3年里，马晓飞不仅跟部队签下了润滑油供应合同，而且作为纯汽油站，她还拉到了游艇俱乐部的柴油客户。

大连某俱乐部经理评价马晓飞就像朋友似的，经常会告诉他怎么加油最合适：“去星海湾站加油，感觉友善热情、省心舒适。”

➢ 商品五花八门

星海湾加油站占地面积1200平方米，其中便利店面积近180平方米。因周边皆为酒店、住宅、会展等高端业态，店内的商品较高端，二层还配有大连市最大的客户服务中心，每天可为三四百位客户提供办卡、充值服务。

店内除了水的销量屡创佳绩之外，琳琅满目的商品最多时达到2400多种，动销率在80%以上。

孙博威向记者展示了店内的销售占比：烟草销售占比达到17%，车辅车润销售占比达到18%，零食类商品销售占比超过6%，6月卖出机油20万元……

记者环顾四周，发现昆仑好客的茶叶、葡萄干、枸杞，昆悦的纸巾、厨房用纸，烟草等应有尽有。

“2017年的时候，星海湾加油站主打汽车用品、燃油添加剂，且烟草占比较大。2018年，员工走出站去推销机油。当年还上线了美团和饿了么，增加了水果销售。”刘丹介绍说。

跟随马晓飞在店内采访时，记者看到，鲜食区域冷冻着一些冰激凌、火腿、牛排等商品。据说冬天的时候，店内还会出售海鲜大礼盒。

“米面油等家庭食品占比较大，超过15%。比如，店内有一款售价100元/袋的品质较好的五常大米，我们就会向公司申请油非互促活动，用加油卡结账或周六选购的话可以打九八折。”马晓飞说。

记者随手拿起一款名为“好客之义”的白酒。“这是中国石油的自有品牌商品。只要统采系统里有的自有商品，星海湾店内都能找到。”便利店收银员高乐宝介绍说，“过年的时候，一款自有品牌干果能够卖出100多箱。”

一款外形颇似海参的酒十分吸睛。“这里含有海参肽，可以缓解疲劳，售价也不贵。”高乐宝见记者感兴趣便详细介绍起来，“这款售价300元的长城五星红酒卖得很好，是G20杭州峰会期间生产的。中国石油和中粮集团合作的奔富酒也十分受欢迎。”

关于酒水，星海湾站同样创造过两个月卖掉50箱茅台的纪录，当时可是引发了轰动。据悉，星海湾站内高端酒类的销售额占比超过了整个便利店行业的比率，最高时接近16%。

由于站旁是一家游泳馆，很多小朋友会跟随家长顺路来选购一些玩具、文具等。“像这款遥控车，我们比大型商超便宜近150元。”周末或晚饭后，星海湾店内的客流量堪比超市。员工会适时地把浴巾、纸巾等日用品叠成可爱的小熊、花篮、大象等样式，吸引客户注意。

因为是景区加油站，游客较多，所以店内特意配备了小型数码专区，苹果充电线、充电宝、自拍杆等商品一应俱全，在美团等线上销售情况很好。

高端的外交官箱包、星辉旅行箱、花王纸尿裤等商品在店内的销售额占比接近2%，甚至创造出一个月卖出4台戴森吸尘器和1部华为手机的销售纪录。有时，1天可以销售1万多元的小家电商品。

采访期间，一位进店结算的张先生收到了一张彩票和一张价值15元的自有商品购物券。这是店内给加油达到一定金额的客户的小小惊喜。与此同时，张先生的妻子直奔图书区域挑选了一本畅销书。

本着重卖场、轻库存的原则，大连销售分公司会定期清理滞销商品，实现一周一配送或拆单配送。"某些饼干甚至可以只进1盒。"马晓飞说，"未来，公司将上马一些药品、进口药妆、泳装等商品，使店销品类更加丰满。"

➤ 员工愿意在这儿干

在油非收获佳绩的同时，员工的劳动强度非常大。"我平时会佩戴一个计步器，每天都显示在26000步以上。"马晓飞说，"在星海湾加油站，每周进货都是满满一集装箱，每天都有大量的商品要进货、陈列、销售、检查保质期，员工经常要加班到晚上七八点钟才能把所有货品理好。"

虽然工作很辛苦，但一进站，记者发现每位员工的精神状态非常好，没有一丝疲态。"公司最核心的竞争力就是员工。就像创业者一样，既然星海湾加油站交给我们21个人，我们就要完成所有的油卡非润指标，要做好、要赢利。"马晓飞说，"为了上量，没人喊苦喊累，都在积极努力，甚至觉得个人销售不好会拖了集体的后腿。"

一天中午，员工张瑛在红着眼圈查销量。这一幕正好被路过的马晓飞看在眼里。询问后得知，她当天销售业绩不佳，觉得拖了大家的后腿。"千万别着急，星海湾加油站是一个整体，一时失意可以靠接下来的不断努力弥补回来。"马晓飞鼓励员工道。

以前，员工每天都会积攒当天的销售小票，达到200多张时做个统计。但这样做的弊端是，员工只顾自己，不利于团队建设，甚至会引发矛盾。

为此，星海湾加油站决定变一变，月底改为以团队的形式进行考核，而非之前的个人考核。同时，为了让员工抓住工作重点，月初会定下当月的考核重点商品，明确哪些商品用来锻炼开口营销能力，哪些商品用来增加油站收入，哪些商品必须完成销售任务……

星海湾站将员工分成4个班组（A、B、C、D组），每个班组5个人，班组之间进行循环PK。所谓循环PK，就是第一名要保住、第二名要争第一、第三名要保级、第四名要脱离最后一名。“只有这样才能保持团队活力。不管市场形势如何，我们相信星海湾的员工一定是有行动力和很强的使命感的。只要大家统一思想，工作就会进展顺利。”大连销售零售分公司经理许传斌说道。

6月底，实力相对弱些的D组下班后被站经理召集起来，同时被留下的还有A组的销售冠军。留下来的目的，一是对照A组，分析D组的问题出在哪里；二是询问D组需要哪些培训和政策支持。结果，第二天D组全员发力，销量超过之前的销售冠军A组。“这就是内因起到了很大的作用。”马晓飞如是说。

自7月开始，星海湾加油站每周一通报，设置了12周计划。如果班组第一个月排名垫底的话，那么油站会对其进行培训帮扶，即派站长直接督导该组或派出A组任务完成最好的人每天培训和分享经验。之后，D组员工也会努力赶超。

“排在D组的员工，自信心、收入、团队士气都会受到影响，如果最终导致星海湾加油站整体业绩下滑的话，就得不偿失了。因此，油站一定要对其进行有效帮扶。”通过这一举措，如果下月D组仍然排名垫底的话，那么站经理会把该组拆散，将员工重新分组。该组组长因为没保护好自己的班组，也要受到打扫全站卫生等一系列惩罚。

就这样，员工的销售热情被极大点燃。“站经理要想干事、能干事、会干事，善于干成事。马晓飞就是这样的人。她不光有激情，更有办法。推进销售业务高质量发展，销售企业需要千千万万个马晓飞。”辽宁销售分公司总经理助理兼大连分公司经理赵继宏这样评价马晓飞。

守望大海，或波光粼粼，或汹涌澎湃；倾听大海，或温柔细腻，或震撼人心……在美丽的星海湾畔，星海湾这座旗舰站倾听着大海的声音，展示着自己乘风破浪的实力。

22岁的星海湾加油站，青春活力正当时！

求新　求变　促升级

———专访中国石油辽宁销售分公司副总经理朱春杰

仓管模式等各种创新方式，是辽宁销售分公司配送及时有效、品牌更新快速的必要手段。

文/曲绍楠

作为中国的工业大省，辽宁省曾立下汗马功劳。而伴随其发展，中国石油辽宁销售分公司贡献了自己的光和热。

拥有包括星海湾、怀远门、富民等4座千万元便利店的中国石油辽宁销售分公司，属区内销售企业，年销售油品700余万吨，一直在板块名列前茅。2018年，公司更是在非油品方面交出了一份满意的答卷。其中，销售收入达到176679万元，利润为9823万元。2019年1～8月，公司非油销售收入完成9.34亿元，毛利达到1.61亿元，预计提前两个月完成年度任务。

耀眼成绩的取得，是辽宁销售人勇于创新、不断思变的结果。究竟有何诀窍？记者就此专访了中国石油辽宁销售分公司副总经理朱春杰，听听他的非油品创效高见。

➢ 创新的“两仓两库”

Q 记　者：朱总，您好！我们看到，2018年辽宁销售分公司取得了不错的非油品销售业绩。为了保持这一优异成绩，2019年公司将在哪些方面发力呢？

A 朱春杰：对于零售业，供应链建设就是生命线，是发展的基础。今年，我们最重要的工作就是加强供应链体系建设，强化中央仓储配能力。之前，虽然我们已经有了一套中央仓的运作体系，但今年4月我们换了一个新的供应商，解决了以前的一些难题，包括分拣效率低的问题和库存周转提升慢的问题。

分拣方面，我们采用了自动分拣模式；供应商方面，今年增加了新的KPI

（关键绩效指标）考核，包括日间送货率，工作时间送货率，送货及时率、准确率和满足率等。

Q 记　者：现在都在讲重卖场、轻库存，我注意到星海湾加油站正是如此。请问，贵司是如何做到的呢？

A 朱春杰：我们今年重点推进的"两仓两库"建设，就是在沈阳和大连两个中央仓旁各配备1个相连的商品储备库，并将其分成若干个小区域租给供应商使用。供应商再按照中央仓每周的采购计划进行备货，能够极大地提高配送效率。加油站采取少订多配的方式减少了库存压力，这正是星海湾加油站可以做到一周一配或者部分单品根据业务需要随时直接配送，时间和数量都比较灵活的原因。

Q 记　者："两仓两库"具体带来哪些利好呢？

A 朱春杰："两仓两库"建设在系统内属首创，主要解决了长久以来的一些难题。包括库存资金占用较大；由于商品存放时间较长，保质期无法控制；由于高峰和低谷期不同，门店的要货数量和时间难以精准测算，一旦出现偏差就会造成库存积压。

因此，"两仓两库"最终带来的是三方获利，即供应商节省了运费，辽宁销售分公司没有了资金占用压力，中央仓运作更快捷。

以往，省公司每周一下午会给中央仓下订单，给供应商的送货时间是26小时。由于时间紧迫，很多货品供应商无法准时送达，相应地中央仓也要延长收货时间，导致后续无法分拣和送货，运作效率下降。

"两仓两库"的方式可以大大节省在途的运输时间，可以实现快速分拣、配送，加油站可以更早地收到货。以前，中央仓的工作人员周六日无法休息，以后按照这个流程，员工是可以正常休息的。

从4月开展这项工作至今，中央仓的库存资金占用额已经从1500万元降到了不到300万元。而这不到300万元的资金占用额，均为我们的自有品牌商品，包括武夷山和东北冰源等，没有其他额外占用。

➢ 三管齐下品类全

Q 记　者：您前面提到仓库建设方面的工作，那么在进库商品采购方面，今年的侧重点有哪些？

A 朱春杰：我们现在采购共分三个层次，互相补充，为的是最终满足便利店的整体需求。

首先，我们今年要加大集采力度。集采主要是指从昆仑好客公司进行采购。昆仑好客公司已经同全国各大厂家直接签署了采购协议，既能保证产品质量又压低了采购价格。

其次，我们在加大集采力度的同时，充分发挥好省公司统采补充、丰富商品的作用。

再次，我们会给各地市公司一定的地采空间。地采主要采购一些低保质期的商品，如雪糕、鲜食、面包等保质期在6个月以内的商品，以及一些地方特色产品。

比如，大连星海湾加油站，商品种类十分丰富，达到2000多种，就包括了集采的好客之义酒、统采的渔夫尚选罐头和地采的鲜食商品，各种品类的销售额均很高。同样，在沈阳销售分公司，你也看到了怀远门加油站面积更大，商品种类也达到2000多种。

目前，米面粮油、包装饮料销售情况很好，主要是因为加油站便利店的便捷性。未来，我们将通过丰富的商品品类，慢慢引导客户早上来店内消费，每天都来消费。

Q 记　者：除了店销商品种类丰富之外，加油站配备了哪些补充业务？

A 朱春杰：今年，我们会加大与麦当劳、肯德基等各种商业业态的合作。例如，大连、沈阳和鞍山的一些加油站引进了快餐业务，包括你去到的星海湾加油站将引进一个甜品站。这样就可以不下车加油和买餐，真正实现油非互动。

你在沈阳富民加油站也看到了，店内增设了洗衣服务。我们还会挑选试点店推广昆仑好客咖啡。目前，卖书、卖花等服务形式，在大连星海湾加油站都可以看到。未来，加油站将增设购买火车票等服务。

Q 记　者：我在大连星海湾加油站看到了一个渔夫尚选的罐头。请问，这是贵司的自有品牌吗？还有哪些呢？

A 朱春杰：省公司目前推出了两个系列自有品牌。第一个就是你在星海湾看到的渔夫尚选罐头。渔夫尚选罐头2018年上市，是跟辽渔集团合作的，主要以海洋产品为主，后续会陆续推出海参等商品。第二个是龙山泉啤酒。这是保质期只有45天的酿造啤酒，是用粮食、啤酒花和泉水酿造的，不含防腐剂。该啤酒刚上市一周，沈阳销售分公司400箱便销售一空了，目前两个多月销售5万多箱，实现销售收入600万元。

我们开发自有商品的思想是将辽宁当地优势资源作为开发首选，但绝不能完全受地缘因素限制，只要是好的产品，只要市场有需求，我们都可以将其作为辽宁销售分公司的自有开发商品。他山之石，可以攻玉，市场是开放的，是共享的。

➢ 异业合作全面开花

Q 记　者：在异业合作方面，公司做了哪些尝试？

A 朱春杰：异业合作开展了很多形式。例如，各地市与当地的体彩公司合作销售彩票，主要是为加油客户赠送一份小幸运或者方便找零。目前，彩票销售情况良好。

同时，我们与中国移动、中国电信进行了合作。如大连销售分公司就可以用移动积分兑换便利店非油商品，而且可以在便利店内办理手机卡等。

银行方面，省公司层面与中国建设银行、中国工商银行、浦东发展银行进行了合作，使用信用卡在中国石油充值可享受一定的折扣。14个地市公司都有异业合作，每月“十惠日”“最红星期五”就会有很多人来站办卡，实现了引流。

洗车保养方面，目前全省已有24座加油站开展了这项业务。省公司今年将跟车享家合作开设几家汽车保养店。

线上方面，我们跟美团、饿了么开展了合作。去年，美团会给客户一些满减券，引导其到加油站便利店选购商品。

Q 记　者：站外店发展情况如何？

A 朱春杰：目前，全省有6家站外店，分别为大连3家、抚顺1家、铁岭1家、盘锦1家。其中，三家大连站外店的情况如下：第一家在分公司办公楼旁，主要针对周围居民、上班人群、学生，该店的店销可以达到每年100多万元；第二家在西太平洋石化宿舍楼旁，因周围5公里没有商业设施，所以这里成了大学生的生活之家；第三家店在大连的阳光酒店。

➤ 未来五步齐发力

Q 记　者：未来，辽宁销售分公司有哪些规划呢？

A 朱春杰：第一，我们要做强店销，真正了解客户需求，有针对性地备货，并尽量使采购价格更合理。

第二，我们今年化肥销售情况不错，未来要继续做好店外销售工作。目前，省公司开店率为97.94%。全省1329座门店中有60%左右在农村。因此，我们要依托这种网络优势，针对不同的消费群体配备商品。目前，在销售化肥的农村站点中，鞍山和铁岭业绩出色。此外，城市站点出售海鲜礼盒，今年我们仅此一项就卖了8000万元。

第三，加大自主产品开发力度。因为自主品牌商品除了毛利较高之外，发展更稳定长久，而且在品质和品牌方面可以实现差异化发展。

第四，完善物流服务系统，在信息系统方面要加强对客户订货方面的数据支持。

第五，要进一步加强一线员工的开口营销能力，加强员工培训。比如，星海湾加油站的每名员工都在践行高质量的开口营销，未来我们要将其成功经验推广至全省。

石油精神的传承

文/曲绍楠

回想星海湾加油站的采访过程，脑海中一直萦绕着一幅画面：员工脸上自信的微笑、现场引导标准的手势、引客进店嘹亮的喊声……员工向上的精气神，正是该站售出10万瓶水的动力和源泉！

可以说，星海湾精神是凭借实力传承的。2017年，星海湾人用“双千万”标记了自己。2018年，该站又刷新了98号汽油单日和全年销售纪录。未来，星海湾人有资本、有能力，更有自信完成更高更新的目标，实现下一个跨越式发展。

作为一座标杆站、旗舰店，正如站经理马晓飞所言，星海湾已经驶入高速发展的快车道，必将引领各站“百舸争流千帆竞，乘风破浪正远航”！

后　记

如果说，过去的加油站只给车辆加油，那么现在已经逐步转变为给生活“加油”。

一方面，随着油气行业和生活需求的发展，现在的加油站不再是单纯的加油站；另一方面，也是不得已而为之。后石油时代即将来临，石油企业要继续参与到道路服务过程中去，必须向多方面转型。其中，非油品是目前可以看得比较清晰的方向之一。

数据显示，非油品业务已经成为石油公司零售业务新的利润增长点，美国的加油站平均64%的利润收入来自加油站的便利店，在欧洲其他地区这一数据平均是35%～40%。中国的加油站远远低于这个水平。更有甚者，还有许多民营油站还没有开展非油业务，经营生态单一，过于单薄的产品线和没有纵深的服务链使得很多加油站在油品销量下降时只能“望洋兴叹”。

经过仔细地梳理与观察，我们惊喜地发现，一小部分加油站便利店，正默默地实现着营业额从百万级到千万级的跨越，但无论是经营者本身还是行业，都未对其进行过深度挖掘和经验总结。为此，中国石化出版社联合《中国石油石化》杂志社，选派十余名记者耗时近一年，从包括国有、民营、外资等12万座加油站中精心筛选出年非油品营业额超过1000万元的21家标杆加油站。它们遍布全国，从西到东，由南往北，或于天山脚下、北国风光，或蕴沪上风情、岭南文化；它们各不相同，有的地处繁华商区，有的位于高速路上，有的植根于工业之城，有的沉淀在旅游胜地。各有各的实力，各有各的精彩。这21家便利店恰如21面多棱镜，不仅反映了我国加油站便利店自身的发展之路，也折射出中国非油品行业的跨界转型。

通过一次又一次的深入采访，近距离的观察，我们更能理解加油站的转型思路：当新零售逐渐走进加油站行业时，围绕油品的来源、销售以及便利店等相关业务，加油站开始寻找新的落地场景。并且在消费升级的背景下，出行消费需求日益多元化，非油品类零售生活服务越来越重要。

我们更能剖析加油站便利店的不败动力：必须与时俱进、迅速反应，市场需要什么，就第一时间供应什么商品；用户需要什么，就第一时间提供什么服务。正如在此次新冠肺炎的疫情中，主动出击，口罩、蔬菜、农产品、消毒用品……一条龙服务赢得了口碑，也弥补了特殊时期油品销量下降的劣势。

我们更能领略到加油站便利店的开放与跨界：知名快餐品牌、香气扑鼻的咖啡、自助洗车、自助按摩、各种独家定制的联名合作……多业态打通了行业局限，也带给非油更广阔的天地。

我们更能了解到这些加油站便利店的竞争实力：无论是在群雄环伺的发达地区，还是难觅“回头客”的高速路上，它们都不惧挑战，因地制宜，把握用户，寻求符合自身的发展道路。

我们更能体会到这些加油站便利店的成功思路：“价格战”无法长久，提升品质、打造品牌才是王道。它们有的靠小商品拿下大销量，有的将sku飞速增加上千甚至数千。加油站便利店不再是过去陈旧落后、无人问津的形象，变得时尚温馨，丰富多彩，有颜值，却不任性。

我们更能体验到这些加油站便利店与科技接轨的趋势：5G，大数据，无感支付，新媒体成为促销的有力手段，车主获得更安全高效精准的服务。

我们更能晓悟这些加油站便利店的管理思路：有家文化的温暖人心，有基层党建与经营的深度融合，也有即时绩效、多劳多得的企业管理和激励机制。

我们更能明确这些加油站便利店对人才的培养和渴求：通过线上线下的培训，员工不单单是加油员兼职而来，而是金牌销售，是带货“网红”，是持证的保险从业者……多重身份提升了服务质量，也提升了员工的竞争力。

在这21组报道中，记者们深入实地，全景式地描绘了各个便利店的面貌；与顾客亲密接触，以第三方视角挖掘亮点；在交流中不断提问，追寻他们获得成功的答案。不仅记录了每个便利店员工和店长的辛勤付出与一手经验，也记录了非油品业务负责人的管理思路和经营之道，以及企业一把手高屋建瓴、纵深把握非油的未来发展和规划，以期去繁化简、去芜存菁，摸索出可供借鉴和参考的真知灼见。

进入新零售时代，加油站3.0的总目标和路线图已经明晰。通过融合、共享、跨界，实现“加油站+互联网+N”，全面建成“人•车•生活”生态圈。新零售时代，加油站需要创新思路，开拓新零售时代新玩法，提升销售技巧。

我们相信，本书探寻的21家便利店，是行业内一次深入的总结，也是一个新的开端。